COVID-19

CODE DE LA SANTÉ PUBLIQUE (EXTRAITS)

Textes, commentaires, jurisprudences et bibliographies

DALLOZ

Commentaires, jurisprudences et bibliographies par

DANIÈLE CRISTOL
Maître de conférences à l'Université de Poitiers

Coordination éditoriale par

ELISABETH AUTIER
Rédactrice aux Éditions Dalloz

DALLOZ

ÉDITIONS DALLOZ
31-35, rue Froidevaux, 75685 Paris Cedex 14

ISBN 978-2-247-20744-2

Avant-propos

« Beaucoup, cependant, espéraient toujours que l'épidémie allait s'arrêter et qu'ils seraient épargnés avec leur famille. En conséquence, ils ne se sentaient encore obligés à rien. »

Camus, *La Peste*, Gallimard, 1947

Comprendre comment s'articulent les textes destinés à lutter contre la pandémie de covid-19 et, plus largement, à faire face aux menaces et crises sanitaires graves, ainsi qu'en exposer la teneur et les éclairages jurisprudentiels, tels sont les objectifs du présent fascicule.

Si l'histoire de l'humanité est jalonnée de maladies liées à des virus émergents, ces virus nouveaux et les maladies, parfois mortelles, qu'ils provoquent continuent de présenter une menace pour la santé publique sur toute la planète, d'autant que leur nombre est en constante augmentation depuis un demi-siècle. Ainsi, ces dernières années, l'humanité a été notamment confrontée aux virus Zika, Ebola, H1N1, H5N1, SARS-CoV-1 ou encore MERS-CoV. Aujourd'hui, cent ans après la pandémie la plus meurtrière de l'histoire de l'humanité, la grippe espagnole de 1918, la nouvelle pandémie liée au SARS-CoV-2, sans commune mesure avec les récentes crises sanitaires, vient nous rappeler la nécessité de se préparer à détecter, gérer et répondre aux épidémies émergentes de maladies infectieuses. Face à une densité et une mobilité accrues de la population mondiale, et du fait des liens plus que ténus entre santé humaine, santé animale et santé de l'écosystème environnant, les acteurs politiques peuvent difficilement se passer de prendre des mesures nationales et supranationales à la hauteur de l'enjeu, à savoir un risque à caractère universel.

En France, c'est dans l'urgence, en pleine crise de la covid-19, que les pouvoirs publics ont fait le choix politique de créer, tambour battant, un nouveau régime d'exception : l'état d'urgence sanitaire. Présenté comme un dispositif de circonstance lié au SARS-CoV-2, il n'en a pas moins été codifié, sous l'impulsion du Conseil d'État (CE, avis du 18 mars 2020 n° 399873 sur un projet de loi d'urgence pour faire face à l'épidémie de covid-19), dans le code de la santé publique.

Ce dispositif vient compléter, jusqu'au 1er avril 2021 au plus tard – mais à l'heure où ces lignes sont écrites se profile une pérennisation –, celui, déjà présent dans le code de la santé publique, de l'« Ur-

gence sanitaire », renommé « Menaces sanitaires », pour le distinguer plus nettement du nouveau.

Il s'est ensuite enrichi d'un nouveau texte, non codifié celui-ci (car conçu pour répondre aux nécessités propres à cette épidémie) : la loi n° 2020-856 du 9 juillet 2020 organisant la sortie de l'état d'urgence sanitaire, qui a tenté de concilier la nécessité d'organiser la fin de l'état d'urgence sanitaire et le maintien d'une capacité de réaction face à l'épidémie.

Ce régime transitoire s'apparente à un état d'urgence sanitaire édulcoré et se traduit par l'application de règles d'exception, potentiellement attentatoires aux libertés. S'il était initialement prévu qu'il soit appliqué sur l'ensemble du territoire jusqu'au 30 octobre 2020, la dégradation des indicateurs de suivi épidémiologique sur de nombreux territoires courant septembre a conduit le Gouvernement à envisager sa prorogation. Un projet de loi, discuté au Parlement à l'heure où ces lignes sont écrites, prévoit qu'il soit appliqué jusqu'au 1er avril 2021 (V. le projet de loi n° 3340, prorogeant le régime transitoire institué à la sortie de l'état d'urgence sanitaire).

La date du 1er avril 2021 a été choisie en cohérence avec la clause de caducité prévue à l'article 7 de la loi du 23 mars 2020 pour le régime de l'état d'urgence sanitaire. Ce dernier régime n'a cependant, pour l'heure, pas vocation à disparaître au 1er avril : le Gouvernement a prévu de saisir le Parlement, d'ici janvier 2021, d'un projet de loi dédié à l'instauration d'un dispositif pérenne de gestion de l'urgence sanitaire et il souhaite appliquer le régime transitoire jusqu'à l'adoption du nouveau régime.

Aussi a-t-il paru indispensable de présenter dans ce fascicule, tant ils sont intriqués, non seulement les deux régimes (Menaces sanitaires et état d'urgence sanitaire) réunis sous le titre III (Menaces et crises sanitaires graves) du livre Ier de la partie III du code de la santé publique, qui ont vocation à être pérennes, mais encore le dispositif transitoire issu de la loi du 9 juillet 2020, qui va être prorogé au-delà du 30 octobre, ainsi que les textes réglementaires qui les accompagnent, le tout sous l'éclairage d'une jurisprudence déjà abondante.

Danièle Cristol
30 septembre 2020

Liste des abréviations

🏛	Enrichissements disponibles sur le Code en ligne (commentaires ; textes complémentaires ; texte intégral de la jurisprudence ; articles de doctrine ; références de publication)
A	Décision du Conseil d'État publiée au *Lebon (Dalloz)*
AJCT	Actualité juridique des collectivités territoriales (Dalloz)
AJDA	Actualité juridique Droit administratif (Dalloz)
AMM	Autorisation de mise sur le marché
Arr.	Arrêté
ARS	Agence régionale de santé
Art.	Article
ATU	Autorisation temporaire d'utilisation
B	Décision du Conseil d'État mentionnée aux Tables du *Lebon (Dalloz)*
BIBL.	Bibliographie
BIBL. GÉN.	Bibliographie générale
CE	Conseil d'État
CESEDA	Code de l'entrée et du séjour des étrangers et du droit d'asile Dalloz
Chron.	Chronique
CJA	Code de justice administrative Dalloz
CNIL	Commission nationale de l'informatique et des libertés
Comm.	Commentaire
concl.	Conclusions
Cons. const.	Conseil constitutionnel
CSI	Code la sécurité intérieure Dalloz
CSP	Code de la santé publique Dalloz
D.	Recueil Dalloz
Décr.	Décret
Doctr.	Doctrine
DP santé	Dictionnaire permanent santé, bioéthique, biotechnologies
Dr. fam.	Droit de la famille
Dr. soc.	Droit social
GAJA	Grands arrêts de la jurisprudence administrative
Gaz. Pal.	Gazette du Palais
JCP	JurisClasseur périodique (Semaine juridique), édition générale
JCP Adm.	JurisClasseur périodique, édition Administration et collectivités territoriales
JDA	Journal du droit administratif

JO	Journal officiel
L.	Loi
LDFP	L'Essentiel Droit de la famille et des personnes
LPA	Les Petites Affiches
n°	Numéro
not.	notamment
Nouv. pharm.	Nouvelles pharmaceutiques
ONIAM	Office national d'indemnisation des accidents médicaux
Ord.	Ordonnance
P	Arrêt publié au *Bulletin civil ou au Bulletin criminel de la Cour de cassation*
p.	Page
préc.	Précité
pt	Point
rapp.	Rapport
RDLF	Revue des droits et libertés fondamentaux
RDSS	Revue de droit sanitaire et social (Dalloz)
Rev. dr. homme	Revue des droits de l'homme
Rev. UE	Revue de l'Union européenne
RFDA	Revue française de droit administratif (Dalloz)
RGD	Revue générale du droit
RTDH	Revue trimestrielle des droits de l'homme
ss.	Sous
TA	Tribunal administratif
V.	Voir

TABLE DES MATIÈRES

CODE DE LA SANTÉ PUBLIQUE

TROISIÈME PARTIE
LUTTE CONTRE LES MALADIES ET DÉPENDANCES

LIVRE PREMIER
LUTTE CONTRE LES MALADIES TRANSMISSIBLES

LOI N° 2020-856 DU 9 JUILLET 2020

Organisant la sortie de l'état d'urgence sanitaire (1)

CODE DE LA SANTÉ PUBLIQUE

TITRE TROISIÈME MENACES ET CRISES SANITAIRES GRAVES *(L. n° 2020-290 du 23 mars 2020, art. 2).*

BIBL. ▶ TORRE-SCHAUB et LOMERTEAU, Urgence sanitaire, urgence écologique : les temps du droit, le droit du temps à venir, *JCP, juin 2020, n° 22, doctr. 676.* – DÉAN, L'articulation des pouvoirs entre le directeur de l'hôpital et les autorités de tutelle face à l'acte terroriste, *RDSS 2019. 216*. – MOQUET-ANGER, Les aspects juridiques de la sélection des blessés et de la prise en charge des malades hospitalisés, *RDSS 2019. 249*. – PAUVERT, La spécificité des actes de terrorisme par rapport aux crises sanitaires graves, *RDSS 2019. 199*. – MEHDI et MALJEAN-DUBOIS (dir.), La société internationale et les grandes pandémies, *Pédone 2007.* – TRUCHET, L'urgence sanitaire, *RDSS 2007. 399*. – Droit et santé, *Gaz. Pal. n° spécial, 6-7 juin 2007.*

COMMENTAIRE

Présentation. L'épidémie de covid-19 (ou SARS-CoV-2) est apparue en Chine fin 2019 et s'est répandue courant 2020 dans le monde entier en raison de la très forte contagiosité du virus et de l'importance des déplacements internationaux. Qualifiée de pandémie par l'Organisation mondiale de la santé (OMS) le 11 mars 2020, elle a placé dans une situation critique les systèmes de soins de nombreux États, les conduisant, pour la plupart, à prendre des mesures drastiques.

En France, elle est à l'origine de la création d'un nouveau régime d'exception, l'état d'urgence sanitaire. Applicable aux crises sanitaires, il s'inspire, sans être strictement identique, du régime général de l'état d'urgence issu de la loi du 3 avril 1955 modifiée, qui, rappelons-le, a notamment été décrété le 14 novembre 2015, après les attentats perpétrés à Paris et à Saint-Denis, et a été maintenu jusqu'à la promulgation de la loi du 1er novembre 2017 renforçant la sécurité intérieure et la lutte contre le terrorisme.

Ce nouveau régime d'exception a été introduit par la loi n° 2020-290 du 23 mars 2020 (ultérieurement complétée par la loi n° 2020-546 du 11 mai 2020) dans le titre IIIe du livre Ier de la troisième partie du code de la santé publique. Il ne met cependant pas fin aux dispositions prévues au chapitre Ier du titre IIIe, nées à la suite du SARS-CoV-1, résultant des lois du 9 août 2004 et du 5 mars 2007, ce chapitre étant simplement réaménagé. Ainsi, le titre IIIe, auparavant intitulé « Menaces sanitaires graves », est rebaptisé « Menaces et crises sanitaires graves », tandis que le chapitre 1er se réfère non plus aux « Mesures d'urgence » mais aux « Menaces sanitaires » et qu'un chapitre Ier *bis* voit le jour, dédié à l'« État d'urgence sanitaire ».

Il a beaucoup été débattu en doctrine de l'utilité de la création de ce nouveau régime, d'autant qu'elle est intervenue dans l'urgence et que les parlementaires ne pouvaient siéger normalement en raison de l'épidémie : la théorie jurisprudentielle des circonstances exceptionnelles (issue des arrêts du Conseil d'État des 28 juin 1918 : *Heyriès* et 28 févr. 1919 : *Dames Dol et Laurent*), le régime général de l'état d'urgence (qui peut être mis en œuvre soit en cas de péril imminent résultant d'atteintes graves à l'ordre public, soit en cas d'événements présentant, par leur nature et leur gravité, le caractère de calamité publique) ou encore le dispositif déjà présent au chapitre Ier du code de la santé publique (qui a d'ailleurs fondé les premières mesures de lutte contre la covid-19, quinze arrêtés étant intervenus sur cette base entre le 21 févr. et le 20 mars 2020) constituaient autant de fondements possibles à l'édiction de règles destinées à répondre à la menace, conduisant à s'interroger sur l'intérêt de ce chapitre 1er *bis* (V. not., Beaud et Guérin-Bargues, L'état d'urgence sanitaire : était-il judicieux de créer un nouveau régime d'exception ?, *D. 2020. 891* ; Gicquel, Covid-19 : crise sanitaire et crise des normes, *D. 2020.*

719 ; Renard, L'état d'urgence sanitaire : droit d'exception et exceptions au droit, *RDLF 2020, chron. n° 13*).

Les autorités publiques, pour justifier leur choix (V. l'exposé des motifs du projet de loi et son étude d'impact), ont avancé l'argument selon lequel la crise sanitaire en cours n'avait connu aucun précédent depuis l'épidémie de grippe espagnole il y a un siècle, présentait une ampleur inégalée et appelait une réponse qui n'avait pu être envisagée au moment où les dispositions législatives et réglementaires déjà existantes dans le code de la santé publique ont été élaborées. Les dispositions du chapitre Ier (alors intitulé « Mesures d'urgences ») ont été présentées comme constituant un fondement trop fragile au regard de l'intensité des atteintes portées aux libertés individuelles à l'occasion de la crise de la covid-19 (V. Bas, Rapp. fait au nom de la commission des lois, *n° 381, 19 mars 2020, p. 22*). En effet, elles fondaient l'adoption de décisions parfois lourdement attentatoires aux droits et libertés fondamentaux par simple arrêté motivé du ministre en charge de la santé.

L'article 7 de la loi du 23 mars 2020 prévoit une extinction du régime de l'état d'urgence sanitaire au 1er avril 2021. Il appartiendra alors au Parlement de dresser un bilan de l'application du dispositif mis en place et, s'il conclut à son utilité, de le pérenniser (V. Bas, rapp. préc., *p. 25*). ❑

CHAPITRE PREMIER **MENACES SANITAIRES** *(L. n° 2020-290 du 23 mars 2020, art. 2).*

COMMENTAIRE

Présentation. L'épidémie de SARS-CoV-1, partie de Chine fin 2002 et qui s'est répandue dans le reste du monde en 2003, a été la première maladie grave et transmissible à émerger au XXIe siècle. Si elle a pu être endiguée, elle n'en a pas moins mis en exergue, tout comme la canicule de l'été 2003, l'insuffisance des moyens juridiques à disposition du ministre en charge de la santé pour répondre à l'urgence sanitaire. En réaction, l'article 18 de la loi du 9 août 2004 relative à la politique de santé publique a introduit dans le code de la santé publique un chapitre intitulé « Menace sanitaire grave », devenu, avec la loi du 5 mars 2007 relative à la préparation du système de santé à des menaces sanitaires de grande ampleur, « Mesure d'urgence », codifié aux articles L. 3131-1 et suivants du code de la santé publique.

L'épidémie de covid-19 (ou SARS-CoV-2) est, quant à elle, à l'origine de la création d'un nouveau régime d'exception, l'état d'urgence sanitaire, introduit par la loi n° 2020-290 du 23 mars 2020 (*JO 24 mars*) dans le titre III du livre Ier de la partie III du code de la santé publique. Il ne met cependant pas fin aux dispositions prévues au chapitre Ier du titre III, nées à la suite du SARS-CoV-1, ce chapitre étant simplement réaménagé. Ainsi, le chapitre Ier (art. L. 3131-1 à L. 3131-11) se réfère non plus aux « Mesures d'urgence » mais aux « Menaces sanitaires », tandis qu'un chapitre Ier *bis* (art. L. 3131-12 à L. 3131-20) voit le jour, dédié à l'« État d'urgence sanitaire ». ❑

Art. L. 3131-1 *(L. n° 2004-806 du 9 août 2004, art. 18)* **En cas de menace sanitaire grave appelant des mesures d'urgence, notamment en cas de menace d'épidémie, le ministre chargé de la santé peut, par arrêté motivé, prescrire dans l'intérêt de la santé publique toute mesure proportionnée aux risques courus et appropriée aux circonstances de temps et de lieu afin de prévenir et de limiter les conséquences des menaces possibles sur la santé de la population.** *(L. n° 2020-290 du 23 mars 2020, art. 2)* **« Le ministre peut également prendre de telles mesures après la fin de l'état d'urgence sanitaire prévu au chapitre Ier *bis* du présent titre, afin d'assurer la disparition durable de la situation de crise sanitaire. »**

Le ministre peut habiliter le représentant de l'État territorialement compétent à prendre toutes les mesures d'application de ces dispositions, y compris des mesures individuelles. Ces dernières mesures font immédiatement l'objet d'une information du procureur de la République.

(L. n° 2020-546 du 11 mai 2020, art. 8) **« Les mesures individuelles ayant pour objet la mise en quarantaine, le placement et le maintien en isolement de personnes affectées ou susceptibles d'être affectées sont prononcées dans les conditions prévues au II des articles L. 3131-15 et L. 3131-17. »**

Le représentant de l'État dans le département et les personnes placées sous son autorité sont tenus de préserver la confidentialité des données recueillies à l'égard des tiers.

Le représentant de l'État rend compte au ministre chargé de la santé des actions entreprises et des résultats obtenus en application du présent article.

BIBL. ▶ Jacquemet-Gauché, Coronavirus – Pénurie de masques : une responsabilité pour faute de l'État ?, *JCP, n° 13, 30 mars 2020, p. 370.* – Renard, Coronavirus, urgence sanitaire et police locale, *AJCT 2020. 112*. – Roman, Coronavirus : des libertés en quarantaine ?, *JCP, n° 13, 30 mars 2020, p. 372.* – Symchowicz, Urgence sanitaire et police administrative : la grande confusion, *AJDA 2020. 545*. – Tawil, Lutte contre le covid-19 : les nouvelles mesures de police administrative restrictives de libertés adoptées par le gouvernement, *Gaz. Pal., n° 12, 24 mars 2020, p. 10* ; Lutte contre le covid-19 : les mesures de police administrative restrictives de liberté de l'arrêté du 14 mars 2020, *Gaz. Pal., n° 11, 17 mars 2020, p. 10.* – Corpart, L'intensification de la lutte contre la canicule, *RDSS 2005. 943*. – Houssin, Se préparer à une pandémie. L'exemple de la grippe aviaire, *Nouv. pharm. n° 389, déc. 2005, p. 437.*

COMMENTAIRE

Champ du régime défini au chapitre 1er. Le régime de l'état d'urgence sanitaire prévu aux articles L. 3131-12 et suivants du code de la santé publique ne se substitue pas au dispositif déjà en place au chapitre Ier (désormais intitulé « Menaces sanitaires »), codifié aux articles L. 3131-1 et suivants du même code. Il convient donc de circonscrire leur champ respectif.

Ainsi, le régime de l'état d'urgence sanitaire, qui fait référence à une « catastrophe sanitaire mettant en péril, par sa nature et sa gravité, la santé de la population », trouve à s'appliquer en cas de crise sanitaire de grande ampleur, tandis que les règles instituées en cas de menace sanitaire visent à répondre aux crises de moindre degré, plus précisément à une « menace sanitaire grave appelant des mesures d'urgence ». Toutefois, les articles L. 3131-1 et suivants ne sont pas simplement destinés à s'appliquer en cas de menace épidémique. Ils permettent également de faire face, par des mesures proportionnées aux risques courus, à une épidémie avérée n'ayant pas le caractère de catastrophe sanitaire. A cet égard, le Conseil d'État évoque une « gradation en fonction de la gravité des crises » (CE, avis, 17 mars 2020, n° 399873).

Par ailleurs, le dispositif prévu aux articles L. 3131-1 et suivants retrouve ses droits pour fonder les mesures prises par le ministre en charge de la santé après la fin de l'état d'urgence sanitaire en vue d'assurer la disparition durable de la crise sanitaire. Relevons cependant que la loi n° 2020-856 du 9 juillet 2020, organisant la sortie de l'état d'urgence sanitaire lié à la covid-19, s'écarte quelque peu de cette prescription : l'article 1er de la loi du 9 juillet 2020 autorise, en effet, le Premier ministre à prendre, à compter du 11 juillet 2020 et jusqu'au 30 octobre 2020 inclus, diverses mesures attentatoires aux libertés (sur le type de mesures, V. comm. ss L. du 9 juill. 2020) dans l'intérêt de la santé publique et aux seules fins de lutter contre la propagation de l'épidémie de covid-19.

Menace sanitaire. L'article L. 3131-1 fait référence à une menace sanitaire grave, notamment une menace d'épidémie, appelant des mesures d'urgence. L'adjectif « sanitaire » désigne, selon le dictionnaire Littré, ce qui a rapport à la conservation de la santé publique, tandis que le substantif « menace » renvoie à un péril imminent, encore latent ou partiellement réalisé. A cet égard, l'article L. 3131-1 évoque la menace d'épidémie, mais l'utilisation par le législateur de l'adverbe « notamment » permet d'envisager d'autres hypothèses. Par ailleurs, l'origine de la menace n'est pas précisée, ce qui permet d'envisager toute cause (pollution, bioterrorisme, guerre, origine naturelle ou accidentelle, animale ou humaine, etc.).

Relevons que la notion d'urgence n'a pas disparu, même si le chapitre Ier se réfère désormais aux « Menaces sanitaires » et non plus aux « Mesures d'urgence sanitaire » : la menace sanitaire grave doit appeler des mesures d'urgence, c'est-à-dire une action immédiate des autorités publiques qui se voient dans l'obligation de mettre en œuvre des moyens autres que ceux usuellement utilisés, ces derniers ne permettant pas d'assurer une réponse efficace à la menace.

Autorités compétentes en cas de menace sanitaire. Au centre du dispositif prévu pour faire face aux menaces sanitaires graves se trouvent le ministre en charge de la santé et, localement, sous son autorité, le préfet de département, le premier pouvant habiliter le second à prendre toutes les mesures d'application, y compris individuelles, des dispositions qu'il arrête. Le ministre chargé de la santé a compétence pour intervenir par simple arrêté motivé sans être dans l'obligation de procéder à des consultations préalables. L'article L. 3131-1 du code de la santé publique a notamment été utilisé à l'occasion des épidémies de SARS-CoV-1 et de grippe A-H1N1 ainsi qu'au début de l'épidémie de covid-19, quinze arrêtés ayant été pris sur ce fondement du 20 février au 21 mars 2020, avant l'adoption de la loi créant le régime de l'état d'urgence sanitaire (V. *infra*).

La compétence du ministre chargé de la santé doit s'articuler avec celle du Premier ministre, qui dispose, en principe, du pouvoir réglementaire national ainsi que du pouvoir de police générale. A cet égard, le Conseil d'État a jugé que, si le Premier ministre peut, en vertu de ses pouvoirs propres, édicter des mesures de police applicables à l'ensemble du territoire, en particulier lors de circonstances exceptionnelles comme une épidémie avérée, le ministre chargé de la santé a le pouvoir, dans un tel cas, en vertu de l'article L. 3131-1 du code de la santé publique, de prescrire toute mesure proportionnée aux risques courus et appropriée aux circonstances de temps et de lieu, afin de prévenir et de limiter les conséquences des menaces possibles sur la santé de la population (CE, ord., 22 mars 2020, n° 439674 B : *JCP, n° 14, 6 avr. 2020, p. 434, note Le Bot ; D. 2020. 687, note Parinet-Hodimont* ; *AJCT 2020. 175, obs. Renard* ; *AJDA 2020. 655* ; *ibid. 851, note Vallar* ; *LPA, 15 avr. 2020, n° 76, p. 15, note Pinot et Charron*).

Les articles L. 3131-8 et L. 3131-9 donnent, quant à eux, un pouvoir de réquisition de tous biens et services (notamment le service de tout professionnel de santé, quel que soit son mode d'exercice, et de tout établissement de santé ou établissement médico-social) respectivement aux préfets et au Premier ministre (V. comm. ss. art. L. 3131-8 et L. 3131-9).

Mesures destinées à faire face à la menace sanitaire. L'article L. 3131-1 prévoit que « le ministre chargé de la santé peut, par arrêté motivé, prescrire dans l'intérêt de la santé publique toute mesure proportionnée aux risques courus et appropriée aux circonstances de temps et de lieu afin de prévenir et de limiter les conséquences des menaces possibles sur la santé de la population ». Les termes « toute mesure » permettent de mesurer la latitude dont bénéficie le ministre chargé de la santé : il peut s'agir de mesures juridiques de nature réglementaire ou individuelle (par ex., la fermeture d'établissements accueillant du public, des limitations à la circulation, etc.) comme de mesures matérielles (par ex., des désinfections, évacuations, destructions de choses contaminées, etc.). Ces mesures, qui peuvent toucher l'ensemble du territoire ou une partie uniquement, peuvent affecter considérablement les droits et libertés de chacun : sans être exhaustif, il est possible de citer la liberté d'aller et venir, la liberté d'entreprendre, la liberté de réunion, de manifestation, de culte ou encore le droit de propriété. La légalité de telles mesures est conditionnée à leur adaptation aux circonstances de temps et de lieu, à leur nécessité (le ministre doit intervenir dans l'intérêt de la santé publique) ainsi qu'à leur proportionnalité au regard des risques courus.

Le ministre peut habiliter le représentant de l'État territorialement compétent à prendre toutes les mesures d'application de ces dispositions, y compris des mesures individuelles. Ces dernières font immédiatement l'objet d'une information du procureur de la République, tandis que les mesures individuelles ayant pour objet la mise en quarantaine, le placement et le maintien en isolement de personnes affectées ou susceptibles d'être affectées sont prononcées dans les conditions prévues au II des articles L. 3131-15 et L. 3131-17 (V. *infra*). Relevons que le représentant de l'État ne peut agir que sur habilitation du ministre chargé de la santé et qu'il peut uniquement prendre des mesures d'application des décisions du ministre.

Mesures individuelles concernant les personnes affectées ou susceptibles de l'être. L'article 8 de la loi n° 2020-546 du 11 mai 2020 introduit un alinéa 3 à l'article L. 3131-1 précisant que les mesures individuelles ayant pour objet la mise en quarantaine, le placement et le maintien en isolement de personnes affectées ou susceptibles d'être affectées sont prononcées dans les conditions prévues au II des articles L. 3131-15 et L. 3131-17. Ces derniers indiquent notamment les personnes susceptibles de faire l'objet de telles mesures, leur durée maximale et les lieux où elles peuvent se dérouler. Cette disposition est destinée à étendre les garanties entourant l'édiction des mesures de quarantaine et d'isolement prévues dans le cadre du régime de l'état d'urgence sanitaire à d'autres situations dans lesquelles elles peuvent également être prises, notamment en cas de menaces sanitaires graves.

Le renvoi à l'article L. 3131-17-II, prévu par l'article L. 3131-1, alinéa 3, a été jugé conforme à la Constitution sous une réserve : les dispositions de l'article L. 3131-17-II, ne sauraient permettre la prolongation des mesures de quarantaine ou de placement en isolement imposant à l'intéressé de demeurer à son domicile ou dans son lieu d'hébergement pendant une plage horaire de plus de 12 heures par jour sans l'autorisation du juge des libertés et de la détention (Cons. const. 11 mai 2020, n° 2020-800 DC : *Gaz. Pal. 2 juin 2016, n° 20, p. 16, note Gicquel ; LDFP, 1er juin 2020, n° 6, p. 1, obs. Larralde ; AJDA 2020. 975* ; *ibid. 1242, note Verpeaux* ; *D. 2020. 1262, obs. Maxwell et Zolynski*).

Conditions d'exercice des prérogatives du ministre en charge de la santé. Lorsque le ministre en charge de la santé utilise les pouvoirs de police dont il est investi, il peut prendre des mesures qui portent atteinte aux libertés publiques. Le législateur a donc pris soin de préciser les conditions d'exercice de telles prérogatives.

Tout d'abord, d'un point de vue formel, les arrêtés pris par le ministre en charge de la santé doivent être motivés. Ensuite, sur le fond, les mesures doivent êtres prescrites dans l'intérêt de la santé publique. A cet égard, relevons que le code de la santé publique fait à de multiples reprises référence à l'intérêt de la santé publique sans jamais le définir. A défaut, il est possible de l'appréhender en se référant aux dispositions de l'article L. 1411-1 du même code qui définissent la politique de santé. Cette dernière tend à assurer la promotion de conditions de vie favorables à la santé, l'amélioration de l'état de santé de la population, la réduction des inégalités sociales et territoriales, et l'égalité entre les femmes et les hommes, et à garantir la meilleure sécurité sanitaire possible et l'accès effectif de la population à la prévention et aux soins. Une mesure prise dans l'intérêt de la santé publique pourrait donc être présentée comme celle qui s'inscrit dans la politique de santé dont l'objet est fixé à l'article L. 1411-1.

En outre, les mesures doivent être proportionnées aux risques courus et adaptées aux circonstances de temps et de lieu. L'exigence de proportionnalité s'apparente ici à une balance bénéfices/risques, avec toutes les difficultés qu'il peut y avoir à apprécier un tel ratio.

Conditions d'exercice des prérogatives du représentant de l'État. Tout comme celui du ministre en charge de la santé, l'exercice du pouvoir de police sanitaire du préfet, sur habilitation ministérielle, est encadré.

Tout d'abord, le procureur de la République est immédiatement informé des mesures individuelles prises par le représentant de l'État. Ensuite, les mesures individuelles ayant pour objet la mise en quarantaine, le placement et le maintien en isolement de personnes affectées ou susceptibles d'être affectées sont prononcées dans les conditions prévues au II des articles L. 3131-15 et L. 3131-17, précisant notamment les personnes susceptibles de faire l'objet de telles mesures, leur durée maximale et les lieux où elles peuvent se dérouler (V. comm. ss. art. L. 3131-15 et L. 3131-17). Par ailleurs, le représentant de l'État dans le département et les personnes placées sous son autorité doivent respecter la confidentialité des données recueillies, précision d'autant plus importante qu'il peut s'agir de données personnelles à caractère médical. Enfin, le représentant de l'État rend compte au ministre chargé de la santé des actions entreprises et des résultats obtenus.

Concours des compétences des autorités de police nationales et locales. Le juge administratif fait application de la jurisprudence *Commune de Néris-les-Bains* (CE 18 avr. 1902 : *GAJA, 22e éd., 2019, n° 9*) pour régler le concours de compétences entre le Premier ministre et les maires et préfets. Le Premier ministre peut, en vertu de ses pouvoirs propres, édicter des mesures de police générales applicables à l'ensemble du territoire, en particulier en cas de circonstances exceptionnelles, telle une épidémie avérée, tandis que les préfets et maires ont l'obligation, en vertu de leur pouvoir de police générale, d'adopter, lorsque de telles mesures seraient nécessaires, des interdictions plus sévères à partir du moment où les circonstances locales le justifient (CE, ord., 22 mars 2020, n° 439674 B : *préc.*).

Mesures prises au visa de l'article L. 3131-1 lors de la pandémie de covid-19. Du point de vue des mesures prises, la pandémie liée à la covid-19 n'a connu aucun équivalent dans les récentes crises sanitaires. Au début de l'épidémie, avant l'adoption de la loi créant le régime de l'état d'urgence sanitaire, les arrêtés et décrets destinés à y faire face ont été pris sur le fondement de l'article L. 3131-1. Sans exhaustivité, il est possible de faire état de certains d'entre eux, montrant la progressive montée en intensité des atteintes aux libertés.

Un premier arrêté du ministre des Solidarités et de la Santé en date du 30 janvier 2020, relatif à la situation des personnes ayant séjourné dans une zone atteinte par l'épidémie (*JO 31 janv., NOR : SSAP2003065A*), acte et organise la mise en quarantaine – pour une durée de 14 jours – dans un centre d'hébergement situé dans les Bouches-du-Rhône des personnes arrivant sur le territoire français en provenance du territoire où le foyer infectieux est né (Wuhan, en Chine) où elles résidaient. Un arrêté du 20 février 2020 (*JO 21 févr., NOR : SSAP2005388A*) a ensuite mis en quarantaine – pour une durée de 14 jours – dans des centres d'hébergement situés dans le Calvados les personnes ayant séjourné à Wuhan.

Après la mise en quarantaine des personnes en provenance de Wuhan, les mesures ont porté sur l'interdiction de certains rassemblements, prohibition qui s'est graduellement durcie. Dans un premier temps, l'arrêté du 4 mars 2020 portant diverses mesures relatives à la lutte contre la propagation du virus (*JO 5 mars, NOR : SSAZ2006644A*) a interdit sur l'ensemble du territoire tout rassemblement mettant en présence de manière simultanée plus de 5 000 personnes en milieu clos jusqu'au 31 mai 2020. Cette interdiction a ensuite été renforcée par un arrêté du 9 mars 2020 (*JO 10 mars, NOR : SSAZ2007069A*) qui l'a appliquée à tout rassemblement mettant en présence de manière simultanée plus de 1 000 personnes jusqu'au 15 avril 2020. Enfin, des arrêtés du ministre chargé de la santé des 13 et 14 mars 2020 (respectivement *JO 14 mars, NOR : SSAZ2007748A* et *JO 15 mars, NOR : SSAZ2007749A*) ont interdit tout rassemblement, réunion ou activité mettant en présence de manière simultanée plus de 100 personnes jusqu'au 15 avril 2020.

En complément de l'arrêté ministériel du 14 mars 2020, un arrêté du 15 mars (*JO 16 mars, NOR : SSAS2007753A*), constatant que l'observation des règles de distance dans les rapports interpersonnels est particulièrement difficile pour certains établissements recevant du public, décide, afin de limiter la propagation du virus, de fermer ceux qui ne sont pas indispensables à la Nation (cinémas, bars, discothèques, musées, établissements d'enseignement, etc.).

Le point d'orgue de ce processus de distanciation arrivera avec le décret du Premier ministre n° 2020-260 du 16 mars 2020 (*JO 17 mars, NOR : PRMX2007858D*), pris notamment au visa de l'article L. 3131-1, qui organise le confinement de la population sur l'ensemble du territoire jusqu'au 31 mars 2020, repris, concomitamment à l'adoption de la loi créant et mettant en œuvre l'état d'urgence sanitaire, par le décret n° 2020-293 du 23 mars 2020 (*JO 24 mars, NOR : SSAZ2008253D*).

Le décret du 16 mars 2020, pourtant particulièrement drastique pour l'ensemble de la population, a été considéré comme insuffisant par le syndicat Jeunes Médecins, qui, au nom du droit à la vie (qui constitue une liberté fondamentale : CE, sect., 16 nov. 2011, n°s 353172 A et 353173 A ; CE, sect., 22 déc. 2012, n° 364584 A ; CE, ass., 14 févr. 2014, n° 375081 A ; CE 30 juill. 2015, n° 392043 A ; CE 26 juill. 2017, n° 412618 A ; CE 28 juill. 2017, n° 410677 A), n'a pas hésité à saisir le juge des référés afin qu'il soit enjoint au Premier ministre de mettre en place un confinement total (l'interdiction totale de sortir de son lieu de confinement sauf autorisation délivrée par un médecin pour motif médical), l'arrêt des transports en commun et des activités professionnelles non vitales, ainsi que le ravitaillement à domicile.

Par une ordonnance du 22 mars 2020 (CE, ord., 22 mars 2020, n° 439674 A : *note 3 ss. le présent art.*), le juge des référés a estimé que le Premier ministre n'avait pas fait preuve d'une carence grave et manifestement illégale en ne décidant pas un confinement total de la population sur l'ensemble du territoire selon les modalités demandées par le syndicat requérant. En effet, si un confinement total de la population dans certaines zones peut être envisagé, les mesures demandées au plan national ne peuvent, s'agissant en premier lieu du ravitaillement à domicile de la population, être adoptées et organisées sur l'ensemble du territoire national, compte tenu des moyens dont l'administration dispose, sauf à risquer de graves ruptures d'approvisionnement qui seraient elles-mêmes dangereuses pour la protection de la vie et à retarder l'acheminement des matériels indispensables à cette protection. En outre, l'activité indispensable des personnels de santé ou aidants, des services de sécurité de l'exploitation des réseaux ou encore des personnes participant à la production et à la distribution de l'alimentation rend nécessaire le maintien en fonctionnement, avec des cadences adaptées, des transports en commun, dont l'utilisation est restreinte aux occurrences énumérées par le décret du 16 mars 2020. Par ailleurs, la poursuite de ces diverses activités vitales dans des conditions de fonctionnement optimales est elle-même tributaire de l'activité d'autres secteurs ou professionnels qui, directement ou indirectement, leur sont indispensables, qu'il n'apparaît ainsi pas possible d'interrompre totalement. En revanche, dans cette même ordonnance, le juge des référés a considéré que la dérogation au confinement pour « motif de santé » était imprécise, tandis que celle liée à l'activité physique individuelle et aux besoins des animaux était trop large, justifiant d'enjoindre au Premier ministre, d'une part, de préciser la portée de la première et, d'autre part, de réexaminer le maintien de la seconde. Il a également enjoint au Premier ministre d'évaluer les risques de maintien en fonctionnement des marchés ouverts, compte tenu de leur taille et de leur niveau de fréquentation.

Le Conseil d'État adopte ainsi, selon les termes du professeur Christian Vallar, « une position raisonnable, refusant de céder aux sirènes d'un contrôle social exacerbé, quelles qu'en soient les bonnes intentions... » (V. *AJDA 2020. 851*). ❑

1. Menace sanitaire et état d'urgence sanitaire. Pour le Conseil d'État, la menace sanitaire permet au seul ministre de la Santé de prendre les mesures réglementaires et individuelles exigées (art. L. 3131-1), sous réserve des réquisitions réservées au Premier ministre et aux préfets (art. L. 3131-8 et L. 3131-9), tandis que l'état d'urgence sanitaire, caractérisé non plus par une menace mais par une catastrophe sanitaire avérée, ouvre au Premier ministre la possibilité de prendre les mesures les plus restrictives pour les libertés et de procéder aux réquisitions. • CE, avis, 18 mars 2020, n° 399873.

2. Menace sanitaire et théorie des circonstances exceptionnelles. Si le Premier ministre peut, en vertu de ses pouvoirs propres, édicter des mesures de police applicables à l'ensemble du territoire, en particulier en cas de circonstances exceptionnelles, telle une épidémie avérée, le ministre chargé de la Santé peut, dans un tel cas, en vertu de l'art. L. 3131-1, prescrire toute mesure proportionnée aux risques courus et appropriée aux circonstances de temps et de lieu afin de prévenir et de limiter les conséquences des menaces possibles sur la santé de la population. • CE, ord., 22 mars 2020, n° 439674 B : *JCP, n° 14, 6 avr. 2020, p. 434, note Le Bot ; D. 2020. 687, note Parinet-Hodimont ; AJCT 2020. 175, obs. Renard ; AJDA 2020. 655 ; ibid. 851, note Vallar ; LPA 15 avr. 2020, n° 76, p. 15, note Pinot et Charron.* ♦ Ces mesures, qui peuvent limiter l'exercice des droits et libertés fondamentaux, comme la liberté d'aller et venir, la liberté de réunion ou encore la liberté d'exercice d'une profession doivent être nécessaires, adaptées et proportionnées à l'objectif de sauvegarde de la santé publique qu'elles poursuivent. • Même ordonnance.

3. Covid-19 et référé liberté fondamentale. Lorsque l'action ou la carence de l'autorité publique porte une atteinte grave et manifestement illégale à une liberté fondamentale, le juge des référés peut, au titre de la procédure particulière prévue par l'art. L. 521-2 CJA, prescrire toutes les mesures de nature à faire cesser le danger résultant de cette action ou de cette carence. Toutefois, au titre de cette procédure particulière, il peut uniquement ordonner les mesures d'urgence qui lui apparaissent de nature à sauvegarder, dans un délai de quarante-huit heures, la liberté fondamentale à laquelle il est porté une atteinte grave et manifestement illégale. Le caractère manifestement illégal de l'atteinte doit s'apprécier notamment en tenant compte des moyens dont dispose l'autorité administrative compétente et des mesures qu'elle a, dans ce cadre, déjà prises. • CE, ord., 22 mars 2020, n° 439674 B : *préc.*

4. Confinement total de la population lors de l'épidémie de covid-19. Sur l'impossibilité de faire droit à la demande de confinement total de la population adressée par le syndicat Jeunes Médecins au juge des référés, V. • CE, ord., 22 mars 2020, n° 439674 B : *préc.* ♦ ... et V. comm. ss. art. L. 3131-1.

5. Constitutionnalité de l'art. L. 3131-1, al. 3. La référence à l'art. L. 3131-17 figurant au 3e al. de l'art. L. 3131-1 est conforme à la Constitution, sous la réserve énoncée par le Cons. const. concernant le § 2 de l'art. L. 3131-17, dont les dispositions ne sauraient permettre la prolongation des mesures de quarantaine ou de placement en isolement imposant à l'intéressé de demeurer à son domicile ou dans son lieu d'hébergement pendant une plage horaire de plus de 12 heures par jour sans l'autorisation du juge des libertés et de la détention. • Cons. const. 11 mai 2020, n° 2020-800 DC : *Gaz. Pal. 2 juin 2016, n° 20,* *p. 16, note Gicquel ; LDFP, 1er juin 2020, n° 6, p. 1, obs. Larralde ; AJDA 2020. 975 ; ibid. 1242, note Verpeaux ; D. 2020. 1262, obs. Maxwell et Zolynski.*

Art. L. 3131-2 *(L. n° 2004-806 du 9 août 2004, art. 18)* **Le bien-fondé des mesures prises en application de l'article** *(L. n° 2007-294 du 5 mars 2007, art. 1er)* **« L. 3131-1 » fait l'objet d'un examen périodique par le Haut Conseil de la santé publique** *(Abrogé par L. n° 2011-940 du 10 août 2011, art. 25) « selon des modalités définies par décret en Conseil d'État ».* **Il est mis fin sans délai à ces mesures dès lors qu'elles ne sont plus nécessaires.**

COMMENTAIRE

Évolution dans le temps des mesures destinées à faire face aux menaces sanitaires. Les mesures prises au titre des articles L. 3131-1 et suivants du code de la sané publique doivent être ajustées au fur et à mesure que la menace sanitaire évolue. Pour favoriser cette adaptation permanente, d'autant plus nécessaire que certaines mesures peuvent affecter de manière plus ou moins grave les droits et libertés, l'article L. 3131-2 prévoit que leur bien-fondé fait l'objet d'un examen périodique par le Haut conseil de la santé publique (instance créée par la L. du 9 août 2004 relative à la politique de santé publique et mise en place en 2007, dont les missions sont définies à l'art. L. 1411-4 CSP et dont la composition est déterminée aux art. R. 1411-46 à R. 1411-51 du même code) et qu'il y est mis fin sans délai lorsqu'elles ne sont plus nécessaires. ❑

Art. L. 3131-3 *(L. n° 2004-806 du 9 août 2004, art. 18)* **Nonobstant les dispositions de l'article L. 1142-1, les professionnels de santé ne peuvent être tenus pour responsables des dommages résultant de la prescription ou de l'administration d'un médicament** *(L. n° 2007-248 du 26 févr. 2007, art. 1er)* **« en dehors des indications thérapeutiques ou des conditions normales d'utilisation prévues par son autorisation de mise sur le marché ou son autorisation temporaire d'utilisation, ou bien d'un médicament ne faisant l'objet d'aucune de ces autorisations, » lorsque leur intervention était rendue nécessaire par l'existence d'une menace sanitaire grave et que la prescription ou l'administration du médicament** *(L. n° 2007-248 du 26 févr. 2007, art. 1er)* **« a été recommandée ou exigée » par le ministre chargé de la santé en application des dispositions de l'article** *(L. n° 2007-294 du 5 mars 2007, art. 1er)* **« L. 3131-1 ».**

(L. n° 2007-248 du 26 févr. 2007, art. 1er) **« Le fabricant d'un médicament ne peut davantage être tenu pour responsable des dommages résultant de l'utilisation d'un médicament en dehors des indications thérapeutiques ou des conditions normales d'utilisation prévues par son autorisation de mise sur le marché ou son autorisation temporaire d'utilisation, ou bien de celle d'un médicament ne faisant l'objet d'aucune de ces autorisations, lorsque cette utilisation a été recommandée ou exigée par le ministre chargé de la santé en application de l'article** *(L. n° 2007-294 du 5 mars 2007, art. 1er)* **« L. 3131-1 ». Il en va de même pour le titulaire de l'autorisation de mise sur le marché, de l'autorisation temporaire d'utilisation ou de l'autorisation d'importation du médicament en cause. Les dispositions du présent alinéa ne les exonèrent pas de l'engagement de leur responsabilité dans les conditions de droit commun en raison de la fabrication ou de la mise sur le marché du médicament. »**

COMMENTAIRE

Exonération conditionnelle de la responsabilité des professionnels de santé. L'article L. 3131-3 répond à un problème très concret auquel les acteurs de terrains peuvent être confrontés : en l'absence de traitement spécifique pour lutter contre une épidémie, qui doit être tenu pour responsable en cas de dommage causé par l'utilisation d'un médicament que l'on suppose efficace mais qui était initialement prévu pour répondre à d'autres indications ?

Le législateur écarte d'abord toute responsabilité des professionnels de santé : ils ne peuvent être tenus pour responsables des dommages résultant de la prescription ou de l'administration d'un médicament en dehors des indications thérapeutiques ou des conditions normales d'utilisation prévues par son autorisation de mise sur le marché ou son autorisation temporaire d'utilisation, ou bien d'un médicament ne faisant l'objet d'aucune de ces autorisations, lorsque leur intervention était rendue nécessaire par l'existence d'une menace sanitaire grave et que la prescription ou l'administration du médicament a été recommandée ou exigée par le ministre chargé de la santé en application des dispositions de l'article L. 3131-1.

Il écarte ensuite toute responsabilité du fabricant du médicament, du titulaire de l'autorisation de mise sur le marché, de l'autorisation temporaire d'utilisation ou de l'autorisation d'importation du médicament en cause : ces derniers ne peuvent être tenus pour responsables des dommages résultant de l'utilisation d'un médicament en dehors des indications thérapeutiques ou des conditions normales d'utilisation prévues par son autorisation de mise sur le marché ou son autorisation temporaire d'utilisation, ou bien de celle d'un médicament ne faisant l'objet d'aucune de ces autorisations, lorsque cette utilisation a été recommandée ou exigée par le ministre chargé de la santé en application de l'article L. 3131-1.

C'est donc à l'ONIAM qu'il reviendra de réparer les dommages dans un tel cas de figure ainsi que le précise l'article L. 3131-4.

Conditions de l'exonération des professionnels de santé. Le régime dérogatoire à l'article L. 1142-1 du code de la santé publique, qui fixe les principes généraux de la responsabilité des professionnels de santé, fait l'objet d'un encadrement strict :

– il concerne uniquement la prescription ou l'administration de médicaments, ce qui exclut, notamment, les autres types de prescription, les gestes techniques ou encore les dispositifs médicaux ;

– il ne peut jouer que lorsque les indications thérapeutiques ou les conditions normales d'utilisation prévues dans l'autorisation de mise sur le marché ou l'autorisation temporaire d'utilisation du médicament n'ont pas été respectées (ou, à défaut d'une telle autorisation, lorsque les indications thérapeutiques ou les conditions normales d'utilisation n'ont pas été respectées) ;

– l'intervention des professionnels de santé doit avoir été rendue nécessaire par l'existence d'une menace sanitaire grave (sur la notion de menace sanitaire, V. comm. ss. art. L. 3131-1) ;

– la prescription ou l'administration du médicament doit avoir été recommandée ou exigée par le ministre chargé de la santé en application des dispositions de l'article L. 3131-1.

Conditions de l'exonération des fabricants, du titulaire de l'AMM, de l'ATU ou de l'autorisation d'importation. L'exclusion de la responsabilité des fabricants, titulaires de l'autorisation de mise sur le marché, de l'autorisation temporaire d'utilisation ou de l'autorisation d'importation est strictement délimitée :

– elle concerne uniquement l'utilisation d'un médicament en dehors des indications thérapeutiques ou des conditions normales d'utilisation prévues dans l'autorisation de mise sur le marché ou l'autorisation temporaire d'utilisation du médicament (ou, à défaut d'une telle autorisation, lorsque les indications thérapeutiques ou les conditions normales d'utilisation n'ont pas été respectées) ;

– l'utilisation du médicament doit avoir été recommandée ou exigée par le ministre chargé de la santé en application des dispositions de l'article L. 3131-1.

En outre, ils ne sont pas exonérés de l'engagement de leur responsabilité dans les conditions de droit commun en raison de la fabrication ou de la mise sur le marché du médicament. ❑

Art. L. 3131-4 *(L. n° 2004-806 du 9 août 2004, art. 18)* **Sans préjudice des actions qui pourraient être exercées conformément au droit commun, la réparation intégrale des accidents médicaux, des affections iatrogènes et des infections nosocomiales imputables à des activités de prévention, de diagnostic ou de soins réalisées en application de mesures prises conformément** *(L. n° 2007-294 du 5 mars 2007, art. 3)* **« aux articles L. 3131-1 ou L. 3134-1 » est assurée par l'Office national d'indemnisation des accidents médicaux, des affections iatrogènes et des infections nosocomiales mentionné à l'article L. 1142-22.**

L'offre d'indemnisation adressée par l'office à la victime ou, en cas de décès, à ses ayants droit indique l'évaluation retenue pour chaque chef de préjudice, nonobstant l'absence de consolidation, ainsi que le montant des indemnités qui reviennent à la victime ou à ses ayants droit, déduction faite des prestations énumérées à l'article 29 de la loi n° 85-677 du 5 juillet 1985 tendant à l'amélioration de la situation des vic-

times d'accidents de la circulation et à l'accélération des procédures d'indemnisation, et, plus généralement, des prestations et indemnités de toute nature reçues ou à recevoir d'autres débiteurs du même chef de préjudice.

L'acceptation de l'offre d'indemnisation de l'office par la victime vaut transaction au sens de l'article 2044 du code civil.

L'office est subrogé, s'il y a lieu et à due concurrence des sommes qu'il a versées, dans les droits que possède le demandeur contre la personne responsable du dommage ou, le cas échéant, son assureur.

Les conditions d'application du présent article sont fixées par décret en Conseil d'État.

SECTION PREMIÈRE INDEMNISATION DES DOMMAGES RÉSULTANT DE LA MISE EN ŒUVRE DE MESURES SANITAIRES MENTIONNÉES AUX ARTICLES L. 3131-1, L. 3134-1 et L. 3135-1

(Décr. n° 2011-68 du 18 janv. 2011, art. 2 ; Décr. n° 2019-405 du 2 mai 2019, art. 2)

Art. R. 3131-1 *(Décr. n° 2011-68 du 18 janv. 2011, art. 2)* I. – Les demandes d'indemnisation par la voie de la procédure amiable prévue *(Décr. n° 2019-405 du 2 mai 2019, art. 2)* « aux articles L. 3131-4 et L. 3135-3 » au titre des préjudices définis *(Décr. n° 2019-405 du 2 mai 2019, art. 2)*« aux mêmes articles » sont adressées à l'Office national d'indemnisation des accidents médicaux, des affections iatrogènes et des infections nosocomiales mentionné à l'article L. 1142-22.

Elles comportent la justification des préjudices et sont accompagnées des éléments établissant que l'acte à l'origine du dommage a été réalisé dans le cadre des mesures prises en application des articles L. 3131-1 *(Décr. n° 2019-405 du 2 mai 2019, art. 2)* « , L. 3134-1 ou L. 3135-1 ». Les victimes ou, en cas de décès, leurs ayants droit font connaître à l'office tous les éléments d'information dont ils disposent.

Les demandes sont adressées à l'office par lettre recommandée avec demande d'avis de réception.

L'office accuse réception de la demande.

Le cas échéant, il demande les pièces manquantes.

Il informe le demandeur sans délai du caractère complet de son dossier, par lettre recommandée avec demande d'avis de réception.

II. – Les personnes qui ont à connaître des documents et informations fournis à l'office sont tenues au secret professionnel, dans les conditions et sous les peines prévues aux articles 226-13 et 226-14 du code pénal.

Les documents à caractère médical relèvent des dispositions relatives au secret médical.

Art. R. 3131-2 *(Décr. n° 2011-68 du 18 janv. 2011, art. 2)* Les dispositions de la présente section sont également applicables en cas d'aggravation d'un préjudice mentionné au premier alinéa *(Décr. n° 2019-405 du 2 mai 2019, art. 2)* « des articles L. 3131-4 et L. 3135-3 ».

Art. R. 3131-3 *(Décr. n° 2011-68 du 18 janv. 2011, art. 2)* Le silence de l'office pendant un délai de six mois à compter de la date de réception du dossier complet fait naître une décision implicite de rejet.

Art. R. 3131-3-1 *(Décr. n° 2018-799 du 18 sept. 2018, art. 1er)* Si l'acte a été réalisé dans le cadre de mesures prises pour l'application des articles L. 3131-1 *(Décr. n° 2019-405 du 2 mai 2019, art. 2)* « , L. 3134-1 ou L. 3135-1 », le directeur de l'office diligente, s'il y a lieu, une expertise, le cas échéant collégiale, afin d'apprécier l'importance des dommages et de déterminer leur imputabilité.

Le ou les médecins chargés de procéder à l'expertise sont choisis, en fonction de leur compétence dans les domaines concernés, sur la liste nationale des experts en accidents médicaux mentionnée à l'article L. 1142-10 ou une des listes instituées par l'article 2 de la loi n° 71-498 du 29 juin 1971 relative aux experts judiciaires ou, à titre exceptionnel, en dehors de ces listes.

L'office informe alors le demandeur, quinze jours au moins avant la date de l'examen, de l'identité et des titres du ou des médecins chargés d'y procéder et de la mission d'expertise qui leur est confiée.

L'office fait également savoir au demandeur qu'il peut se faire assister d'une personne de son choix.

Le ou les experts adressent le projet de rapport au demandeur qui dispose alors d'un délai de quinze jours pour leur faire parvenir ses éventuelles observations.

Dans les trois mois suivant la date de sa désignation, le ou les experts adressent à l'office le rapport d'expertise comprenant leur réponse aux observations du demandeur.

L'office adresse sans délai ce rapport au demandeur qui dispose d'un délai de quinze jours pour lui faire parvenir ses éventuelles observations.

Art. R. 3131-3-2 *(Décr. n° 2011-68 du 18 janv. 2011, art. 2)* L'office prend en charge le coût des expertises, sous réserve du remboursement exigible à l'occasion des actions subrogatoires prévues *(Décr. n° 2019-405 du 2 mai 2019, art. 2)* « aux articles **L. 3131-4** et **L. 3135-3** ».

Art. R. 3131-3-3 *(Décr. n° 2018-799 du 18 sept. 2018, art. 2)* « I. – » *(Décr. n° 2011-68 du 18 janv. 2011, art. 2)* L'office se prononce :

1° Sur le fait que l'acte en cause a été réalisé dans le cadre des articles **L. 3131-1** *(Décr. n° 2019-405 du 2 mai 2019, art. 2)* « , **L. 3134-1** ou **L. 3135-1** » ;

2° Sur l'existence d'un lien de causalité entre le dommage subi par la victime et l'acte de prévention, de diagnostic ou de soins réalisé en application de mesures prises dans le cadre des dispositions des articles **L. 3131-1** *(Décr. n° 2019-405 du 2 mai 2019, art. 2)* « , **L. 3134-1** ou **L. 3135-1** », auquel il est imputé.

Lorsque l'office estime que le dommage est indemnisable au titre *(Décr. n° 2019-405 du 2 mai 2019, art. 2)* « des articles **L. 3131-4** ou **L. 3135-3** », sa décision énumère les différents chefs de préjudice et en détermine l'étendue. La décision précise également si, à la date à laquelle elle est rendue, l'état de la victime est consolidé ou non.

Les décisions de l'office rejetant totalement ou partiellement la demande sont motivées.

(Décr. n° 2018-799 du 18 sept. 2018, art. 2) « II. – Sous réserve qu'une première décision de rejet n'ait pas donné lieu à une décision juridictionnelle irrévocable, une nouvelle décision peut être prise par l'ONIAM, le cas échéant après une nouvelle expertise, si les dommages constatés sont susceptibles, au regard de l'évolution des connaissances scientifiques, d'être imputés à l'acte réalisé dans le cadre des articles **L. 3131-1** » *(Décr. n° 2019-405 du 2 mai 2019, art. 2)* « , **L. 3134-1** ou **L. 3135-1** ».

Art. R. 3131-3-4 *(Décr. n° 2011-68 du 18 janv. 2011, art. 2)* En cas d'acceptation, le directeur de l'office présente au demandeur l'offre d'indemnisation arrêtée dans les conditions fixées *(Décr. n° 2019-405 du 2 mai 2019, art. 2)* « aux articles **L. 3131-4** ou **L. 3135-3** » dans un délai de six mois à compter du jour où il a reçu un dossier complet.

Le demandeur fait connaître à l'office, par lettre recommandée avec demande d'avis de réception, s'il accepte ou non l'offre d'indemnisation qui lui est faite.

Art. R. 3131-3-5 *(Décr. n° 2011-68 du 18 janv. 2011, art. 2)* Le paiement intervient dans un délai d'un mois à compter de la réception par l'office de l'acceptation de son offre par le demandeur, que cette offre revête un caractère partiel, provisionnel ou définitif.

COMMENTAIRE

Réparation des dommages. La responsabilité du fait de la réponse aux menaces sanitaires incombe à l'État, mais la réparation intégrale des accidents médicaux, des affections iatrogènes et des infections nosocomiales imputables à des activités de prévention, de diagnostic ou de soins réalisées en application de mesures prescrites par le ministre chargé de la santé au titre de l'article L. 3131-1 (qui se réfère à la réponse à une menace sanitaire grave et aux mesures prises après la fin de l'état d'urgence sanitaire en vue d'assurer la disparition durable de la situation de crise sanitaire) ou en application de l'article L. 3134-1 (qui prévoit la possibilité pour le ministre chargé de la santé de faire appel à la réserve sanitaire, par arrêté motivé) est assurée par la solidarité nationale, via l'ONIAM, dans les conditions édictées par l'article L. 3131-4. Les règles présidant à l'indemnisation par l'ONIAM sont détaillées aux articles R. 3131-1 à R. 3131-3-5 du code de la santé publique.

Cette réparation par l'ONIAM intervient sans qu'il soit besoin d'établir l'existence d'une faute et sans condition de gravité particulière pour les préjudices subis. Par ailleurs, le régime de l'article L. 3131-4 bénéficie à toute victime, c'est-à-dire tant à la personne qui a subi un dommage corporel du fait de l'une de ces mesures qu'à ceux de ses proches qui en subissent directement les conséquences (CE 27 mai 2016, n° 391149 B, et 4 nov. 2016, n° 397729).

Les professionnels et établissements de santé peuvent toutefois voir leur responsabilité recherchée selon les règles du droit commun s'ils commettent une faute qui n'est pas directement liée à la menace sanitaire, l'article L. 3131-4 n'excluant pas une telle possibilité. ❑

1. Vaccination au titre des mesures sanitaires urgentes. Sur la question de la causalité entre une pathologie (le syndrome de Guillain-Barré) et la vaccination contre la grippe A (H1N1) entreprise dans le cadre de mesures sanitaires urgentes, V. • TA Cergy-Pontoise, 4 nov. 2014, n° 1201770 : *Gaz. Pal. 22 janv. 2015, n° 22, p. 4, concl. Mérenne.*

2. Indemnisation de la victime par ricochet. Il résulte des termes mêmes de l'art. L. 3131-4 CSP (prévoyant la réparation intégrale par l'ONIAM, en lieu et place de l'État, des accidents médicaux, des affections iatrogènes et des infections nosocomiales imputables à des activités de prévention ou de soins réalisées en application de mesures ministérielles prises conformément aux art. L. 3131-1 ou L. 3134-1, sans qu'il soit besoin d'établir l'existence d'une faute ni la gravité particulière des préjudices subis) que la réparation incombant à l'ONIAM bénéficie à toute victime, c'est-à-dire tant à la personne qui a subi un dommage corporel du fait de l'une de ces mesures qu'à ceux de ses proches qui en subissent directement les conséquences. • CE 27 mai 2016, n° 391149 B. ♦ Erreur de droit de la cour à juger qu'une telle indemnisation ne bénéficie qu'à la victime directe (atteinte, en l'espèce, de narcolepsie-cataplexie à la suite d'une vaccination contre la grippe A (H1N1)) et n'est permise, pour les préjudices propres subis par ses proches, qu'en cas de décès de la victime directe. • Même arrêt. ♦ Dans le même sens, V. • CE 4 nov. 2016, n° 397729 : *DP santé, Bull. n° 277, janv. 2017, p. 15, obs. Malleville.*

3. Préjudices professionnels. Sur la réparation des préjudices professionnels du fait d'une invalidité imputée au vaccin contre la grippe A (H1N1), V. • CE 30 mars 2018, n° 408199.

Art. L. 3131-5 *(L. n° 2004-806 du 9 août 2004, art. 18)* **Un fonds finance les actions nécessaires à la préservation de la santé de la population en cas de menace sanitaire grave** *(Abrogé par L. n° 2011-940 du 10 août 2011, art. 25)* ***« ou d'alerte épidémique »*****, notamment celles prescrites à l'article** *(L. n° 2007-294 du 5 mars 2007, art. 1er)* **« L. 3131-1 » ainsi que les compensations financières auxquelles elles peuvent donner lieu à l'exclusion de celles prévues par d'autres dispositions législatives et réglementaires.** *(Abrogé par L. n° 2010-1657 du 29 déc. 2010, art. 189)* ***« Il finance également la réparation instituée par l'article*** *(L. n° 2007-294 du 5 mars 2007, art. 1er)* **« L. 3131-4 ». » Les conditions de constitution du fonds sont fixées par la loi de finances ou la loi de financement de la sécurité sociale.**

COMMENTAIRE

Structure budgétaire spécifique. Une structure budgétaire spécifique (un fonds) est créée en vue de financer les actions nécessaires à la préservation de la santé de la population. Il doit permettre aux autorités de faire face à une menace sanitaire grave dans de brefs délais, hors des procédures budgétaires classiques qui ne permettent pas d'assurer la fourniture rapide de matériel biomédical et de médicaments. Le fonds finance « notamment » les actions prescrites par le ministre chargé de la santé en application de l'article L. 3131-1, l'utilisation de cet adverbe indiquant qu'il est également apte à financer des mesures de gestion de crise prises hors de l'application de cet article.

Le fonds finance également les compensations financières auxquelles les actions nécessaires à la préservation de la santé peuvent donner lieu, à l'exclusion des compensations prévues par d'autres dispositions législatives ou réglementaires.

L'article L. 3131-5 renvoie aux lois de finances et de financement de la sécurité sociale le soin d'apporter des précisions sur les conditions de constitution du fonds (nature du financement et hauteur des dotations). ❑

Art. L. 3131-6 *Abrogé par L. n° 2011-940 du 10 août 2011, art. 25.*

Art. L. 3131-7 *(L. nº 2004-806 du 9 août 2004, art. 20)* Chaque établissement de santé est doté *(L. nº 2019-774 du 24 juill. 2019, art. 68)* « d'un plan détaillant les mesures à mettre en œuvre en cas d'événement entraînant une perturbation de l'organisation des soins, notamment lors de situations sanitaires exceptionnelles. Ce plan lui permet de mobiliser les moyens de réponse adaptés à la nature et à l'ampleur de l'événement et d'assurer aux patients une prise en charge optimale ».

(Ord. nº 2018-20 du 17 janv. 2018, art. 11) « Les dispositions du présent article sont applicables aux hôpitaux des armées. »

SECTION II SITUATION SANITAIRE EXCEPTIONNELLE

(Décr. nº 2016-1327 du 6 oct. 2016, art. 1er)

SOUS-SECTION 4 PLAN BLANC

Art. R. 3131-13 I. – Le plan blanc d'établissement mentionné à l'article L. 3131-7 prend en compte les objectifs du dispositif "ORSAN" et définit notamment :

1° Les modalités de mise en œuvre de ses dispositions et de leur levée ;

2° Les modalités de constitution et de fonctionnement de la cellule de crise ;

3° Des modalités adaptées et graduées d'adaptation des capacités et de mobilisation des moyens humains et matériels de l'établissement ;

4° Les modalités d'accueil et d'orientation des patients ;

5° Les modalités de communication interne et externe ;

6° Un plan de circulation et de stationnement au sein de l'établissement ;

7° Un plan de sécurisation et de confinement de l'établissement ;

8° Un plan d'évacuation de l'établissement ;

9° Des mesures spécifiques pour la gestion des situations sanitaires exceptionnelles, notamment les accidents nucléaires, radiologiques, biologiques et chimiques ;

10° Des modalités de formation et d'entraînement à la mise en œuvre du plan.

II. – Le plan blanc est arrêté par le directeur de l'établissement, après avis :

1° Du directoire pour les établissements publics de santé ou de l'organe de direction pour les établissements de santé privés ;

2° De la commission médicale d'établissement pour les établissements publics de santé ou de son équivalent pour les établissements de santé privés ;

3° Du comité technique d'établissement pour les établissements publics de santé ou de son équivalent pour les établissements de santé privés.

Le directeur informe le conseil de surveillance pour les établissements publics de santé ou son équivalent pour les établissements de santé privés des dispositions du plan blanc.

III. – Le plan blanc est transmis au préfet de département, au directeur général de l'agence régionale de santé et au service d'aide médicale urgente (SAMU) territorialement compétent.

IV. – Le plan blanc est évalué et révisé chaque année. Son évaluation et sa révision font l'objet d'une présentation aux instances compétentes des établissements de santé.

Art. R. 3131-14 Les dispositions du plan blanc sont mises en œuvre par le directeur de l'établissement de santé, le cas échéant, à la demande du directeur général de l'agence régionale de santé.

Le directeur général de l'agence régionale de santé informe sans délai le préfet de département, le service d'aide médicale urgente (SAMU) territorialement compétent du déclenchement du plan blanc.

Le préfet informe le service départemental d'incendie et de secours et les représentants des collectivités territoriales concernées.

SECTION III DISPOSITIONS PARTICULIÈRES APPLICABLES À PARIS *(Décr. nº 2016-1327 du 6 oct. 2016, art. 1er-2º).*

(Décr. nº 2010-225 du 4 mars 2010, art. 24)

Art. R.* 3131-15 *(Décr. nº 2020-350 du 27 mars 2020, art. 1er)* Les attributions dévolues au représentant de l'État dans le département par le présent chapitre sont exercées à Paris par le préfet de police.

SECTION IV **DISPOSITIONS RELATIVES À CERTAINES COLLECTIVITÉS D'OUTRE-MER**

(Décr. n° 2016-1327 du 6 oct. 2016, art. 1er)

Art. R. 3131-16 Pour l'application du présent chapitre à Saint-Pierre-et-Miquelon :
1° Les articles R. 3131-4 à R. 3131-9 ne sont pas applicables ;
2° Le II de l'article R. 3131-10 est remplacé par les dispositions suivantes :
"II. — Le dispositif "ORSAN" est arrêté par le préfet." ;
3° Le III de l'article R. 3131-10 n'est pas applicable ;
4° L'article R. 3131-12 est remplacé par les dispositions suivantes :

Art. R. 3131-12 I. — Le plan territorial de mobilisation est arrêté par le préfet.
II. — Il est révisé chaque année. A chaque révision, le préfet veille à la cohérence du plan territorial de mobilisation avec le dispositif "ORSAN" ;

5° Le III de l'article R. 3131-13 est remplacé par les dispositions suivantes :
"III. — Il est transmis au préfet de Saint-Pierre-et-Miquelon."
6° L'article R. 3131-14 est remplacé par la disposition suivante :

Art. R. 3131-14 Les dispositions du plan blanc sont mises en œuvre par le directeur de l'établissement de santé, le cas échéant, à la demande du préfet de Saint-Pierre-et-Miquelon.

Art. R. 3131-17 En Guyane et en Martinique, le dispositif "ORSAN", le schéma régional de santé, le plan départemental de mobilisation, le service départemental de secours, le comité départemental de l'aide médicale urgente de la permanence des soins et des transports sanitaires sont le dispositif, le schéma, le plan, le service et le comité de chacune de ces collectivités.

COMMENTAIRE

Plan de gestion des tensions hospitalières et des situations sanitaires exceptionnelles. Depuis la loi du 9 août 2004 relative à la politique de santé publique, chaque établissement de santé, public ou privé, a l'obligation de se doter d'un dispositif de crise destiné à lui permettre de mobiliser, dans les plus brefs délais, les moyens de toute nature dont il dispose pour faire face à un afflux de victimes ou une situation sanitaire exceptionnelle. Dans cette perspective, il élabore un plan qui détaille les mesures à mettre en œuvre en cas d'événement entraînant une perturbation de l'organisation des soins, notamment lors de situations sanitaires exceptionnelles. Ce plan (encore dénommé « plan blanc » dans la partie réglementaire du code de la santé publique, V. art. R. 3131-13 à R. 3131-14), évalué et révisé chaque année, lui permet de mobiliser les moyens de réponse adaptés à la nature et à l'ampleur de l'événement, et d'assurer aux patients une prise en charge optimale. Il prend en compte les objectifs du plan « ORSAN » (sur le dispositif ORSAN, V. comm. ss. art. L. 3131-11) élaboré par l'Agence régionale de santé et dans lequel elle prédéfinit le rôle dévolu à chaque établissement de santé pour chaque situation exceptionnelle considérée.

Notion de situation sanitaire exceptionnelle. La notion de situation sanitaire exceptionnelle n'est pas encadrée par voie réglementaire. Le Guide d'aide à la préparation et à la gestion des tensions hospitalières et des situations sanitaires exceptionnelles au sein des établissements de santé, édité en 2019 par le ministère des Solidarités et de la Santé, l'aborde de la manière suivante : la situation sanitaire exceptionnelle englobe toutes les situations conjoncturelles, quelles que soient leurs origines (maladie infectieuse à potentiel épidémique, catastrophe naturelle, accident technologique, acte malveillant – comme un attentat –, etc.), susceptibles de conduire à une augmentation sensible de la demande de soins, immédiate et imprévisible (événements de type attentats ou accidents graves) ou de perturber l'offre de soins. La situation sanitaire exceptionnelle peut également résulter d'un événement à cinétique lente (épidémie ou catastrophe climatique exceptionnelles par leur ampleur, etc.) pour lequel les premières mesures de gestion s'avèrent insuffisantes. ❑

Art. L. 3131-8 *(L. n° 2004-806 du 9 août 2004, art. 20)* **Si l'afflux de patients ou de victimes** *(Ord. n° 2018-20 du 17 janv. 2018, art. 11)* **« ou la situation sanitaire le justifie »** *(L. n° 2019-774 du 24 juill. 2019, art. 68)* **« , sur proposition du directeur général**

de l'agence régionale de santé », le représentant de l'État dans le département peut procéder aux réquisitions nécessaires de tous biens et services, et notamment requérir le service de tout professionnel de santé, quel que soit son mode d'exercice, et de tout établissement de santé ou établissement médico-social *(Abrogé par L. n° 2019-774 du 24 juill. 2019, art. 68)* ***« dans le cadre d'un dispositif dénommé plan*** *(L. n° 2016-41 du 26 janv. 2016, art. 158)* ***« départemental de mobilisation ». Il informe sans délai le*** *(Ord. n° 2010-177 du 23 févr. 2010, art. 9)* ***« directeur général de l'agence régionale de santé », le service d'aide médicale urgente et les services d'urgences territorialement compétents et les représentants des collectivités territoriales concernées du déclenchement de ce plan ».*** *(L. n° 2020-290 du 23 mars 2020, art. 2)* « L'indemnisation des réquisitions est régie par le code de la défense. »

SECTION II SITUATION SANITAIRE EXCEPTIONNELLE

(Décr. n° 2016-1327 du 6 oct. 2016, art. 1er)

SOUS-SECTION 3 PLAN DÉPARTEMENTAL DE MOBILISATION

Art. R. 3131-11 Le plan départemental de mobilisation mentionné à l'article L. 3131-8 précise les modalités d'organisation des dispositifs spécifiques d'urgence que le préfet de département peut mettre en œuvre dans les situations d'urgence. Ce plan identifie notamment :

1° Les ressources publiques ou privées susceptibles d'être mobilisées par le préfet pour mettre en place les dispositifs spécifiques d'urgence, notamment pour la dispensation de soins en dehors des structures de santé ;

2° Les modalités de leur mobilisation, notamment par des conventions préétablies ou par la réquisition ;

3° Les modalités de coordination et d'organisation des dispositifs spécifiques d'urgence ;

4° Les modalités de déclenchement et de levée des dispositifs spécifiques d'urgence.

Art. R. 3131-12 I. — Le plan départemental de mobilisation est préparé par le directeur général de l'agence régionale de santé, avec l'appui du service d'aide médicale urgente (SAMU).

II. — Il est arrêté par le préfet du département et, à Paris et Marseille, par le préfet de police, après avis du comité départemental de l'aide médicale urgente, de la permanence des soins et des transports sanitaires.

Le plan départemental de mobilisation est transmis, pour information, au directeur général de l'agence régionale de santé de la zone de défense et de sécurité et au préfet de zone de défense et de sécurité.

III. — Il est révisé chaque année. A chaque révision, l'agence régionale de santé veille à la cohérence du plan départemental de mobilisation avec le dispositif "ORSAN" et le plan zonal de mobilisation, mentionnés à l'article L. 3131-11.

....

SECTION IV DISPOSITIONS RELATIVES À CERTAINES COLLECTIVITÉS D'OUTRE-MER

(Décr. n° 2016-1327 du 6 oct. 2016, art. 1er)

Art. R. 3131-16 Pour l'application du présent chapitre à Saint-Pierre-et-Miquelon :

1° Les articles R. 3131-4 à R. 3131-9 ne sont pas applicables ;

2° Le II de l'article R. 3131-10 est remplacé par les dispositions suivantes :

"II. — Le dispositif "ORSAN" est arrêté par le préfet." ;

3° Le III de l'article R. 3131-10 n'est pas applicable ;

4° L'article R. 3131-12 est remplacé par les dispositions suivantes :

Art. R. 3131-12 I. — Le plan territorial de mobilisation est arrêté par le préfet.

II. — Il est révisé chaque année. A chaque révision, le préfet veille à la cohérence du plan territorial de mobilisation avec le dispositif "ORSAN" ;

5° Le III de l'article R. 3131-13 est remplacé par les dispositions suivantes :

"III. — Il est transmis au préfet de Saint-Pierre-et-Miquelon."

6° L'article R. 3131-14 est remplacé par la disposition suivante :

Art. R. 3131-14 Les dispositions du plan blanc sont mises en œuvre par le directeur de l'établissement de santé, le cas échéant, à la demande du préfet de Saint-Pierre-et-Miquelon.

Art. R. 3131-17 En Guyane et en Martinique, le dispositif "ORSAN", le schéma régional de santé, le plan départemental de mobilisation, le service départemental de secours, le comité départemental de l'aide médicale urgente de la permanence des soins et des transports sanitaires sont le dispositif, le schéma, le plan, le service et le comité de chacune de ces collectivités.

COMMENTAIRE

Pouvoir de réquisition. Le pouvoir de réquisition s'exerce en application des dispositions de l'article L. 3131-8. La réquisition peut porter sur tous biens et services, notamment le service de professionnels de santé, quels que soient leurs modes d'exercice, et tout établissement de santé ou médico-social, indépendamment de son statut juridique – public ou privé.

Cette prérogative appartient au préfet de département, qui peut en user lorsque l'afflux de patients ou de victimes ou la situation sanitaire le justifient. Formellement, la réquisition préfectorale intervient sur proposition du directeur général de l'Agence régionale de santé. Un plan départemental de mobilisation (V. *infra*) identifie, entre autres, les ressources publiques ou privées susceptibles d'être mobilisées par le préfet ainsi que les modalités de leur mobilisation, notamment par des conventions préétablies ou par la réquisition.

Notons que l'article L. 3131-9 du code de la santé publique autorise l'exercice du pouvoir de réquisition, dans les mêmes conditions, par les préfets de zone de défense et par le Premier ministre si la nature de la situation sanitaire ou l'ampleur de l'afflux de patients ou de victimes le justifient. Dans de telles hypothèses, les réquisitions sont prononcées par arrêté du préfet de zone de défense ou par décret du Premier ministre.

Relevons également que le pouvoir de réquisition peut être largement étendu lors du passage à l'état d'urgence sanitaire, l'article L. 3131-15 prévoyant alors que le Premier ministre peut, par décret réglementaire pris sur le rapport du ministre chargé de la santé, ordonner la réquisition de tous biens et services nécessaires à la lutte contre la catastrophe sanitaire ainsi que de toute personne nécessaire au fonctionnement de ces services ou à l'usage de ces biens, dans les circonscriptions territoriales où l'état d'urgence sanitaire est déclaré et aux seules fins de garantir la santé publique. Sur le fondement de ce texte, il a notamment été procédé, par un décret s'appliquant sur l'ensemble du territoire national, à la réquisition de stocks de masques de protection respiratoires de types FFP2, FFP3, N95, N99, N100, P95, P99, P100, R95, R99, R100 et de masques anti projections respectant la norme EN 14683 (Décr. n° 2020-293 du 23 mars 2020 prescrivant les mesures générales nécessaires pour faire face à l'épidémie de covid-19 dans le cadre de l'état d'urgence sanitaire, art. 12).

Plan départemental de mobilisation. Si la référence au plan départemental de mobilisation n'est plus mentionnée à l'article L. 3131-8 du code de la santé publique, les dispositions réglementaires sont maintenues aux articles R. 3131-11 à R. 3131-12 du même code. Élaboré et révisé annuellement par le directeur général de l'Agence régionale de santé en cohérence avec le dispositif ORSAN (V. comm. ss. art. L. 3131-11) et le plan zonal de mobilisation (V. comm. ss. art. L. 3131-9), ce plan est arrêté par le préfet de département (à Paris et Marseille, par le préfet de police).

Le plan départemental de mobilisation précise les modalités d'organisation des dispositifs spécifiques d'urgence que le préfet de département peut mettre en œuvre dans les situations d'urgence. A ce titre, il identifie notamment :

– les ressources publiques ou privées susceptibles d'être mobilisées par le préfet pour mettre en place les dispositifs spécifiques d'urgence, notamment pour la dispensation de soins en dehors des structures de santé ;

– les modalités de leur mobilisation, notamment par des conventions préétablies ou par la réquisition ;

– les modalités de coordination et d'organisation des dispositifs spécifiques d'urgence ;

– les modalités de déclenchement et de levée des dispositifs spécifiques d'urgence.

Indemnisations liées aux réquisitions. L'article L. 3131-8 du code de la santé publique dispose que « L'indemnisation des réquisitions est régie par le code de la défense ». Le régime de l'indemnisation est précisé à l'article L. 2234-1 de ce code selon les modalités suivantes :

– les indemnités dues au prestataire compensent uniquement la perte matérielle, directe et certaine que la réquisition lui impose. Elles tiennent compte exclusivement de toutes les dépenses qui ont été exposées d'une façon effective et nécessaire par le prestataire, de la rémunération du travail, de l'amortissement et de la rémunération du capital, appréciés sur des bases normales ;

– aucune indemnité n'est due pour la privation du profit qu'aurait pu procurer au prestataire la libre disposition du bien requis ou la continuation en toute liberté de son activité professionnelle ;

– les indemnités sont dues à compter de la prise de possession définitive ou temporaire du bien, ou du début des services prescrits. Cependant, si le prestataire justifie d'un préjudice direct, né du fait de la réquisition après la notification de l'ordre de réquisition et avant son exécution, les indemnités sont dues à compter du jour où ce préjudice est devenu effectif sous réserve des abattements qu'elles peuvent comporter.

S'agissant de la réquisition des personnels de santé, un arrêté du 28 mars 2020 (*JO 29 mars, NOR : SSAZ2008730A*) définit un régime d'indemnisation spécifique et détaillé. ❑

Art. L. 3131-9 *(L. nº 2004-806 du 9 août 2004, art. 20)* **La compétence attribuée au représentant de l'État dans le département par l'article** *(L. nº 2007-294 du 5 mars 2007, art. 1er)* **« L. 3131-8 » peut être exercée, dans les mêmes conditions, par les préfets de zone de défense et par le Premier ministre si la nature de la situation sanitaire ou l'ampleur de l'afflux de patients ou de victimes le justifient. Les réquisitions prévues** *(L. nº 2019-774 du 24 juill. 2019, art. 68)* **« à » l'article** *(L. nº 2007-294 du 5 mars 2007, art. 1er)* **« L. 3131-8 » sont alors prononcées par arrêté du préfet de zone de défense ou par décret du Premier ministre.**

(Abrogé par L. nº 2019-774 du 24 juill. 2019, art. 68) ***« Dans chaque zone de défense, des établissements de santé de référence ont un rôle permanent de conseil et de formation et, en cas de situation sanitaire exceptionnelle, ils peuvent assurer une mission de coordination ou d'accueil spécifique. »***

SECTION II SITUATION SANITAIRE EXCEPTIONNELLE

(Décr. nº 2016-1327 du 6 oct. 2016, art. 1er)

SOUS-SECTION 1 PLAN ZONAL DE MOBILISATION

Art. R. 3131-4 **Le préfet de zone de défense exerce la compétence prévue à l'article L. 3131-9 si la nature de la crise sanitaire le justifie et notamment en cas de situation sanitaire exceptionnelle.**

Art. R. 3131-5 **Le directeur général de l'agence régionale de santé de zone mentionnée à l'article L. 1435-2 prépare le plan zonal de mobilisation en concertation avec les agences régionales de santé de la zone de défense et de sécurité, le préfet de zone de défense et de sécurité et l'Agence nationale de santé publique.**

Ce plan comprend :

1° Les modalités de répartition et de mobilisation des moyens du système de santé de la zone de défense et de sécurité, notamment ceux des établissements de santé ;

2° Les modalités de mobilisation des moyens de l'Agence nationale de santé publique, notamment la réserve sanitaire, lorsque la situation sanitaire le justifie ;

3° Un plan de formation et d'entraînement des intervenants du système de santé au sein de la zone de défense et de sécurité aux situations sanitaires exceptionnelles.

Art. R. 3131-6 **Le plan zonal de mobilisation est arrêté par le préfet de zone de défense, après avis du comité de défense de zone mentionné à l'article R.* 1311-25 du code de la défense.**

Le plan zonal de mobilisation est révisé chaque année selon les modalités prévues à l'article R. 3131-5. Le plan zonal de mobilisation est transmis, pour information, aux

directeurs généraux des agences régionales de santé de la zone de défense et de sécurité et aux préfets de département.

Art. R. 3131-7 I. – Un arrêté du ministre chargé de la santé désigne, sur proposition de l'agence régionale de santé de zone, pour chaque zone de défense et de sécurité, un ou plusieurs établissements de santé de référence pour les situations sanitaires exceptionnelles mentionnées à l'article L. 3131-9.

II. – Ces établissements disposent de capacités et d'obligations de prise en charge et de diagnostic définies par l'arrêté mentionné au premier alinéa, notamment d'un service d'aide médicale urgente.

Lorsque, au sein d'une même zone de défense, sont désignés plusieurs établissements de santé de référence, le directeur général de l'agence régionale de santé de zone désigne celui qui est le siège du service d'aide médicale urgente de zone.

Art. R. 3131-8 Dans la zone de défense, les établissements de santé de référence sont chargés :

1° D'apporter une assistance technique à l'agence régionale de santé de zone ;

2° D'apporter une expertise technique aux établissements de santé sur toute question relative à la préparation et à la gestion des situations sanitaires exceptionnelles ;

3° De conduire des actions de formation du personnel des établissements de santé à la gestion des situations sanitaires exceptionnelles ;

4° De proposer à l'agence régionale de santé de zone une organisation de la prise en charge médicale des patients et des examens biologiques, radiologiques ou toxicologiques par les établissements de santé de la zone de défense et de sécurité ;

5° D'assurer le diagnostic et la prise en charge thérapeutique des patients.

Art. R. 3131-9 L'agence régionale de santé dont dépend l'établissement de référence procède à l'inclusion, dans le contrat pluriannuel d'objectifs et de moyens conclu avec l'établissement de santé de référence en application de l'article L. 6114-1, des objectifs et des moyens liés aux missions définies à l'article R. 3131-8, en liaison avec l'agence régionale de santé de zone.

....

SECTION IV **DISPOSITIONS RELATIVES À CERTAINES COLLECTIVITÉS D'OUTRE-MER**

(Décr. n° 2016-1327 du 6 oct. 2016, art. 1er)

Art. R. 3131-16 Pour l'application du présent chapitre à Saint-Pierre-et-Miquelon :

1° Les articles R. 3131-4 à R. 3131-9 ne sont pas applicables ;

2° Le II de l'article R. 3131-10 est remplacé par les dispositions suivantes :

"II. – Le dispositif "ORSAN" est arrêté par le préfet." ;

3° Le III de l'article R. 3131-10 n'est pas applicable ;

4° L'article R. 3131-12 est remplacé par les dispositions suivantes :

Art. R. 3131-12 I. — Le plan territorial de mobilisation est arrêté par le préfet.

II. — Il est révisé chaque année. A chaque révision, le préfet veille à la cohérence du plan territorial de mobilisation avec le dispositif "ORSAN" ;

5° Le III de l'article R. 3131-13 est remplacé par les dispositions suivantes :

"III. – Il est transmis au préfet de Saint-Pierre-et-Miquelon."

6° L'article R. 3131-14 est remplacé par la disposition suivante :

Art. R. 3131-14 Les dispositions du plan blanc sont mises en œuvre par le directeur de l'établissement de santé, le cas échéant, à la demande du préfet de Saint-Pierre-et-Miquelon.

COMMENTAIRE

Pouvoir de réquisition des préfets de zone de défense et du Premier ministre. L'article L. 3131-9 du code de la santé publique autorise l'exercice du pouvoir de réquisition, dans des conditions identiques à celles prévues à l'article L. 3131-8 (V. comm. ss. art. L. 3131-8), par les préfets de zone de défense et par le Premier ministre si la nature de la situation sanitaire ou l'ampleur de l'afflux de patients ou de victimes le justifient. Dans de telles hypothèses, les réquisitions sont prononcées par arrêté du préfet de zone de défense ou par décret du Premier ministre.

Zone de défense et de sécurité et préfet de zone de défense. La zone de défense et de sécurité est une circonscription territoriale suprarégionale destinée à faciliter la gestion, par les autorités déconcentrées de l'État, d'un événement exceptionnel, qui, par son importance, nécessite la mise en œuvre de moyens dépassant le cadre départemental. Il existe sept zones métropolitaines de défense et de sécurité (Nord, Est, Sud-Est, Sud, Sud-Ouest, Ouest et Paris) et cinq zones outre-mer (Polynésie française, océan Indien, Nouvelle-Calédonie, Antilles et Guyane). Dans chacune d'elles, l'État est représenté par un préfet de zone de défense et de sécurité qui est le préfet du département situé au chef-lieu de la zone. En période normale, le préfet de zone de défense et de sécurité est le principal responsable des efforts non militaires prescrits en vue de la défense. En situation de crise, il exerce une mission de coordination et peut disposer de pouvoirs particuliers, notamment de réquisition, à l'instar du Premier ministre. La réquisition peut porter sur tous biens et services, notamment le service de professionnels de santé, quels que soient leurs modes d'exercice, et tout établissement de santé ou médico-social, indépendamment de son statut juridique – public ou privé.

Plan zonal de mobilisation des ressources sanitaires. Au niveau territorial, les préfets de zone de défense et de sécurité assurent le pilotage de la planification de défense et de sécurité nationale tandis que les préfets de département sont responsables de la crise à l'échelon local. Ces derniers, par protocoles avec les directeurs généraux des ARS, peuvent avoir recours aux ressources sanitaires mises à leur disposition dans le cadre du plan zonal de mobilisation des ressources sanitaires. Ce plan zonal est prévu aux articles R. 3131-4 à R. 3131-9 du code de la santé publique. Il constitue le volet sanitaire des plans zonaux de défense et de sécurité, et est destiné à faire face aux situations ayant un impact exceptionnel sur l'offre et l'organisation des soins à l'échelon de la zone de défense et de sécurité. Pour ce faire, il comprend :

– les modalités de répartition et de mobilisation des moyens du système de santé de la zone de défense et de sécurité, notamment ceux des établissements de santé ;

– les modalités de mobilisation des moyens de l'Agence nationale de santé publique, notamment la réserve sanitaire, lorsque la situation sanitaire le justifie ;

– un plan de formation et d'entraînement des intervenants du système de santé au sein de la zone de défense et de sécurité aux situations sanitaires exceptionnelles. ❑

Art. L. 3131-9-1 *(L. n° 2016-1827 du 23 déc. 2016, art. 60) (L. n° 2019-774 du 24 juill. 2019, art. 68)* **« En cas de situation sanitaire exceptionnelle ou pour tout événement de nature à impliquer de nombreuses victimes, notamment les accidents collectifs, les informations » strictement nécessaires à l'identification des victimes et à leur suivi, notamment pour la prise en charge de leurs frais de santé, sont recueillies dans un système d'identification unique des victimes.**

Les établissements de santé qui les ont prises en charge ou accueillies, y compris dans le cadre des services d'aide médicale urgente ou de premier secours et des cellules d'urgence médico-psychologiques, et les services de premier secours enregistrent les données à caractère personnel relatives aux victimes dans le système d'information mentionné au premier alinéa et les transmettent, dans le but d'assurer la gestion de *(L. n° 2019-774 du 24 juill. 2019, art. 68)* **« l'événement » et le suivi des victimes, aux agents désignés au sein des agences régionales de santé et des ministères compétents.**

Un décret en Conseil d'État, pris après avis de la Commission nationale de l'informatique et des libertés, précise la nature des données recueillies et fixe les modalités de cette transmission dans le respect des règles garantissant la protection de la vie privée.

SECTION II SITUATION SANITAIRE EXCEPTIONNELLE

(Décr. n° 2016-1327 du 6 oct. 2016, art. 1er)

SOUS-SECTION 2 DISPOSITIF "ORSAN"

Art. R. 3131-10-1 *(Décr. n° 2018-175 du 9 mars 2018, art. 1er)* Les catégories de données à caractère personnel relatives à un événement constituant une situation sanitaire exceptionnelle enregistrées dans le système d'information mentionné à l'article L. 3131-9-1 sont les suivantes :

1° Concernant les personnes prises en charge à la suite d'une situation sanitaire exceptionnelle pour une consultation ou une hospitalisation dans un établissement de santé ou par les professionnels des cellules d'urgence médico-psychologiques :

a) Données permettant leur dénombrement ;

b) Données permettant leur identification ;

c) Données relatives à leur prise en charge sanitaire, y compris médico-psychologique ;

d) Données portant sur l'identité et les coordonnées des personnes à contacter en cas de prise en charge ;

2° Concernant les utilisateurs du système d'information, notamment les nom, prénom, sexe, date de naissance, adresse professionnelle, numéro de téléphone, adresse électronique, nom et type de la structure dans laquelle ils exercent leur activité.

Art. R. 3131-10-2 *(Décr. n° 2018-175 du 9 mars 2018, art. 1er)* I. — Les données mentionnées à l'article R. 3131-10-1 sont collectées et enregistrées dans le système d'information mentionné à l'article L. 3131-9-1 par les personnels des établissements de santé prenant en charge les victimes, y compris dans le cadre des services d'aide médicale urgente ou des cellules d'urgence médico-psychologiques ainsi que par les personnels des services de premier secours relevant de l'article L. 721-2 du code de la sécurité intérieure. Ces personnes accèdent aux données dans la stricte mesure où elles sont nécessaires à l'exercice des missions qui leur sont confiées.

II. — Seuls les agents des agences régionales de santé, du ministère chargé de la santé et des ministères de l'intérieur, de la justice et des affaires étrangères nommément désignés et habilités à cet effet par leur directeur sont autorisés à accéder aux données mentionnées à l'article R. 3131-10-1, dans la stricte mesure où elles sont nécessaires à l'exercice des missions qui leur sont confiées.

III. — Les données mentionnées à l'article R. 3131-10-1 sont enregistrées, conservées et transmises dans des conditions permettant d'en garantir la sécurité, la confidentialité et l'intégrité. Elles sont conservées pendant la durée de prise en charge de la personne dans le système de santé. Les droits d'accès et de rectification prévus aux articles 39 et 40 de la loi du 6 janvier 1978 relative à l'informatique, aux fichiers et aux libertés s'exercent auprès de la direction générale de la santé.

COMMENTAIRE

Système d'information d'identification unique des victimes. Dénombrer et identifier les victimes en cas d'événement de toute nature nécessitant de secourir ou de protéger des populations constituent une préoccupation ancienne. L'essor des nouvelles technologies permet de lui donner corps. Le principe du recueil des informations strictement nécessaires à l'identification des victimes et à leur suivi dans un système d'identification unique, inscrit par la loi n° 2016-1827 du 23 décembre 2016 dans le code de la santé publique (CSP, art. L. 3131-9-1), a, selon l'exposé des motifs du projet de loi, pour objectifs de mieux les suivre tout au long de leur parcours de soins et faciliter ainsi leurs démarches d'indemnisation, d'améliorer la coordination de la réponse des acteurs du système de santé et d'aider au pilotage opérationnel de la gestion de crise en cas d'attentats, de catastrophes et de situations sanitaires exceptionnelles, notamment celles donnant lieu à des prises en charge sanitaires concentrées en grand nombre dans le temps et l'espace. Pour répondre à ces missions, la direction générale de la santé a institué un traitement automatisé de données à caractère personnel dénommé « SI-VIC ».

Outil « SI-VIC ». L'outil national SI-VIC est un système de collecte d'informations en ligne et de gestion de bases de données. Il permet, lorsque la situation le nécessite, la création par les services d'aide médicale urgente (SAMU) ou les agences régionales de santé d'« événements » à l'échelle départementale ou régionale. Les événements ainsi créés offrent la possibilité d'enregistrer dans SI-VIC les données personnelles des patients qui leurs sont liés (dénommés « victimes ») pris en charge ou accueillis par les établissements de santé, y compris dans le cadre des services d'aide médicale urgente ou de premier secours et des cellules d'urgence médico-psychologiques. Quant à la direction générale de la santé, elle crée des événements dans SI-VIC lorsque leur portée est nationale ou internationale. Les données relatives aux patients sont collectées et enregistrées dans SI-VIC par les personnels des établissements de santé.

Conditions du recueil des données. Le mécanisme de collecte des données est enclenché en cas de situation sanitaire exceptionnelle ou pour tout événement de nature à impliquer de nombreuses victimes, notamment les accidents collectifs. La notion de situation sanitaire exceptionnelle n'est pas encadrée par voie réglementaire. Le Guide d'aide à la préparation et à la gestion des tensions hospitalières et des situations sanitaires exceptionnelles au sein des établissements de santé édité en 2019 par le ministère des Solidarités et de la Santé l'aborde de la manière suivante : la situation sanitaire exceptionnelle englobe toutes les situations conjoncturelles, quelles que soient leurs origines (maladie infectieuse à potentiel épidémique, catastrophe naturelle, accident technologique, acte malveillant – comme un attentat –, etc.), susceptibles de conduire à une augmentation sensible de la demande de soins, immédiate et imprévisible (événements de type attentats ou accidents graves), ou de perturber l'offre de soins. La situation sanitaire exceptionnelle peut également résulter d'un événement à cinétique lente (épidémie ou catastrophe climatique exceptionnelle par son ampleur, etc.) pour lequel les premières mesures de gestion s'avèrent insuffisantes.

Les informations pouvant être collectées sont celles qui sont strictement nécessaires à l'identification des victimes et à leur suivi, notamment pour la prise en charge de leurs frais de santé. Ainsi que l'a relevé la CNIL dans sa délibération n° 2017-321 du 7 décembre 2017, « Les établissements de santé ne peuvent visualiser et saisir des données que dans le ressort de leur établissement, sans accès aux données des victimes prises en charge dans d'autres établissements ».

Catégories de données à caractère personnel enregistrées. Le type de données enregistrées est précisé à l'article R. 3131-10-1 du code de la santé publique.

S'agissant des personnes prises en charge à la suite d'une situation sanitaire exceptionnelle pour une consultation ou une hospitalisation dans un établissement de santé ou par les professionnels des cellules d'urgence médico-psychologiques, sont enregistrées les données :
– permettant leur dénombrement ;
– permettant leur identification ;
– relatives à leur prise en charge sanitaire, y compris médico-psychologique ;
– portant sur l'identité et les coordonnées des personnes à contacter en cas de prise en charge.

Concernant les utilisateurs du système d'information (V. *infra*), sont notamment collectés les nom, prénom, sexe, date de naissance, adresse professionnelle, numéro de téléphone, adresse électronique, nom et type de la structure dans laquelle ils exercent leur activité.

Utilisateurs du système d'information. L'article. R. 3131-10-2 du code de la santé publique distingue deux catégories d'utilisateurs. D'une part, les agents des agences régionales de santé, du ministère chargé de la santé et des ministères de l'Intérieur, de la Justice et des Affaires étrangères nommément désignés et habilités à cet effet par leur directeur, qui sont autorisés à accéder aux données mentionnées à l'article R. 3131-10-1. D'autre part, les personnels des établissements de santé prenant en charge les victimes, y compris dans le cadre des services d'aide médicale urgente ou des cellules d'urgence médico-psychologique ainsi que les personnels des services de premier secours relevant de l'article L. 721-2 du code de la sécurité intérieure, pour lesquels une désignation nominative et une habilitation ne sont pas mentionnées. Ces deux catégories d'utilisateurs accèdent aux données dans la stricte mesure où elles sont nécessaires à l'exercice des missions qui leur sont confiées.

Clôture des événements et destruction des fichiers. La clôture d'un événement et la destruction du fichier qui lui correspond constituent des opérations importantes, notamment pour la protection de la vie privée des personnes dont les identités ont été saisies. Elles répondent à une exigence prévue à l'article 6 de la loi n° 78-17 du 6 janvier 1978 qui dispose qu'« Un traitement ne peut porter que sur des données à caractère personnel qui satisfont aux conditions suivantes : [...] 5° Elles sont conservées sous une forme permettant l'identification des personnes concernées pendant une durée qui n'excède pas la durée nécessaire aux finalités pour lesquelles elles sont collectées et traitées ». A cet égard, l'article R. 3131-10-2 du code de la santé publique prévoit que les données récoltées sont conservées pendant la durée de prise en charge de la personne dans le système de santé. Relevons qu'il n'est pas exigé que les personnes figurant dans le fichier soient informées de la destruction de ce dernier. Il est vrai qu'une telle information n'est pas obligatoire.

Dans sa délibération n° 2017-321 du 7 décembre 2017, la CNIL a indiqué que : « Eu égard aux finalités poursuivies, la durée de conservation des données n'appelle pas d'observations de la part de la Commission ». Reste que la référence à « la durée de prise en charge de la personne » est peu précise, d'autant qu'il peut y avoir des réadmissions en cas de prise en charge complexe nécessitant de nouvelles interventions. ❑

Art. L. 3131-10 *(L. nº 2007-294 du 5 mars 2007, art. 3 ; L. nº 2011-940 du 10 août 2011, art. 25)* **Les professionnels de santé** *(L. nº 2020-290 du 23 mars 2020, art. 2)* **« , y compris bénévoles, » qui sont amenés à exercer leur activité auprès des patients ou des personnes exposées à une catastrophe, une urgence ou une menace sanitaire grave, dans des conditions d'exercice exceptionnelles décidées par le ministre chargé de la santé dans le cadre des mesures prévues à l'article L. 3131-1, bénéficient des dispositions de l'article L. 3133-6.**

COMMENTAIRE

Extension des dispositifs protecteurs aux professionnels de santé exerçant dans des conditions exceptionnelles. Les diverses crises sanitaires ont mis en exergue le statut insuffisamment protecteur des professionnels de santé. Ces derniers peuvent, en effet, subir des dommages ou en causer, ce qui nécessite de leur octroyer une protection à la hauteur de leur dévouement pour la collectivité. C'est pourquoi, par l'article L. 3131-10, le bénéfice des dispositions de l'article L. 3133-6 du code de la santé publique, qui prévoient une protection pour les réservistes sanitaires, est étendu à l'ensemble des professionnels de santé amenés à exercer, y compris de manière bénévole, leur activité auprès des patients ou des personnes exposés à une catastrophe, une urgence ou une menace sanitaire grave dans un contexte sanitaire exceptionnel. Pour que ces dispositions s'appliquent, il est nécessaire que les conditions d'exercice exceptionnelles aient été décidées par le ministre chargé de la santé dans le cadre des mesures prévues à l'article L. 3131-1 du code de la santé publique.

Concrètement, les professionnels de santé bénéficient, en premier lieu, de la protection de l'État en cas de mise en cause de leur responsabilité, civile ou pénale, à l'occasion de leur activité dans le contexte précité. En second lieu, lorsqu'ils subissent un dommage dans ce cadre, l'État en assure la réparation intégrale, l'indemnisation étant versée aux ayants droit en cas de décès. Ces garanties protectrices ne disparaissent qu'en cas de dommage imputable à un fait personnel détachable du service. ❑

Art. L. 3131-10-1 *(L. nº 2019-774 du 24 juill. 2019, art. 68)* **I. — En cas de situation sanitaire exceptionnelle dont les conséquences dépassent les capacités de prise en charge d'une ou de plusieurs structures de soins de la région, le directeur général de l'agence régionale de santé concernée peut faire appel aux professionnels de santé de la région volontaires pour porter appui à ces structures de soins.**

II. — Lorsque les conséquences de la situation mentionnée au I dépassent les capacités de prise en charge d'une région, le directeur général de l'agence régionale de santé de zone ou le ministre chargé de la santé peuvent solliciter auprès des directeurs généraux des agences régionales de santé des autres régions des ressources sanitaires complémentaires.

Ces derniers identifient les professionnels de santé volontaires pour porter appui aux structures de soins de la région concernée.

Le directeur général de l'agence régionale de santé concernée par la situation affecte, au sein de la région, les professionnels de santé volontaires en fonction des besoins.

III. — Les professionnels de santé qui exercent leur activité dans le cadre des I et II bénéficient des dispositions de l'article L. 3133-6.

IV. — Les I, II et III du présent article ne s'appliquent pas aux professionnels du service de santé des armées.

COMMENTAIRE

Notion de situation sanitaire exceptionnelle. La notion de situation sanitaire exceptionnelle n'est pas encadrée par voie réglementaire. Le Guide d'aide à la préparation et à la gestion des tensions hospitalières et des situations sanitaires exceptionnelles au sein des établissements de santé, édité en 2019 par le ministère des Solidarités et de la Santé, l'aborde de la manière suivante : la situation sanitaire exceptionnelle englobe toutes les situations conjoncturelles, quelles que soient leurs origines (maladie infectieuse à potentiel épidémique, catastrophe naturelle, accident technologique, acte malveillant – comme un attentat –, etc.), susceptibles de conduire à une augmentation sensible de la demande de soins, immédiate et imprévisible (événements de type attentats ou accidents graves), ou de perturber l'offre de soins. La situation sanitaire exceptionnelle peut également résulter d'un événement à cinétique lente (épidémie ou catastrophe climatique exceptionnelles par son ampleur, etc.) pour lequel les premières mesures de gestion s'avèrent insuffisantes.

Mobilisation volontaire des professionnels de santé de la région. L'expérience des crises passées, notamment l'épisode de la canicule de l'été 2003 ou la crise due au chikungunya à La Réunion, a permis de mettre en évidence la nécessité d'organiser et réguler l'afflux de bénévoles, pour qu'il soit utilisé au mieux. Dans une optique d'optimisation de la répartition des moyens en réponse aux situations sanitaires exceptionnelles, l'utilité d'un interlocuteur unique et clairement identifié pour l'ensemble des acteurs concernés (professionnels de santé, structures hospitalières ou administrations) s'est fait jour. C'est ainsi que l'article L. 3131-10-1 renforce la mobilisation des professionnels de santé par un dispositif fondé sur le volontariat coordonné par le directeur général de l'ARS : en cas de situation sanitaire exceptionnelle dont les conséquences dépassent les capacités de prise en charge d'une ou de plusieurs structures de soins de la région, le directeur général de l'ARS peut faire appel aux professionnels de santé de la région (y compris ceux en activité) volontaires pour prêter main-forte aux structures de soins ne pouvant faire face à la situation.

Mobilisation volontaire au-delà d'une région. D'une manière générale, lorsqu'un événement dépasse, par sa gravité ou son intensité, le cadre d'une seule ARS ou que les capacités de réponse du niveau régional sont insuffisantes, le niveau zonal est mobilisé pour assurer une fonction de coordination des moyens sanitaires. Le directeur général de l'ARS de zone assiste le préfet de zone de défense et de sécurité et, à ce titre, anime et coordonne l'action de l'ensemble des ARS de la zone. S'agissant du cas particulier lié à une situation sanitaire exceptionnelle, l'article L. 3131-10-1 prévoit que, lorsque les conséquences d'une telle situation dépassent les capacités de prise en charge d'une région, le directeur général de l'Agence régionale de santé de zone ou le ministre chargé de la santé peut solliciter auprès des directeurs généraux des agences régionales de santé des autres régions des ressources sanitaires complémentaires. Ces derniers identifient alors les professionnels de santé volontaires pour prêter main-forte à la région en difficulté, en vue de leur affectation au sein des structures ayant besoin d'un appui.

Extension des dispositifs protecteurs aux professionnels de santé volontaires. Les diverses crises sanitaires ont mis en exergue le statut insuffisamment protecteur des professionnels de santé volontaires. Ces derniers peuvent, en effet, subir des dommages ou en causer, ce qui nécessite de leur octroyer une protection à la hauteur de leur dévouement pour la collectivité. C'est pourquoi, par l'article L. 3131-10-1, III, le bénéfice des dispositions de l'article L. 3133-6 du code de la santé publique, qui prévoient une protection pour les réservistes sanitaires, est étendu à l'ensemble des professionnels de santé amenés à exercer, sur la base du volontariat, dans leur région ou au-delà, leur activité dans un contexte sanitaire exceptionnel.

Ces garanties s'appliquent même si ces professionnels, en première ligne à l'occasion de la crise sanitaire, ne sont ni réservistes ni réquisitionnés, ce qui permet de créer les conditions optimales pour un large volontariat. Concrètement, les professionnels de santé volontaires bénéficient, en premier lieu, de la protection de l'État en cas de mise en cause de leur responsabilité, civile ou pénale, à l'occasion de leur activité dans le contexte de situation sanitaire exceptionnelle. En second lieu, lorsqu'ils subissent un dommage dans ce cadre, l'État en assure la réparation intégrale, l'indemnisation étant versée aux ayants droit en cas de décès. Ces garanties protectrices ne disparaissent que si le dommage est imputable à un fait personnel détachable du service. ❑

Art. L. 3131-11 *(L. nº 2006-1640 du 21 déc. 2006, art. 97)* **« Sauf disposition contraire, les modalités d'application du présent chapitre sont fixées par décret en Conseil d'État, notamment : »**

(L. n° 2016-41 du 26 janv. 2016, art. 158) « *a)* Le contenu *(L. n° 2019-774 du 24 juill. 2019, art. 68)* « ainsi que les modalités d'élaboration et de déclenchement » du dispositif d'organisation de la réponse du système de santé en cas de situation sanitaire exceptionnelle, dénommé "ORSAN" ;

« *b)* Le contenu et les procédures d'élaboration *(L. n° 2019-774 du 24 juill. 2019, art. 68)* « des plans détaillant les mesures à mettre en œuvre en cas d'événement entraînant une perturbation de l'organisation des soins, notamment lors de situations sanitaires exceptionnelles par les établissements de santé et par les établissements et services médico-sociaux mentionnés au dernier alinéa de l'article L. 311-8 du code de l'action sociale et des familles » ; »

(L. n° 2007-294 du 5 mars 2007, art. 1er et 3) « *c)* » Le rôle et le mode de désignation des établissements de *(L. n° 2019-774 du 24 juill. 2019, art. 68)* « santé de » référence *(L. n° 2019-774 du 24 juill. 2019, art. 68)* « chargés d'une mission de conseil et de prise en charge spécifique en cas de situation sanitaire exceptionnelle ;

« *d)* Les modalités selon lesquelles des professionnels de santé peuvent être appelés à exercer leur activité en application de l'article L. 3131-10-1 ;

« *e)* Le contenu et les procédures d'élaboration du plan zonal de mobilisation. »

SECTION II SITUATION SANITAIRE EXCEPTIONNELLE

(Décr. n° 2016-1327 du 6 oct. 2016, art. 1er)

SOUS-SECTION 2 DISPOSITIF "ORSAN"

Art. R. 3131-10 I. — Le dispositif "ORSAN" mentionné à l'article L. 3131-11 comprend notamment :

1° Un schéma régional organisant, en fonction des risques identifiés, les parcours de soin et les modalités de coordination des différents acteurs du système de santé pour répondre aux situations sanitaires exceptionnelles. Ce schéma précise, par parcours de soin, les missions et les objectifs opérationnels confiés aux acteurs du système de santé*[,]* notamment les services d'aide médicale urgente (SAMU), les structures mobiles d'urgence et de réanimation (SMUR), les établissements de santé, les établissements médico-sociaux et les professionnels de santé ;

2° Un programme annuel ou pluriannuel identifiant les actions à mener par les acteurs du système de santé pour maintenir ou développer les capacités nécessaires, en particulier en terme*[s]* de prise en charge des patients ou victimes, de formation des professionnels de santé, d'attribution des moyens opérationnels. Ce programme prévoit notamment la réalisation chaque année d'un ou plusieurs exercices ou entrainements associant les acteurs du système de santé, permettant d'évaluer le caractère opérationnel du dispositif "ORSAN".

II. — Le dispositif "ORSAN" est arrêté par le directeur général de l'agence régionale de santé, après avis des préfets de département, des comités départementaux de l'aide médicale urgente, de la permanence des soins et des transports sanitaires concernés et du directeur général de l'agence régionale de santé de zone.

III. — L'agence régionale de santé inclut dans les contrats pluriannuels d'objectifs et de moyens, mentionnés à l'article L. 6114-1, conclus avec les établissements de santé et les établissements médico-sociaux, les objectifs qui leur sont assignés dans le cadre du dispositif "ORSAN". Les centres et maisons de santé peuvent prévoir leur participation au dispositif "ORSAN" dans le cadre d'une convention conclue avec l'agence régionale de santé.

....

SECTION III DISPOSITIONS PARTICULIÈRES APPLICABLES À PARIS *(Décr. n° 2016-1327 du 6 oct. 2016, art. 1er).*

(Décr. n° 2010-225 du 4 mars 2010, art. 24)

Art. R.* 3131-15 *(Décr. n° 2020-350 du 27 mars 2020, art. 1er)* Les attributions dévolues au représentant de l'État dans le département par le présent chapitre sont exercées à Paris par le préfet de police.

SECTION IV DISPOSITIONS RELATIVES À CERTAINES COLLECTIVITÉS D'OUTRE-MER

(Décr. n° 2016-1327 du 6 oct. 2016, art. 1er)

Art. R. 3131-16 **Pour l'application du présent chapitre à Saint-Pierre-et-Miquelon :**
1° Les articles R. 3131-4 à R. 3131-9 ne sont pas applicables ;
2° Le II de l'article R. 3131-10 est remplacé par les dispositions suivantes :
"II. — Le dispositif "ORSAN" est arrêté par le préfet." ;
3° Le III de l'article R. 3131-10 n'est pas applicable ;
4° L'article R. 3131-12 est remplacé par les dispositions suivantes :

Art. R. 3131-12 I. — Le plan territorial de mobilisation est arrêté par le préfet.
II. — Il est révisé chaque année. A chaque révision, le préfet veille à la cohérence du plan territorial de mobilisation avec le dispositif "ORSAN" ;

5° Le III de l'article R. 3131-13 est remplacé par les dispositions suivantes :
"III. — Il est transmis au préfet de Saint-Pierre-et-Miquelon."
6° L'article R. 3131-14 est remplacé par la disposition suivante :

Art. R. 3131-14 Les dispositions du plan blanc sont mises en œuvre par le directeur de l'établissement de santé, le cas échéant, à la demande du préfet de Saint-Pierre-et-Miquelon.

Art. R. 3131-17 **En Guyane et en Martinique, le dispositif "ORSAN", le schéma régional de santé, le plan départemental de mobilisation, le service départemental de secours, le comité départemental de l'aide médicale urgente de la permanence des soins et des transports sanitaires sont le dispositif, le schéma, le plan, le service et le comité de chacune de ces collectivités.**

COMMENTAIRE

Dispositif ORSAN. Il s'agit d'un dispositif d'organisation de la réponse du système de santé en situation sanitaire exceptionnelle élaboré par l'Agence régionale de santé.

Ce dispositif repose sur :
– un schéma régional (document de planification) relatif à l'organisation du système de santé en situation sanitaire exceptionnelle, qui planifie la réponse progressive et coordonnée du système de santé dans son ensemble (professionnels de santé, établissements de santé et structures médico-sociales). A cet égard, le schéma organise, en fonction des risques identifiés, les parcours de soin et les modalités de coordination des différents acteurs du système de santé pour répondre aux situations sanitaires exceptionnelles. Il précise également, par parcours de soin, les missions et les objectifs opérationnels confiés aux acteurs du système de santé, notamment les services d'aide médicale urgente (SAMU), les structures mobiles d'urgence et de réanimation (SMUR), les établissements de santé, les établissements médico-sociaux et les professionnels de santé ;
– un programme annuel ou pluriannuel identifiant les actions à mener par les acteurs du système de santé pour maintenir ou développer les capacités nécessaires, en particulier en termes de prise en charge des patients ou victimes, de formation des professionnels de santé et d'attribution des moyens opérationnels.

Lorsque l'organisation du système de santé prévue dans le dispositif ORSAN ne suffit pas, à elle seule, à répondre à la situation sanitaire exceptionnelle, il est possible de faire appel à des ressources complémentaires spécifiques, via le plan zonal de mobilisation des ressources sanitaires (sur ce plan, V. comm. ss. art. L. 3131-9).

Plan de gestion des tensions hospitalières et des situations sanitaires exceptionnelles (ou plan blanc). Voir le commentaire sous l'article L. 3131-7.

Plan de gestion de crise des établissements et services médico-sociaux (ou plan bleu). Selon l'article L. 311-8 du code de l'action sociale et des familles, « Un arrêté des ministres chargés de la santé et des affaires sociales fixe la liste des catégories d'établissements et services médico-sociaux devant intégrer dans leur projet d'établissement un plan détaillant les mesures à mettre en œuvre en cas d'événement entraînant une perturbation de l'organisation des soins, notamment de situation sanitaire exceptionnelle ». Équivalent du plan blanc établi par les établissements de santé, le plan bleu est destiné à assurer la mise en œuvre rapide et cohérente des moyens indispensables pour faire face efficacement à une situation sanitaire exceptionnelle, quelle qu'en soit la nature. Il est élaboré sous la responsabilité du directeur de la structure (établissement ou service) médico-sociale et sa mise en œuvre relève de ce même directeur ou intervient à la demande du préfet de département.

Plan zonal de mobilisation. Voir le commentaire sous l'article L. 3131-9.

Établissements de santé de référence. Les établissements de santé de référence sont désignés comme tels au regard de leurs capacités d'accueil spécifiques et de leurs ressources humaines et techniques. Ils assurent une expertise et une coordination technique auprès des autres établissements pour la gestion des situations sanitaires exceptionnelles : par exemple, ils peuvent être chargés d'optimiser et standardiser la prise en charge des patients contaminés par un agent NRBC (nucléaire, radiologique, biologique, chimique), de participer à la formation des professionnels de santé sur la protection de ces risques, de constituer et d'animer le réseau d'établissements de santé susceptibles d'accueillir ces patients, etc. ❑

CHAPITRE PREMIER *BIS* ÉTAT D'URGENCE SANITAIRE

(L. n° 2020-290 du 23 mars 2020, art. 2)

Ce chapitre premier bis est applicable jusqu'au 1er avr. 2021 (L. n° 2020-290 du 23 mars 2020, art. 2 et 7).

BIBL. ▶ ANDRIANTSIMBAZOVINA, Les régimes de crise à l'épreuve de circonstances sanitaires exceptionnelles, *RDLF 2020, Chron. n° 20.* – BEAUD et GUÉRIN-BARGUES, L'état d'urgence sanitaire : était-il judicieux de créer un nouveau régime d'exception ?, *D. 2020. 891* . – CASSIA, L'état d'urgence sanitaire : remède placebo ou venin juridique ?, *Le Blog De Paul Cassia, 24 mars 2020.* – CRISTOL, La covid-19 : à nouveau danger régimes exceptionnels, *RDSS 2020, à paraître.* – DAL FARRA, La responsabilité de l'État et de ses représentants dans la gestion de l'épidémie de covid-19, *AJDA 2020. 1463* . – GICQUEL, Covid-19 : crise sanitaire et crise des normes, *D. 2020. 719* . – JOBARD, Un nouveau droit d'exception : l'état d'urgence sanitaire créé et déclaré, *JDA 2020, Actions & réactions au covid-19, art. 296* ; L'état d'urgence sanitaire aux temps du déconfinement, *JDA 2020, Actions & réactions au covid-19, art. 315.* – LEVADE, Coronavirus-État d'urgence sanitaire : à nouveau péril, nouveau régime d'exception, *JCP 2020, n° 13, p. 369.* – RENARD, L'état d'urgence sanitaire : droit d'exception et exception au droit, *RDLF 2020, Chron. n° 13.* – SIZAIRE, Un colosse aux pieds d'argile, les fondements juridiques fragiles de l'urgence sanitaire, *Rev. dr. homme, mars 2020.* – TORRE-SCHAUB et LOMERTEAU, Urgence sanitaire, urgence écologique : les temps du droit, le droit du temps à venir, *JCP juin 2020, n° 22, Doctr. 676.* – TRUCHET, Covid-19 : point de vue d'un « administrativiste sanitaire », *blog.juspoliticum.com, 27 mars 2020.* – VILLENEUVE, État d'urgence sanitaire, un objet juridique mal identifié, *JCP Adm. 2020, n° 13, Actu. 183.* – VIVANT, Le droit du coronavirus ?, *D. 2020. 1513* .

COMMENTAIRE

Présentation. Apparue en Chine fin 2019, l'épidémie de covid-19 (ou SARS-CoV-2) s'est répandue dans le monde entier du fait de la très forte contagiosité du virus et de l'importance des déplacements internationaux. En l'absence de vaccin et traitement, elle a placé dans une situation critique les systèmes de soins de nombreux États. Particulièrement touchée, la France a été conduite à réagir par des mesures drastiques et a fait le choix de créer un nouveau régime d'exception, spécifiquement dédié aux crises sanitaires, l'état d'urgence sanitaire.

L'étude d'impact du projet de loi « épidémie de covid-19 » indique que l'exécutif s'est interrogé sur un choix à faire entre trois possibilités :

« ***Option 1****. Il aurait pu être envisagé de ne pas modifier le cadre législatif en continuant de s'appuyer sur les dispositions existantes des articles L. 3131-1 du code de la santé publique (et d'autres dispositions plus spécifiques du même code en matière de réquisition ou encore de lutte contre la propagation internationale des maladies) ainsi que sur le pouvoir de police générale appartenant respectivement :*
– au Premier ministre au niveau national (jurisprudence dite « Labonne » – arrêt rendu le 8 août 1919 par lequel le Conseil d'État reconnaît un pouvoir réglementaire autonome au président de la République, dévolu au Premier ministre sous la Ve République) ;

– au maire et aux préfets au niveau communal et départemental en vertu des dispositions du code général des collectivités territoriales.

***Option 2**. Il aurait pu être envisagé de compléter les dispositions existantes pour les adapter aux situations extrêmes que nous connaissons aujourd'hui et en précisant les mesures qu'elles autorisent. Il se serait alors agi d'enrichir les dispositions de l'article L. 3131-1 du code de la santé publique.*

***Option 3**. Une dernière option consistait à bâtir un régime d'urgence sanitaire exceptionnel spécifique, distinct du mécanisme de l'article L. 3131-1 du code de la santé publique et qui s'ajouterait à celui-ci. Il aurait vocation à être mis en œuvre dans les cas d'une ampleur très importante tandis que les dispositions de l'article L. 3131-1 du code de la santé publique resteraient quant à elles applicables aux crises de moindre ampleur. ».*

C'est cette dernière option qui a été retenue afin d'apporter une réponse spécifique aux crises sanitaires de très grande ampleur qui soulèvent des questions distinctes des autres crises sanitaires.

Ce nouveau régime, qui s'inspire du régime général de l'état d'urgence issu de la loi du 3 avril 1955 modifiée, a été adopté dans la précipitation, en pleine crise sanitaire, alors que les parlementaires ne pouvaient siéger normalement, par la loi n° 2020-290 du 23 mars 2020 (accompagnée d'un décret du même jour, n° 2020-293). Il a été introduit dans le titre III du livre Ier de la troisième partie du code de la santé publique, qui compte désormais un chapitre Ier *bis* dédié à l'« État d'urgence sanitaire ». La loi du 23 mars 2020 a ensuite été complétée par la loi n° 2020-546 du 11 mai 2020, ce second texte ayant été voté, comme le premier, dans l'urgence, pour pouvoir être publié le jour du déconfinement. La loi du 11 mai 2020 prolonge l'état d'urgence sanitaire et élargit les pouvoirs à la disposition du Premier ministre dans cette situation exceptionnelle. Elle est accompagnée du décret n° 2020-548 du même jour, ce dernier abrogeant l'essentiel des mesures précédemment ordonnées par le décret du 23 mars 2020 pour prescrire de nouvelles mesures générales. Puis, par le décret n° 2020-663 du 31 mai 2020, le Premier ministre a mis fin, à compter du 2 juin 2020, à une partie des mesures restrictives jusqu'alors en vigueur, texte ultérieurement modifié par le décret n° 2020-759 du 21 juin 2020.

Les lois des 23 mars et 11 mai 2020 ont été précédées d'un avis du Conseil d'État (respectivement, CE, avis, 18 mars 2020, n° 399873, et 1er avr. 2020, n° 400104), qui a validé le choix gouvernemental.

Mais la législation n'en demeure pas moins vivement critiquée : outre l'absence d'unanimité concernant la nécessité de créer ce nouveau régime, de nombreuses voix ont immédiatement alerté sur les pouvoirs, jugés exorbitants, confiés à l'exécutif et appelé à la stricte limitation dans le temps de ces mesures.

Le débat relatif à la nécessité d'un régime d'état d'urgence sanitaire n'était nullement centré sur la stratégie à adopter visant à lutter contre la pandémie de covid-19 (immunité collective ou non, dépistages massifs ou non, confinement total de la population ou non, etc.), mais sur l'intérêt juridique attaché à son instauration. En effet, force est de constater que les pouvoirs publics n'étaient pas dépourvus, sur le plan normatif, pour prendre les mesures qui s'imposaient. Pouvaient ainsi jouer :

– le régime général de l'état d'urgence, qui peut être mis en œuvre soit en cas de péril imminent résultant d'atteintes graves à l'ordre public, soit en cas d'événements présentant, par leur nature et leur gravité, le caractère de calamité publique ;

– les dispositions de l'article L. 3131-1 du code de la santé publique, issues de la loi du 9 août 2004 relative à la politique de santé publique, habilitant le ministre chargé de la santé, en cas de menace sanitaire grave appelant des mesures d'urgence, notamment en cas de menace d'épidémie, à prescrire, dans l'intérêt de la santé publique, toute mesure (...) afin de prévenir et limiter les conséquences des menaces possibles sur la santé de la population ;

– la théorie jurisprudentielle des circonstances exceptionnelles, issue des arrêts du Conseil d'État des 28 juin 1918, *Heyriès* (*GAJA, 22e éd., 2019, n° 29*), et 28 février 1919, *Dames Dol et Laurent* (*GAJA, 22e éd., 2019, n° 31*).

Les premières mesures de lutte ont d'ailleurs été arrêtées par le ministre en charge de la santé sur le fondement de l'article L. 3131-1. Bien plus, le décret du Premier ministre n° 2020-260 du 16 mars 2020 portant réglementation des déplacements dans le cadre de la lutte contre la propagation du virus covid-19, vise expressément l'article L. 3131-1 et les circonstances exceptionnelles, la référence à cette théorie jurisprudentielle permettant, selon le Conseil d'État (CE, avis, n° 399873 du 18 mars 2020 sur le projet de loi d'urgence pour faire face à l'épidémie de covid-19, pt 15), de valider l'intervention du chef du gouvernement au titre de ses pouvoirs de police générale.

Reste que, à défaut d'être nécessaire, le régime de l'état d'urgence sanitaire pouvait, aux yeux de certains, apparaître utile, notamment, toujours selon les termes du Conseil d'État (CE, avis du 18 mars 2020 sur le projet de loi d'urgence pour faire face à l'épidémie de covid-19, pt 15), pour disposer d'un cadre organisé et clair d'intervention en pareille hypothèse.

En outre, symboliquement, au regard de l'intensité des atteintes portées aux libertés individuelles à l'occasion de la crise de la covid-19, il pouvait sembler de bon aloi de rehausser « le degré de légitimité de l'autorité fondée à décider de nouvelles restrictions pesant sur les droits et libertés » afin de renforcer « leur acceptabilité sociale » (Gicquel, Covid-19 : crise sanitaire et crise des normes, *D. 2020. 719*). Le Premier ministre ne disait pas autre chose lorsqu'il affirmait devant le Sénat que « Les mesures que nous prenons méritent davantage qu'un arrêté ministériel » (*JO Sénat*, débats, séance du 19 mars 2020).

Le Conseil constitutionnel n'a pas été saisi, a priori, de la loi d'urgence covid-19. Par ailleurs, le Conseil d'État a refusé de renvoyer au Conseil constitutionnel une question prioritaire de constitutionnalité (QPC) concernant la possibilité d'organiser un confinement de la population prévue à l'article L. 3131-15 2° (CE, ord., 9 avr. 2020, n° 239895 B, et 22 juill. 2020, n° 440149 B), ainsi qu'une QPC concernant l'article L. 3131-16 (CE, ord., 10 juill. 2020, n° 441549). Toutefois, saisi à l'occasion de la loi du 11 mai 2020 prorogeant l'état d'urgence sanitaire (Cons. const. 11 mai 2020, n° 2020-800 DC : *Gaz. Pal. 2 juin 2016, n° 20, p. 16, note Gicquel ; LDFP n° 6, 1er juin 2020, p. 1, obs. Larralde*), il a affirmé que « La Constitution n'exclut pas la possibilité pour le législateur de prévoir un régime d'état d'urgence sanitaire », ce qui revient à considérer, et peut-être faut-il s'en inquiéter, que ce qui n'est pas explicitement exclu par la Constitution est permis.

Le sort de l'état d'urgence sanitaire n'est cependant pas scellé : le débat sur la nécessité d'un tel régime et l'ampleur des pouvoirs accordés aux autorités de l'État risque d'être relancé, dans la mesure où, pour l'heure, l'article 7 de la loi du 23 mars 2020 prévoit une extinction des dispositions du chapitre 1er *bis* du code de la santé publique (état d'urgence sanitaire) au 1er avril 2021. Il appartiendra alors au Parlement de dresser un bilan de l'application du dispositif mis en place et, s'il conclut à son utilité, de le pérenniser (V. Bas, rapp. préc., p. 25). ❑

Art. L. 3131-12 **L'état d'urgence sanitaire peut être déclaré sur tout ou partie du territoire métropolitain ainsi que du territoire des collectivités régies par les articles 73 et 74 de la Constitution et de la Nouvelle-Calédonie en cas de catastrophe sanitaire mettant en péril, par sa nature et sa gravité, la santé de la population.**

BIBL. ▸ Binet, CCNE : Contribution portant sur les enjeux éthiques face à la pandémie, *Dr. fam. juin 2020, n° 6, comm. 99.* – Ginon, Le système sanitaire et social mis à l'épreuve par la pandémie du covid-19, *Dr. soc. 2020. 469* .

COMMENTAIRE

Menace sanitaire et état d'urgence sanitaire. Le régime de l'état d'urgence sanitaire prévu aux articles L. 3131-12 et suivants du code de la santé publique ne se substitue pas au dispositif déjà en place au chapitre Ier (désormais intitulé « Menaces sanitaires »), codifié aux articles L. 3131-1 et suivants du même code (V. comm. ss. ces art.). Il convient donc de circonscrire leurs champs respectifs.

Ainsi, le régime de l'état d'urgence sanitaire, qui fait référence à une « catastrophe sanitaire mettant en péril, par sa nature et sa gravité, la santé de la population », s'applique en cas de crise sanitaire de grande ampleur, tandis que les règles instituées en cas de menace sanitaire, prévues aux articles L. 3131-1 et suivants du code de la santé publique, visent à répondre aux crises de moindre degré, plus précisément à une

« menace sanitaire grave appelant des mesures d'urgence ». A cet égard, le Conseil d'État évoque une « gradation en fonction de la gravité des crises » (CE, avis, 18 mars 2020, n° 399873).

Il convient de noter que le dispositif prévu aux articles L. 3131-1 et suivants du code de la santé publique retrouve, en principe, ses droits pour fonder les mesures prises par le ministre en charge de la santé après la fin de l'état d'urgence sanitaire, en vue d'assurer la disparition durable de la crise sanitaire. Toutefois, la loi n° 2020-856 du 9 juillet 2020, organisant la sortie de l'état d'urgence sanitaire lié à la covid-19, s'écarte quelque peu de cette prescription : l'article 1er de la loi du 9 juillet 2020 autorise, en effet, le Premier ministre à prendre, à compter du 11 juillet 2020 et jusqu'au 30 octobre 2020 inclus, diverses mesures attentatoires aux libertés (sur le type de mesures, V. comm. ss. L. du 9 juill. 2020) dans l'intérêt de la santé publique et aux seules fins de lutter contre la propagation de l'épidémie de covid-19.

Cadrage de l'utilisation de l'état d'urgence sanitaire. L'état d'urgence sanitaire ne peut être déclaré qu'en cas de catastrophe sanitaire mettant en péril, par sa nature et sa gravité, la santé de la population. L'adjectif « sanitaire » désigne, selon le dictionnaire Littré, ce qui a rapport à la conservation de la santé publique, tandis que le substantif « catastrophe » renvoie à un événement source de graves bouleversements, autrement dit, d'effets dommageables patents, intenses et durables. L'origine de la catastrophe n'est pas précisée, permettant d'envisager toute cause (pollution, bioterrorisme, guerre, origine naturelle ou accidentelle, animale ou humaine, etc.). Reste la question de savoir si l'état d'urgence sanitaire peut uniquement être mis en œuvre en vue de faire face à une catastrophe en lien avec une maladie transmissible (c'est-à-dire une maladie qui peut passer d'une personne infectée à une autre personne auparavant non infectée), dans la mesure où le chapitre Ier *bis* relève du livre Ier de la troisième partie du code de la santé publique, intitulé « Lutte contre les maladies transmissibles », ou s'il est envisageable de l'employer dans d'autres situations qui impactent gravement la santé de la population, par exemple les catastrophes de type Tchernobyl ou Fukushima. La question mérite d'être posée, sachant que le régime de l'état d'urgence sanitaire ne constitue pas le parfait décalque du régime de l'état d'urgence.

L'utilisation de l'état d'urgence sanitaire étant réservée aux catastrophes sanitaires d'une extrême gravité et pouvant donner lieu à l'édiction de mesures gravement attentatoires aux droits et libertés fondamentaux (V. comm. ss. art. L. 3131-15), sa mise en œuvre fait l'objet d'un strict encadrement. Sur le plan spatial, comme pour l'état d'urgence, l'état d'urgence sanitaire peut avoir un champ d'application variable, l'article L. 3131-12 précisant qu'il est déclaré sur tout ou partie du territoire. Le décret déclaratif de l'état d'urgence sanitaire doit donc déterminer les circonscriptions territoriales où le régime sera appliqué, comme le précise l'article L. 3131-13, qui prévoit également des garanties temporelles, formelles et de transparence (V. comm. ss. art. L. 3131-13).

Nature de la police dévolue aux autorités de l'État. Le Conseil d'État (CE, ord., 17 avr. 2020, n° 440057 B : *AJDA 2020. 815* ; *ibid. 1013, note Faure* ; *LPA 26 juin 2020, n° 128, p. 22, note Tap ; RGD 2020, n° 51871, note Cossalter*) a jugé que la police dévolue aux autorités de l'État par le régime de l'état d'urgence sanitaire est une police spéciale. Elle donne compétence à ces autorités pour édicter les mesures générales ou individuelles destinées à mettre fin à une catastrophe sanitaire telle que l'épidémie de covid-19, en vue, notamment, d'assurer, compte tenu des données scientifiques disponibles, leur cohérence et leur efficacité sur l'ensemble du territoire concerné et de les adapter en fonction de l'évolution de la situation.

Concours de la police spéciale de l'état d'urgence sanitaire avec la police générale. Le juge administratif (CE, ord., 17 avr. 2020, n° 440057 B : *préc.*) a précisé comment la police spéciale de l'état d'urgence sanitaire s'articulait avec le pouvoir de police générale du maire. Ce dernier est fondé, au visa des articles L. 2212-1 et L. 2212-2 du code général des collectivités territoriales, à prendre les mesures de police générale nécessaires au bon ordre, à la sûreté, à la sécurité et à la salubrité publiques dans sa commune et peut, le cas échéant, à ce titre, prendre des dispositions destinées à contribuer à la bonne application, sur le territoire de la commune, des mesures décidées par les autorités compétentes de l'État, notamment en interdisant, au vu des circonstances locales, l'accès à des lieux où sont susceptibles de se produire des rassemblements. En revanche, la police spéciale de l'état d'urgence sanitaire fait obstacle, pendant la période où elle trouve à s'appliquer, à ce que le maire prenne au titre de son pouvoir de police générale des mesures destinées à lutter contre la catastrophe sanitaire, à moins que des raisons impérieuses liées à des circonstances locales en rendent l'édiction indispensable et à condition de ne pas compromettre, ce faisant, la cohérence et l'efficacité de celles prises dans ce but par les autorités compétentes de l'État.

Cette ordonnance, qui conditionne l'intervention du maire à des circonstances locales particulières, n'est pas sans rappeler la jurisprudence *Société les Films Lutetia* (CE, sect., 18 déc. 1959). Toutefois, le juge des référés se montre plus exigeant, dans la mesure où l'existence de circonstances locales particulières ne peut, à elle seule, justifier l'intervention du maire et qu'il est, de surcroît, nécessaire pour l'autorité communale, si elle veut agir, de faire état de raisons impérieuses propres à la commune. Par ailleurs, une ultime condition est requise pour valider la mesure de police générale : le juge exige que la mesure édictée par le maire ne soit pas susceptible de compromettre la cohérence et l'efficacité des mesures prises par l'État au titre de ses pouvoirs de police spéciale. Cette dernière condition peut surprendre, dans la mesure où elle est de nature strictement politique et où elle ne donne lieu à aucune appréciation d'ordre juridique. De fait, elle interdit à toute autorité de police locale de prendre une mesure de lutte contre le coronavirus qui n'aurait pas été validée à l'échelon central.

Déclaration de l'état d'urgence sanitaire et système d'identification unique des victimes. Voir le commentaire sous l'article L. 3131-20.

Déclaration de l'état d'urgence sanitaire et protection des professionnels de santé exerçant dans des conditions exceptionnelles. Voir le commentaire sous l'article L. 3131-20.

Déclaration de l'état d'urgence sanitaire et mobilisation volontaire des professionnels de santé. Voir le commentaire sous l'article L. 3131-20. ❑

1. Police spéciale de l'état d'urgence sanitaire confiée à l'État. Par les art. L. 3131-12 à L. 3131-20, le législateur a institué une police spéciale donnant aux autorités de l'État mentionnées aux art. L. 3131-15 à L. 3131-17 la compétence pour édicter, dans le cadre de l'état d'urgence sanitaire, les mesures générales ou individuelles visant à mettre fin à une catastrophe sanitaire telle que l'épidémie de covid-19, en vue, notamment, d'assurer, compte tenu des données scientifiques disponibles, leur cohérence et leur efficacité sur l'ensemble du territoire concerné et de les adapter en fonction de l'évolution de la situation. • CE, ord., 17 avr. 2020, n° 440057 B : *AJDA 2020. 815 ; ibid. 1013, note Faure ; LPA 26 juin 2020, n° 128, p. 22, note Tap ; RGD 2020, n° 51871, note Cossalter.*

2. Articulation des pouvoirs de police générale du maire avec la police spéciale de l'état d'urgence sanitaire. Si les art. L. 2212-1 et L. 2212-2 CGCT autorisent le maire, y compris en période d'état d'urgence sanitaire, à prendre les mesures de police générale nécessaires au bon ordre, à la sûreté, à la sécurité et à la salubrité publiques dans sa commune et que ce dernier peut, le cas échéant, à ce titre, prendre des dispositions destinées à contribuer à la bonne application, sur le territoire de la commune, des mesures décidées par les autorités compétentes de l'État, notamment en interdisant, au vu des circonstances locales, l'accès à des lieux où sont susceptibles de se produire des rassemblements, en revanche, la police spéciale instituée par le législateur fait obstacle, pendant la période où elle trouve à s'appliquer, à ce que le maire prenne au titre de son pouvoir de police générale des mesures destinées à lutter contre la catastrophe sanitaire, à moins que des raisons impérieuses liées à des circonstances locales en rendent l'édiction indispensable et à condition de ne pas compromettre, ce faisant, la cohérence et l'efficacité de celles prises dans ce but par les autorités compétentes de l'État. • CE, ord., 17 avr. 2020, n° 440057B : *LPA 26 juin 2020, n° 128, p. 22, note Tap ; AJCT 2020. 250, Pratique Le Chatelier ; ibid. 291, Pratique Lami et Lombard.*

3. Accès aux soins des personnes âgées. Dès lors qu'il n'est pas établi, en l'état de l'instruction, que les décisions médicales d'admission en réanimation reposeraient de manière générale sur des critères qui auraient été rendus plus stricts du fait de l'anticipation d'une éventuelle saturation de l'offre de soins de réanimation en raison de l'épidémie de covid-19 ou qui, en isolant le critère de l'âge, discrimineraient, au sein des patients atteints d'une infection due à la covid-19, ceux qui sont les plus âgés, les conclusions des requérants aux fins d'injonction tendant à ce que l'État établisse un protocole national pour l'admission dans les établissements de santé des personnes susceptibles d'être atteintes d'une forme grave de la covid-19, notamment des personnes résidant dans un EHPAD, ainsi que pour leur éventuelle prise en charge en réanimation ne peuvent, en tout état de cause, être accueillies. • CE, ord., 15 avr. 2020, n° 439910 B : *JCP 27 avr. 2020, n° 17, p. 576, veille Reynier et Vialla ; AJDA 2020. 817.*

Art. L. 3131-13 **L'état d'urgence sanitaire est déclaré par décret en conseil des ministres pris sur le rapport du ministre chargé de la santé. Ce décret motivé détermine la ou les circonscriptions territoriales à l'intérieur desquelles il entre en vigueur et reçoit application. Les données scientifiques disponibles sur la situation sanitaire qui ont motivé la décision sont rendues publiques.**

L'Assemblée nationale et le Sénat sont informés sans délai des mesures prises par le Gouvernement au titre de l'état d'urgence sanitaire. L'Assemblée nationale et le Sénat peuvent requérir toute information complémentaire dans le cadre du contrôle et de l'évaluation de ces mesures.

La prorogation de l'état d'urgence sanitaire au delà d'un mois ne peut être autorisée que par la loi, après avis du comité de scientifiques prévu à l'article L. 3131-19.

L'état d'urgence sanitaire est à nouveau déclaré à compter du 17 oct. 2020 à 0 heure sur l'ensemble du territoire de la République (Décr. n° 2020-1257 du 14 oct. 2020, art. 1er). Par conséquent, outre les art. L. 3131-12 s. CSPU, les dispositions EUS du Décr. n° 2020-860 du 10 juill. 2020 modifié, ainsi que les dispositions relatives à l'état d'urgence sanitaire de l'Arr. du même jour modifié s'appliquent, sous réserve de l'édiction de nouveaux textes réglementaires, sur tout le territoire (V. comm. ss. L. n° 2020-856 du 9 juill. 2020, art. 1er, II et III).

Loi n° 2020-290 du 23 mars 2020,

D'urgence pour faire face à l'épidémie de covid-19.

Art. 4 Par dérogation aux dispositions de l'article L. 3131-13 du code de la santé publique, l'état d'urgence sanitaire est déclaré pour une durée de deux mois à compter de l'entrée en vigueur de la présente loi.

L'état d'urgence sanitaire entre en vigueur sur l'ensemble du territoire national. Toutefois, un décret en conseil des ministres pris sur le rapport du ministre chargé de la santé peut en limiter l'application à certaines des circonscriptions territoriales qu'il précise.

La prorogation de l'état d'urgence sanitaire au delà de la durée prévue au premier alinéa du présent article ne peut être autorisée que par la loi.

Il peut être mis fin à l'état d'urgence sanitaire par décret en conseil des ministres avant l'expiration du délai fixé au même premier alinéa.

COMMENTAIRE

Cadrage temporel et formel de l'état d'urgence sanitaire. Outre le cadrage spatial, prévu à l'article L. 3131-12 (V. comm. ss. art. L. 3131-12), l'article L. 3131-13 prévoit un cadrage formel et temporel de l'état d'urgence sanitaire.

Sur le plan formel, l'état d'urgence sanitaire, à l'instar de l'état d'urgence, est, en principe, déclaré par décret motivé en conseil des ministres. Relevons toutefois que la lutte contre la covid-19 a d'emblée été placée sous le sceau de l'exception, dérogeant au dispositif qu'elle venait de créer : aucun décret déclaratif n'est intervenu, l'article 4 de la loi n° 2020-290 du 23 mars 2020 ayant fait débuter la mise en œuvre du régime d'exception sur l'ensemble du territoire dès la promulgation de la loi. Aussi déconcertant que cela puisse paraître, cette attitude témoigne, selon certains auteurs, du caractère hybride de la loi du 23 mars 2020, qui mêle une loi générale créant un nouveau régime juridique et une loi spéciale qui en prévoit l'application pour faire face à la crise sanitaire en cours (Beaud et Guérin-Bargues, L'état d'urgence sanitaire : était-il judicieux de créer un nouveau régime d'exception ?, *D. 2020. 891*).

Il convient de noter que, outre le décret déclaratif de l'état d'urgence sanitaire déterminant les circonscriptions territoriales d'application, selon l'article L. 3131-15, un second décret, émanant du Premier ministre sur rapport du ministre chargé de la santé, doit intervenir en vue de préciser les mesures prises à l'occasion de la mise en œuvre de ce régime d'exception (V. comm. ss. art. L. 3131-15).

Sur le plan temporel, l'état d'urgence sanitaire est déclaré pour une durée plus longue que celle prévue pour l'état d'urgence, l'article L. 3131-13 prévoyant une durée d'un mois. Cet allongement avait été proposé par le Conseil d'État dans son avis du 18 mars 2020 (CE, avis, 18 mars 2020, n° 399873, pt 17), qui avait estimé la durée de douze jours, initialement prévue, insuffisante, eu égard à la nature d'une catastrophe sanitaire : il était, en effet, peu probable qu'une crise sanitaire puisse être résolue dans un si bref délai. Ici encore, la lutte contre la covid-19 a donné lieu à l'édiction d'une règle dérogatoire à l'article L. 3131-1 par la loi n° 2020-290 du 23 mars 2020, illustrant une nouvelle fois le caractère hybride de ce texte. Au vu de la gravité de l'épidémie et afin de gagner du temps, son article 4 a, en effet, instauré une durée initiale d'application de l'état d'urgence sanitaire de deux mois à compter de l'entrée en vigueur de la loi, soit jusqu'au 24 mai 2020, et a prévu qu'il serait possible d'y mettre fin de manière anticipée, avant l'expiration de cette date, par décret en conseil des ministres (ce qui n'a pas été le cas dans les faits, l'état d'urgence sanitaire ayant été prorogé au-delà du 24 mai 2020).

Par ailleurs, tout comme dans le régime de l'état d'urgence, la prorogation de l'état d'urgence sanitaire nécessite l'autorisation du Parlement, lequel doit voter une loi en ce sens, après l'avis, purement consultatif, d'un comité de scientifiques dont le rôle consiste à éclairer la décision politique (sur le comité de scientifiques, V. comm. ss. art. L. 3131-19). L'article L. 3131-14, qui complète les garanties temporelles prévues à l'article L. 3131-13, précise que le législateur fixe la durée de la prorogation de l'état d'urgence sanitaire (V. comm. ss. art. L. 3131-14).

Sur cette base, dans la crise liée à la covid-19, l'état d'urgence sanitaire a été prorogé, jusqu'au 10 juillet inclus, sur tout le territoire par l'article 1er de la loi n° 2020-546 du 11 mai 2020. Il a ensuite été prorogé jusqu'au 30 octobre 2020 sur les seuls territoires de la Guyane et de Mayotte par l'article 2, I, de la loi n° 2020-856 du 9 juillet 2020. Pour ces deux territoires, le décret n° 2020-1143 du 16 septembre 2020 a mis fin de manière anticipée à cette prolongation, au vu de l'amélioration de leur situation épidémiologique, et le régime transitoire de sortie de l'état d'urgence sanitaire (V. comm. ss. L. du 9 juill. 2020, organisant la sortie de l'état d'urgence sanitaire) qui s'appliquait déjà sur le reste du territoire depuis le 11 juillet, a pris le relais à partir du 18 septembre.

Relevons que, sur le plan matériel, il existe également un garde-fou, le champ des mesures susceptibles d'intervenir à l'occasion de l'état d'urgence sanitaire étant délimité précisément à l'article L. 3131-15 (V. comm. ss. art. L. 3131-15).

Enfin, l'encadrement de l'état d'urgence sanitaire se matérialise également par une obligation de motivation et de transparence (V. *infra*).

Motivation et transparence. Outre le cadrage spatio-temporel et formel (V. *supra*), l'encadrement de l'état d'urgence sanitaire prend la forme d'une obligation de motivation et de transparence dans les décisions prises.

Cela concerne d'abord la déclaration même de l'état d'urgence sanitaire, puisqu'il est prévu que les données scientifiques disponibles sur la situation sanitaire qui ont motivé une telle décision sont rendues publiques.

Cela concerne, en second lieu les mesures prises au titre de l'état d'urgence sanitaire. L'article L. 3131-13 prévoit, en effet, l'obligation d'informer le Parlement sans délai des mesures prises par le gouvernement en application de l'état d'urgence sanitaire, l'Assemblée nationale et le Sénat pouvant requérir toute information complémentaire à l'occasion du contrôle et de l'évaluation de ces mesures. A cet égard, relevons toutefois que l'obligation d'information du Parlement se limite aux mesures prises sur le fondement de l'état d'urgence sanitaire, excluant les mesures d'adaptation pour lutter contre la covid-19 découlant des ordonnances intervenues au titre des mesures d'urgence économique et d'adaptation (V. Altwegg-Boussac, La fin des apparences, A propos du contrôle parlementaire de l'état d'urgence sanitaire, *RTDH, Actualités droits-Libertés, avr. 2020*). Par ailleurs, ce dispositif est parfois accueilli avec scepticisme, ses détracteurs évoquant « un tigre de papier », uniquement susceptible de conduire, à l'instar de l'état d'urgence de la loi du 3 avril 1955 ou des mesures de la loi du 30 octobre 2017 renforçant la sécurité intérieure, « à la production de rapports parlementaires utiles aux seuls chercheurs en droit ou en sciences sociales, tant il est exclu en l'état de la séparation des pouvoirs à la française qu'une commission des Lois sous emprise du président de la République contrôle de manière effective l'action du gouvernement. » (Cassia, L'état d'urgence sanitaire : remède placebo ou venin juridique ?, *Le blog de Paul Cassia, 24 mars 2020*).

L'obligation de motivation et de transparence dans les décisions prises se matérialise également par la mise en place d'une instance de conseil et de veille *ad hoc*, dénommée comité de scientifiques, réunie sans délai en cas de déclaration de l'état d'urgence sanitaire et dont les avis sont rendus publics (V. comm. ss. art. L. 3131-19).

Déclaration de l'état d'urgence sanitaire et système d'identification unique des victimes. Voir le commentaire sous l'article L. 3131-20.

Déclaration de l'état d'urgence sanitaire et protection des professionnels de santé exerçant dans des conditions exceptionnelles. Voir le commentaire sous l'article L. 3131-20.

Déclaration de l'état d'urgence sanitaire et mobilisation volontaire des professionnels de santé. Voir le commentaire sous l'article L. 3131-20. ❑

Art. L. 3131-14 **La loi autorisant la prorogation au delà d'un mois de l'état d'urgence sanitaire fixe sa durée.**

Il peut être mis fin à l'état d'urgence sanitaire par décret en conseil des ministres avant l'expiration du délai fixé par la loi le prorogeant *(L. n° 2020-546 du 11 mai 2020, art. 2)* **« après avis du comité de scientifiques prévu à l'article L. 3131-19 ».**

Les mesures prises en application du présent chapitre cessent d'avoir effet en même temps que prend fin l'état d'urgence sanitaire.

COMMENTAIRE

Prorogation de l'état d'urgence sanitaire. L'article L. 3131-14 complète des dispositions de l'article L. 3131-13. Ce dernier prévoit que la prorogation de l'état d'urgence sanitaire nécessite l'autorisation du Parlement, lequel doit voter une loi en ce sens, après l'avis, purement consultatif, d'un comité de scientifiques (V. comm. ss. art. L. 3131-19), dont le rôle consiste à éclairer la décision politique. L'article L. 3131-14 précise que la loi autorisant la prorogation de l'état d'urgence sanitaire au-delà d'un mois fixe sa durée, formulation presque identique à celle prévue dans le régime de l'état d'urgence et qui, rappelons-le, a permis, pour ce dernier, six prorogations de 2015 à 2017.

Dans la crise liée à la covid-19, l'état d'urgence sanitaire a été prorogé, jusqu'au 10 juillet inclus, sur tout le territoire par l'article 1er de la loi n° 2020-546 du 11 mai 2020. Il a ensuite été prorogé jusqu'au 30 octobre 2020 sur les seuls territoires de la Guyane et de Mayotte par l'article 2, I, de la loi n° 2020-856 du 9 juillet 2020. Pour ces deux territoires, le décret n° 2020-1143 du 16 septembre 2020 a mis fin de manière anticipée à cette prolongation, au vu de l'amélioration de leur situation épidémiologique, et le régime transitoire de sortie de l'état d'urgence sanitaire (V. comm. ss. L. du 9 juill. 2020, organisant la sortie de l'état d'urgence sanitaire) qui s'appliquait déjà sur le reste du territoire depuis le 11 juillet, a pris le relais à partir du 18 septembre.

Fin de l'état d'urgence sanitaire. L'état d'urgence sanitaire cesse au terme de sa mise en œuvre ou, de manière anticipée, par décret en conseil des ministres après avis du comité de scientifiques (instance de conseil *ad hoc* prévue par l'article L. 3131-19, V. comm. ss. cet art.), ainsi que le prévoit l'article L. 3131-14, alinéa 2, du code de la santé publique. Relevons toutefois qu'il n'y a pas dans la législation d'obligation expresse d'y mettre fin lorsque les conditions de son utilisation ne sont plus remplies.

Rappelons (V. comm. ss. art. L. 3131-13) que, lors de la crise de la covid-19, aucun décret déclaratif de l'état d'urgence sanitaire n'a été pris, l'article 4 de la loi n° 2020-290 du 23 mars 2020 ayant fait débuter la mise en œuvre du régime d'exception sur l'ensemble du territoire dès la promulgation de la loi. C'est donc, parallélisme des formes oblige, une nouvelle loi (L. n° 2020-856 du 9 juill. 2020 organisant la sortie de l'état d'urgence sanitaire), et non un décret en conseil des ministres, qui a mis fin à ce régime au 10 juillet 2020, à l'exception de Mayotte et de la Guyane (pour ces deux territoires, le Décr. n° 2020-1143 du 16 sept. 2020 a mis fin de manière anticipée à cette prolongation, au vu de l'amélioration de leur situation épidémiologique, et le régime transitoire de sortie de l'état d'urgence sanitaire qui s'appliquait déjà sur le reste du territoire depuis le 11 juill., a pris le relais à partir du 18 sept.). Cette même loi a également défini un régime de sortie de l'état d'urgence sanitaire (V. comm. ss. cette loi), afin de permettre l'édiction de mesures réglementaires nécessaires et proportionnées aux risques sanitaires encore présents.

La fin de l'état d'urgence sanitaire conduit, en principe, à la dissolution du comité de scientifiques et à l'arrêt des mesures prises en application de ce régime. Reste que, à l'occasion de la crise de la covid-19, la loi du 10 juillet 2020 qui organise la sortie de l'état d'urgence a maintenu, à titre transitoire, par dérogation à l'article L. 3131-19 du code de la santé publique, le comité de scientifiques. Ainsi, ce comité continue de se réunir et de rendre ses avis (L. n° 2020-856 du 9 juill. 2020, art. 1er, VI), la même loi ayant, du fait des risques sanitaires encore présents, autorisé le Premier ministre à prendre, à compter du 11 juillet 2020, et jusqu'au 30 octobre 2020 inclus, diverses mesures exceptionnelles, dans l'intérêt de la santé publique et aux seules fins de lutter contre la propagation de l'épidémie de covid-19 (V. comm. ss. cette loi). ❑

Art. L. 3131-15 *(L. n° 2020-546 du 11 mai 2020, art. 3)* **« I. — » Dans les circonscriptions territoriales où l'état d'urgence sanitaire est déclaré, le Premier ministre peut, par décret réglementaire pris sur le rapport du ministre chargé de la santé, aux seules fins de garantir la santé publique :**

(L. n° 2020-546 du 11 mai 2020, art. 3) **« 1° Réglementer ou interdire la circulation des personnes et des véhicules et réglementer l'accès aux moyens de transport et les conditions de leur usage ; »**

2° Interdire aux personnes de sortir de leur domicile, sous réserve des déplacements strictement indispensables aux besoins familiaux ou de santé ;

3° Ordonner des mesures ayant pour objet la mise en quarantaine, au sens de l'article 1er du règlement sanitaire international de 2005, des personnes susceptibles d'être affectées ;

4° Ordonner des mesures de placement et de maintien en isolement, au sens du même article 1er, à leur domicile ou tout autre lieu d'hébergement adapté, des personnes affectées ;

(L. n° 2020-546 du 11 mai 2020, art. 3) **« 5° Ordonner la fermeture provisoire et réglementer l'ouverture, y compris les conditions d'accès et de présence, d'une ou plusieurs catégories d'établissements recevant du public ainsi que des lieux de réunion, en garantissant l'accès des personnes aux biens et services de première nécessité ; »**

6° Limiter ou interdire les rassemblements sur la voie publique ainsi que les réunions de toute nature ;

7° *(L. n° 2020-546 du 11 mai 2020, art. 3)* **« Ordonner la réquisition de toute personne et de tous biens et services nécessaires à la lutte contre la catastrophe sanitaire. » L'indemnisation de ces réquisitions est régie par le code de la défense ;**

8° Prendre des mesures temporaires de contrôle des prix de certains produits rendues nécessaires pour prévenir ou corriger les tensions constatées sur le marché de certains produits ; le Conseil national de la consommation est informé des mesures prises en ce sens ;

9° En tant que de besoin, prendre toute mesure permettant la mise à la disposition des patients de médicaments appropriés pour l'éradication de la catastrophe sanitaire ;

10° En tant que de besoin, prendre par décret toute autre mesure réglementaire limitant la liberté d'entreprendre, dans la seule finalité de mettre fin à la catastrophe sanitaire mentionnée à l'article L. 3131-12 du présent code.

(L. n° 2020-546 du 11 mai 2020, art. 3) **« II. — Les mesures prévues aux 3° et 4° du I du présent article ayant pour objet la mise en quarantaine, le placement et le maintien en isolement ne peuvent viser que les personnes qui, ayant séjourné au cours du mois précédent dans une zone de circulation de l'infection, entrent sur le territoire** *(L. n° 2020-856 du 9 juill. 2020, art. 1er)* **« hexagonal », arrivent en Corse ou dans l'une des collectivités mentionnées à l'article 72-3 de la Constitution. La liste des zones de circulation de l'infection est fixée par arrêté du ministre chargé de la santé. Elle fait l'objet d'une information publique régulière pendant toute la durée de l'état d'urgence sanitaire.**

« Aux seules fins d'assurer la mise en œuvre des mesures mentionnées au premier alinéa du présent II, les entreprises de transport ferroviaire, maritime ou aérien communiquent au représentant de l'État dans le département qui en fait la demande les données relatives aux passagers concernant les déplacements mentionnés au même premier alinéa, dans les conditions prévues à l'article L. 232-4 du code de la sécurité intérieure.

« Les mesures de mise en quarantaine, de placement et de maintien en isolement peuvent se dérouler, au choix des personnes qui en font l'objet, à leur domicile ou dans les lieux d'hébergement adapté.

« Leur durée initiale ne peut excéder quatorze jours. Les mesures peuvent être renouvelées, dans les conditions prévues au III de l'article L. 3131-17 du présent code, dans la limite d'une durée maximale d'un mois. Il est mis fin aux mesures de placement et de maintien en isolement avant leur terme lorsque l'état de santé de l'intéressé le permet.

« Dans le cadre des mesures de mise en quarantaine, de placement et de maintien en isolement, il peut être fait obligation à la personne qui en fait l'objet de :

« 1° Ne pas sortir de son domicile ou du lieu d'hébergement où elle exécute la mesure, sous réserve des déplacements qui lui sont spécifiquement autorisés par l'autorité administrative. Dans le cas où un isolement complet de la personne est prononcé, il lui est garanti un accès aux biens et services de première nécessité ainsi qu'à des moyens de communication téléphonique et électronique lui permettant de communiquer librement avec l'extérieur ;

« 2° Ne pas fréquenter certains lieux ou catégories de lieux.

« Les personnes et enfants victimes des violences mentionnées à l'article 515-9 du code civil ne peuvent être mis en quarantaine, placés et maintenus en isolement dans le même logement ou lieu d'hébergement que l'auteur des violences, ou être amenés à cohabiter lorsque celui-ci est mis en quarantaine, placé ou maintenu en isolement, y compris si les violences sont alléguées. Lorsqu'il ne peut être procédé à l'éviction de l'auteur des violences du logement conjugal ou dans l'attente d'une décision judiciaire statuant sur les faits de violence allégués et, le cas échéant, prévoyant cette éviction, il est assuré leur relogement dans un lieu d'hébergement adapté. Lorsqu'une décision de mise en quarantaine, de placement et de maintien en isolement est susceptible de mettre en danger une ou plusieurs personnes, le préfet en informe sans délai le procureur de la République.

« Les conditions d'application du présent II sont fixées par le décret prévu au premier alinéa du I, en fonction de la nature et des modes de propagation du virus, après avis du comité de scientifiques mentionné à l'article L. 3131-19. Ce décret précise également les conditions dans lesquelles sont assurés l'information régulière de la personne qui fait l'objet de ces mesures, la poursuite de la vie familiale, la prise en compte de la situation des mineurs, le suivi médical qui accompagne ces mesures et les caractéristiques des lieux d'hébergement.

« III. – » Les mesures prescrites en application *(Abrogé par L. n° 2020-546 du 11 mai 2020, art. 3) « des 1° à 10° »* du présent article sont strictement proportionnées aux risques sanitaires encourus et appropriées aux circonstances de temps et de lieu. Il y est mis fin sans délai lorsqu'elles ne sont plus nécessaires.

Loi n° 2020-290 du 23 mars 2020,

D'urgence pour faire face à l'épidémie de covid-19.

Art. 18 Il ne peut être mis fin, pendant la durée des mesures prises en application des articles L. 3131-15 à L. 3131-17 du code de la santé publique, à la prise en charge par le conseil départemental, au titre de l'aide sociale à l'enfance, des majeurs ou mineurs émancipés précédemment pris en charge dans le cadre de l'article L. 222-5 du code de l'action sociale et des familles en tant que mineurs, mineurs émancipés ou jeunes majeurs de moins de vingt et un ans.

BIBL. ► ANDRIANTSIMBAZOVINA, L'état d'urgence sanitaire et les libertés, *Dr. fam. juin 2020, n° 6, Étude 19.* – DE GROVE-VALDEYRON, La pénurie d'équipements médicaux de première nécessité et de médicaments : que fait l'Union européenne ?, *Rev. UE 2020. 334* ✎. – FIALAIRE, Liberté de culte et urgence sanitaire : les leçons de la jurisprudence, *JCP Adm. 25 mai 2020, n° 21-22, 2155.* – GONZALEZ, Covid 19 : le Conseil d'État au chevet de la liberté de culte, *JCP 15 juin 2020, n° 24, p. 717.* – TAWIL, Lutte contre le covid-19 : état d'urgence sanitaire et restriction des libertés, *Gaz.*

COMMENTAIRE

Champ matériel des mesures de police prises par le Premier ministre – Présentation. Le régime de l'état d'urgence sanitaire réorganise la répartition des compétences entre les autorités chargées de répondre à la situation. Il se caractérise par l'exercice, par le Premier ministre, d'un pouvoir réglementaire étendu, en vertu de l'article L. 3131-15 et, dans une moindre mesure, par le ministre en charge de la santé conformément à l'article L. 3131-16 (V. comm. ss. art. L. 3131-16).

Le Premier ministre intervient par décret, pris sur le rapport du ministre chargé de la santé, aux seules fins de garantir la santé publique. Les domaines dans lesquels il est susceptible d'œuvrer pour gérer la crise sanitaire sont détaillés à l'article L. 3131-15.

Cette liste permet-elle véritablement de circonscrire le champ de compétence du chef du gouvernement ? La question peut faire débat, certains commentateurs, loin d'y voir un filtre, une limitation à l'exercice du pouvoir de police spéciale du Premier ministre, y ayant vu « une passoire », « un blanc-seing » lui offrant la possibilité « de prendre les mesures les plus restrictives pour les libertés » (Cassia, L'état d'urgence sanitaire : remède placebo ou venin juridique ?, *Le blog de Paul Cassia, 24 mars 2020*). Mais il convient de relever qu'une liste trop étroite était susceptible de bloquer l'action gouvernementale, dans le cas où une mesure non prévue dans l'énumération aurait paru nécessaire au regard de l'évolution de la situation sanitaire.

Reste que les mesures prises par le Premier ministre à l'occasion de l'état d'urgence sanitaire, tout comme celles du ministre en charge de la santé, répondent à un objectif clairement défini – garantir la santé publique – et doivent être strictement proportionnées aux risques sanitaires encourus et appropriées aux circonstances de temps et de lieu. Ces deux autorités doivent donc nécessairement établir si, localement, le risque sanitaire justifie les restrictions aux libertés, sans que l'ensemble du territoire national soit nécessairement concerné. Il convient, par ailleurs, de mettre fin sans délai aux mesures prises lorsqu'elles ne sont plus nécessaires. Ces exigences font écho à la classique jurisprudence *Benjamin* (CE 19 mai 1933, *Benjamin* : *GAJA 22ᵉ éd., 2019, nº 42*), mais, face à l'épidémie de covid-19, il n'est pas interdit de craindre que la recherche de l'efficacité prime sur l'exigence de proportionnalité, dans une logique sécuritaire liée aux circonstances exceptionnelles résultant de la pandémie de covid-19.

Constitutionnalité de l'article L. 3131-15. Saisi à l'occasion de la loi du 11 mai 2020 prorogeant l'état d'urgence sanitaire (Cons. const. 11 mai 2020, nº 2020-800 DC : *Gaz. Pal. 2 juin 2016, nº 20, p. 16, note Gicquel ; LDFP 1ᵉʳ juin 2020, nº 6, p. 1, obs. Larralde*), le Conseil constitutionnel a estimé que les dispositions des 1º, 5º, 7º, du paragraphe Iᵉʳ ainsi que celles des 1ᵉʳ et 3ᵉ à 7ᵉ alinéas du paragraphe II de l'article L. 3131-15 sont conformes à la Constitution (sous réserve, pour le 5º du I, que les mesures ne s'étendent pas aux locaux à usage d'habitation), le législateur ayant procédé à une conciliation équilibrée entre les exigences constitutionnelles en jeu : l'objectif de valeur constitutionnelle de protection de la santé *versus* le respect des droits et libertés reconnus à toutes les personnes qui résident sur le territoire de la République, au nombre desquels figurent la liberté d'aller et de venir ainsi que le droit d'expression collective des idées et des opinions.

Atteintes aux libertés d'aller et venir et de réunion. Le Premier ministre peut, par décret pris sur le rapport du ministre chargé de la santé et aux seules fins de garantir la santé publique, prendre un certain nombre de mesures qui portent atteinte aux libertés d'aller et venir et de réunion, et indirectement, à d'autres libertés comme la liberté de culte. Plus précisément, l'article L. 3131-15 lui permet de :

– réglementer ou interdire la circulation des personnes et des véhicules et réglementer l'accès aux moyens de transport et les conditions de leur usage. A titre d'illustration, le décret nº 2020-293 du 23 mars 2020 a instauré des mesures d'hygiène et de distanciation sociale (art. 2), limité les transports maritimes et fluviaux (art. 4 et 5), ainsi que les transports aériens (art. 6). Le décret nº 2020-548 du 11 mai 2020 a, quant à lui, interdit aux personnes de sortir de leur département et limité leurs déplacements à 100 km autour du domicile, sauf motif professionnel, scolaire, sanitaire, familial impérieux ou judiciaire (art. 3), interdit à tout navire de croisière de mouiller en France (art. 4), imparti aux passagers des navires de porter un masque, et, à la demande du transporteur, de présenter une déclaration sur l'honneur attestant ne pas présenter de symptôme d'infection à la covid-19 (art. 4), imposé, pour les transports aériens, le port du masque et la déclaration sur l'honneur attestant ne pas présenter de symptôme d'infection à la covid-19 (art. 5), interdit le recours au transport public aérien entre la métropole et les outre-mer et la Corse, sauf motif impérieux d'ordre personnel, familial, sanitaire ou professionnel (art. 5), imposé le port du masque dans les transports terrestres (art. 6) et limité les transports ferroviaires ou routiers interrégionaux à 60 % de leur capacité maximale, leur accessibilité étant conditionnée à une réservation (art. 6) ;

– interdire aux personnes de sortir de leur domicile, sous réserve des déplacements strictement indispensables aux besoins familiaux ou de santé. A titre d'illustration, le décret n° 2020-293 du 23 mars 2020 a institué le confinement de la population jusqu'au 31 mars 2020 (art. 3), mesure prolongé jusqu'au 15 avril par le décret n° 2020-344 du 27 mars 2020, puis jusqu'au 11 mai par le décret n° 2020-423 du 14 avril 2020. Le pouvoir réglementaire a assorti le confinement d'exceptions, autorisant certains déplacements obéissant à huit motifs qu'il énumère, au nombre desquels figurent les « *déplacements brefs, dans la limite d'une heure quotidienne et dans un rayon maximal d'un kilomètre autour du domicile, liés soit à l'activité physique individuelle des personnes, à l'exclusion de toute pratique sportive collective et de toute proximité avec d'autres personnes, soit à la promenade avec les seules personnes regroupées dans un même domicile, soit aux besoins des animaux de compagnie* ». Dans ce domaine, le juge administratif, appelé à se prononcer en référé-liberté sur la dérogation à l'obligation de confinement pour la pratique du sport, uniquement individuellement pendant une heure par jour et jusqu'à un kilomètre du domicile, a estimé que la condition d'urgence n'était pas remplie, au vu de l'intérêt public particulièrement éminent s'attachant aux mesures de confinement prises, dans le contexte actuel de saturation des structures hospitalières (CE, ord., 31 mars 2020, n° 439839). Par ailleurs, il a considéré que la faculté de se déplacer en utilisant un moyen de locomotion dont l'usage est autorisé (en l'espèce, un vélo), constitue au titre de la liberté d'aller et venir et du droit de chacun au respect de sa liberté personnelle, une liberté fondamentale (CE, ord., 30 avr. 2020, n° 440179 B : *AJDA 2020. 919*). Ainsi, l'usage du vélo, pour l'un des huit motifs de déplacement autorisés, ne saurait à lui seul caractériser une violation de l'interdiction de déplacement (même ord.) ;

– ordonner des mesures ayant pour objet la mise en quarantaine, au sens de l'article 1er du Règlement sanitaire international (RSI) de 2005, des personnes susceptibles d'être affectées. Selon le RSI, la « quarantaine » s'entend de la restriction des activités et/ou de la mise à l'écart des personnes suspectes qui ne sont pas malades ou des bagages, conteneurs, moyens de transport ou marchandises suspects, de façon à prévenir la propagation éventuelle de l'infection ou de la contamination. Sur le régime spécifique des mesures de quarantaine et d'isolement, voir *infra* ;

– ordonner des mesures de placement et de maintien en isolement, au sens de l'article 1er du RSI de 2005, à leur domicile ou tout autre lieu d'hébergement adapté, des personnes affectées. Selon le RSI, l'« isolement » s'entend de la mise à l'écart de malades ou personnes contaminées ou de bagages, conteneurs, moyens de transport, marchandises ou colis postaux affectés, de façon à prévenir la propagation de l'infection ou de la contamination. Sur le régime spécifique des mesures de quarantaine et d'isolement, voir *infra* ;

– ordonner la fermeture provisoire et réglementer l'ouverture, y compris les conditions d'accès et de présence, d'une ou plusieurs catégories d'établissements recevant du public ainsi que des lieux de réunion, en garantissant l'accès des personnes aux biens et services de première nécessité. L'article L. 3131-15 I 5°, qui se réfère aux mesures de fermeture de lieux ouverts au public et de restriction de la liberté de réunion, est constitutionnel, sous réserve que de telles mesures ne s'étendent pas aux locaux à usage d'habitation (Cons. const. n° 2020-800 DC, 11 mai 2020, § 22 et 23). A titre d'illustration, le décret n° 2020-293 du 23 mars 2020 (art. 8) a imposé la fermeture des établissements scolaires et universitaires, des musées, salles de spectacle, bars, restaurants et équipements ou salles de sport, et des marchés, sauf autorisation préfectorale accordée pour certains marchés alimentaires après avis du maire. S'agissant de ces derniers, la fermeture fait suite à une ordonnance du Conseil d'État, rendue un jour avant le décret, qui avait enjoint au Premier ministre et au ministre en charge de la santé d'évaluer les risques pour la santé publique du fonctionnement des marchés ouverts, compte tenu de leur taille et de leur niveau de fréquentation (CE, ord., 22 mars 2020, n° 439674 B : *AJDA 2020. 655* ; *ibid. 851, note Vallar* ; *D. 2020. 687, note Parinet-Hodimont* ; *AJCT 2020. 175, obs. Renard* ; *ibid. 250, Pratique Le Chatelier* ; *ibid. 291, Pratique Lami et Lombard*). Dans une ordonnance du 1er avril 2020, le juge administratif a considéré que les dispositions du décret du 23 mars, relatives aux marchés alimentaires, ménagent un juste équilibre entre la nécessité de garantir la santé publique et la satisfaction des besoins en approvisionnement de la population et, partant, ne révèlent pas une méconnaissance de l'article L. 3131-15, qui exige que les mesures prises sur son fondement soient strictement proportionnées aux risques sanitaires encourus et appropriées aux circonstances de temps et de lieu (CE, ord., 1er avr. 2020, n° 439762 : *AJDA 2020. 756*). Le décret n° 2020-293 du 23 mars 2020 a également interdit toute réunion dans les lieux de culte (maintenus ouverts), à l'exception des cérémonies funéraires dans la limite de 20 personnes (art. 8). En conséquence de cette dernière interdiction, la pratique des cultes religieux, tout comme le contact, au sein des édifices religieux, avec un ministre du culte, sont proscrits, portant atteinte à la liberté de culte. Le juge, appelé à statuer en référé liberté, a considéré que, eu égard, d'une part, aux circonstances exceptionnelles (...) qui ont conduit le législateur à déclarer, par l'article 4 de la loi du 23 mars 2020 d'urgence pour faire face à l'épidémie de covid-19, l'état d'urgence sanitaire pour une durée de deux mois et, d'autre part, à l'intérêt public qui s'attache aux mesures de confinement prises, dans le contexte actuel de saturation des structures hospitalières, la condition d'urgence requise par l'article L. 521-2 du code de justice administrative n'est pas remplie (CE, ord., 30 mars 2020, n° 439809). Les dispositions du décret du 23 mars 2020 relatives aux lieux de culte ont été reprises par l'article 10, III, du décret n° 2020-548 du 11 mai 2020. Mais le juge administratif, dans un contexte de déconfinement, a estimé que ces dispositions encadrant les réunions et rassemblements dans les établissements de culte étaient disproportionnées et a enjoint le Premier ministre de les modifier, dans un délai de huit jours (CE, ord., 18 mai 2020, n° 440366 : *AJDA 2020. 1032* ; *ibid. 1733, note Rambaud* ; *D. 2020. 1110*). La modification est intervenue par le décret n° 2020-618 du 22 mai 2020. Le décret n° 2020-548 du 11 mai 2020 (art. 9) a également interdit en zone rouge l'accès du public aux parcs, jardins et espaces verts ainsi qu'aux plages, lacs et plans d'eau ;

– limiter ou interdire les rassemblements sur la voie publique ainsi que les réunions de toute nature. A titre d'illustration, le décret n° 2020-293 du 23 mars 2020 a interdit tout rassemblement, réunion ou activité mettant en présence de manière simultanée plus de 100 personnes jusqu'au 15 avril 2020 (art. 7). Puis, l'article 3 du décret n° 2020-663 du 31 mai 2020 a posé une interdiction générale de manifester, laquelle a été suspendue par le juge administratif (CE, ord., 13 juin 2020, nos 440046, 440856 et 441015). Pour faire suite à cette suspension, le décret n° 2020-724 du 14 juin 2020, a réitéré l'interdiction prévue dans le décret du 31 mai 2020, mais a soumis les manifestations à autorisation du préfet de département, l'autorisation étant conditionnée au fait que l'organisation de la manifestation permette le respect des « mesures barrières ». Dans une nouvelle ordonnance, le juge administratif, jugeant excessive cette obligation d'obtenir une autorisation sous condition du respect des mesures barrière et relevant qu'aucun délai n'est prévu pour que le préfet se prononce sur la demande, a suspendu ces nouvelles dispositions (CE, ord., 6 juill. 2020, n° 441257 : *AJDA 2020. 1385*).

Atteintes au droit de propriété et à la liberté d'entreprendre. Le Premier ministre peut, par décret pris sur le rapport du ministre chargé de la santé et aux seules fins de garantir la santé publique, prendre un certain nombre de mesures qui portent atteinte au droit de propriété et à la liberté d'entreprendre. Plus précisément, l'article L. 3131-15 lui permet :

– d'ordonner la réquisition de toute personne et de tous biens et services nécessaires à la lutte contre la catastrophe sanitaire, l'indemnisation de ces réquisitions étant régie par le code de la défense. Sur cette base, ont été réquisitionnés les stocks de masques de protection (Décr. n° 2020-293 du 23 mars 2020, art. 13), les matières premières nécessaires à la fabrication des masques (Décr. n° 2020-344 du 27 mars 2020), ainsi que les aéronefs civils et les personnes nécessaires à leur fonctionnement en vue d'acheminer produits de santé et équipements de protection individuelle (même Décr.). Ces mesures ont été jugées suffisantes, ne nécessitant pas, aux yeux des magistrats administratifs, d'enjoindre à l'État de procéder à de nouvelles réquisitions concernant les masques de protection et les matières premières nécessaires à leur fabrication (CE, ord., 28 mars 2020, nos 439726 et 439693), de faire augmenter la production nationale d'appareils de ventilation artificielle (CE, ord., 31 mars 2020, n° 439870), de masques et de tests de dépistage (CE, ord., 29 mars 2020, n° 430798), ou encore de procéder au rachat de deux entreprises en difficulté, l'une fabriquant de la chloroquine, l'autre des bouteilles susceptibles de contenir l'oxygène nécessaire pour alimenter les appareils de réanimation (CE, ord., 29 mars 2020, n° 430798) ;

– de prendre des mesures temporaires de contrôle des prix de certains produits, rendues nécessaires pour prévenir ou corriger les tensions constatées sur le marché de certains produits, le Conseil national de la consommation étant informé des mesures prises en ce sens. A ce titre, le décret n° 2020-293 du 23 mars 2020 (art. 11) a réglementé le prix des gels hydroalcooliques ;

– en tant que de besoin, de prendre toute mesure permettant la mise à la disposition des patients de médicaments appropriés pour l'éradication de la catastrophe sanitaire. Ainsi, le décret n° 2020-314 du 25 mars 2020, d'une part, permet, par dérogation à l'article L. 5121-8 du code de la santé publique, que l'hydroxychloroquine et l'association lopinavir/ritonavir soient prescrites, dispensées et administrées aux patients atteints par la covid-19 (disposition reprise par l'art. 19 du Décr. n° 2020-548 du 11 mai 2020, puis abrogée par l'art. 1er du Décr. n° 2020-630 du 26 mai 2020) et, d'autre part, interdit l'exportation du Plaquenil par les grossistes-répartiteurs. A cet égard, le juge administratif a considéré que l'absence de mesures autres que l'interdiction d'exportation pour garantir l'approvisionnement des patients en Plaquenil ne révèle pas de carence caractérisée du gouvernement dans l'usage des pouvoirs que lui confère la loi (CE, ord., 28 mars 2020, nos 439726 et 439765). De même, le décret n° 2020-360 du 28 mars 2020 (art. 1er, 3°) prévoit que les spécialités pharmaceutiques à base de paracétamol sous une forme injectable peuvent être dispensées dans le cadre de leur autorisation de mise sur le marché, jusqu'au 15 avril 2020, par les pharmacies à usage intérieur autorisées à délivrer des médicaments au public en application du 1° de l'article L. 5126-6 du même code, sur présentation d'une ordonnance émanant de tout médecin portant la mention « Prescription dans le cadre du covid-19 », pour permettre la prise en charge de la fièvre et de la douleur des patients atteints ou susceptibles d'être atteints par le virus SARS-CoV-2 et dont l'état clinique le justifie. Il prévoit également que la spécialité pharmaceutique Rivotril ® sous forme injectable peut faire l'objet d'une dispensation, jusqu'au 15 avril 2020, par les pharmacies d'officine en vue de la prise en charge des patients atteints ou susceptibles d'être atteints par le virus SARS-CoV-2 dont l'état clinique le justifie, sur présentation d'une ordonnance médicale portant la mention « Prescription Hors AMM dans le cadre du covid-19 ». Le décret n° 2020-393 du 2 avril 2020 dispose, quant à lui, que, en cas d'impossibilité d'approvisionnement en spécialités pharmaceutiques à usage humain, des médicaments à usage vétérinaire à même visée thérapeutique, bénéficiant d'une autorisation de mise sur le marché, de même substance active, de même dosage et de même voie d'administration, peuvent être prescrits, préparés, dispensés et administrés en milieu hospitalier. Enfin, le décret n° 2020-447 du 18 avril 2020 prévoit qu'en cas de difficultés d'approvisionnement en médicaments disposant d'une autorisation de mise sur le marché, certains d'entre eux pourront être importés par l'Agence nationale de santé publique, laquelle est autorisée à assurer l'approvisionnement, entre autres, des établissements de santé, des hôpitaux des armées et de l'institution nationale des Invalides ;

– en tant que de besoin, de prendre par décret toute autre mesure réglementaire limitant la liberté d'entreprendre, dans la seule finalité de mettre fin à la catastrophe sanitaire mentionnée à l'article L. 3131-12 du présent code. C'est sur ce fondement qu'est intervenu le décret n° 2020-384 du 1er avril 2020, qui, dans son article 1er, interdit les soins de conservation sur les personnes décédées et prévoit, pour les défunts atteints ou probablement atteints de la covid-19 au moment de leur décès, une mise en bière immédiate et l'interdiction de procéder à une toilette mortuaire.

Régime d'indemnisation des réquisitions. L'article L. 3131-15 permet au Premier ministre d'ordonner la réquisition de toute personne et de tous biens et services nécessaires à la lutte contre la catastrophe sanitaire (V. *supra, atteinte au droit de propriété et à la liberté d'entreprendre*), l'indemnisation d'une telle mesure étant régie par le code de la défense, plus précisément par les dispositions des articles L. 2234-1 et suivants de ce code. Relevons que la réquisition des personnels de santé fait l'objet d'un arrêté qui définit un régime d'indemnisation spécifique (Arr. du 28 mars 2020 portant diverses dispositions relatives à l'indemnisation des professionnels de santé en exercice, retraités ou en cours de formation réquisitionnés dans le cadre de l'épidémie de covid-19, *JO 29 mars*).

Non-respect des mesures de réquisitions adoptées par le Premier ministre. Voir le commentaire sous l'article L. 3136-1.

Régime spécifique des mesures de quarantaine et d'isolement. La loi n° 2020-290 du 23 mars 2020 a donné au Premier ministre le pouvoir d'ordonner des mesures de quarantaine et d'isolement, mais n'a pas encadré ces mesures gravement attentatoires à la liberté individuelle, permettant de douter, sur ce point, de la constitutionnalité de l'article L. 3131-15. La loi n° 2020-546 du 11 mai 2020 (art. 3) ainsi que les décrets n°s 2020-610 et 2020-617 du 22 mai 2020 viennent combler cette lacune.

Il est désormais prévu que les mesures ayant pour objet la mise en quarantaine, le placement et le maintien en isolement ne peuvent viser que les personnes qui, ayant séjourné au cours du mois précédent dans une zone de circulation de l'infection, entrent sur le territoire national, arrivent en Corse ou dans l'une des collectivités mentionnées à l'article 72-3 de la Constitution. La liste des zones de circulation de l'infection est fixée par arrêté du ministre chargé de la santé. Elle fait l'objet d'une information publique régulière pendant toute la durée de l'état d'urgence sanitaire. A ce titre, l'arrêté du 22 mai 2020 (*JO 23 mai*) a défini comme zone de circulation du virus SARS-CoV-2 l'ensemble du territoire national et des pays du monde. Puis, l'arrêté du 10 juillet 2020 (*JO 11 juill.*) a réduit le périmètre de cette zone. Des modifications de ce périmètre sont à nouveau intervenues par les arrêtés des 17 juillet 2020 (*JO 18 juill.*), 14 août 2020 (*JO 16 août*) et 17 septembre 2020 (*JO 18 sept.*).

La loi du 11 mai 2020 a également prévu une obligation de transmission au préfet de département, par les entreprises de transport ferroviaire, aérien et maritime, des données relatives aux passagers concernant les déplacements dans une zone de circulation de l'infection, dans les conditions fixées par l'article L. 232-4 du code de la sécurité intérieure (qui concerne les traitements automatisés de données recueillies à l'occasion des déplacements internationaux).

Le législateur pose le principe du libre choix, pour la personne qui fait l'objet de la mesure de mise en quarantaine ou de placement et de maintien en isolement, du lieu d'exécution d'une telle mesure : son domicile ou un lieu d'hébergement adapté mis à disposition par l'autorité publique.

Dans le cadre de ces mesures, il peut être fait obligation à la personne qui en fait l'objet de :

– ne pas sortir de son domicile ou du lieu d'hébergement où elle exécute la mesure, sous réserve des déplacements qui lui sont spécifiquement autorisés par l'autorité administrative. Dans le cas où un isolement complet de la personne est prononcé, il lui est garanti un accès aux biens et services de première nécessité ainsi qu'à des moyens de communication téléphonique et électronique lui permettant de communiquer librement avec l'extérieur ;

– ne pas fréquenter certains lieux ou catégories de lieux.

La durée initiale des mesures de quarantaine et de placement ne peut excéder quatorze jours. Elles peuvent être renouvelées, dans les conditions prévues au III de l'article L. 3131-17, dans la limite d'une durée maximale d'un mois (V. comm. ss. art. L. 3131-17). Il y est mis fin avant leur terme lorsque l'état de santé de l'intéressé le permet.

Adaptation des mesures de quarantaine et d'isolement à la protection des victimes de violences intrafamiliales. Pendant la période de confinement, une recrudescence des violences familiales a été enregistrée, conduisant le législateur à préciser que les personnes et enfants qui en sont victimes ne peuvent être mis en quarantaine, placés et maintenus en isolement dans le même logement ou lieu d'hébergement que l'auteur des violences, ou être amenés à cohabiter lorsque celui-ci est mis en quarantaine, placé ou maintenu en isolement. Ce dispositif protecteur joue non seulement lorsque les violences sont établies, preuves à l'appui, mais encore lorsqu'elles sont simplement alléguées.

Pour protéger les victimes, leur relogement dans un lieu d'hébergement adapté est prévu dans deux cas :

– si l'éviction de l'auteur des violences du logement conjugal ne peut pas être prononcée ;

– dans l'attente d'une décision judiciaire statuant sur les faits de violence allégués et, le cas échéant, prévoyant cette éviction.

Le décret n° 2020-617 du 22 mai 2020 (art. 1er, VI) précise les mesures que le préfet doit prendre, selon que la personne à placer en quarantaine ou en isolement est l'auteur ou la victime de violence :

– si l'auteur des violences constatées ou alléguées est la personne à isoler ou placer en quarantaine, le préfet le place d'office dans un lieu d'hébergement adapté ;

– si c'est la victime de violence (directe ou indirecte) qui doit être isolée ou placée en quarantaine, deux situations sont prévues : soit l'éviction de l'auteur des violences est possible, auquel cas, la ou les victimes demeurent au domicile ; soit une telle éviction est impossible et le préfet propose un hébergement adapté à la ou aux victimes.

La loi et le décret prévoient que, lorsqu'une décision de mise en quarantaine, de placement et de maintien en isolement est susceptible de mettre en danger une ou plusieurs personnes, le préfet en informe sans délai le procureur de la République, aux fins notamment d'une éventuelle poursuite et saisine du juge aux affaires familiales.

Dommages résultant des mesures prises en application de l'article L. 3131-15. Voir le commentaire sous l'article L. 3131-20. ❑

1. Refus de renvoi d'une QPC concernant le 2° de l'art. L. 3131-15. Les dispositions de l'art. L. 3131-15 définissent avec une précision suffisante les interdictions qui peuvent être décidées par le Premier ministre, précisent que ces interdictions ne peuvent être édictées qu'« aux seules fins de garantir la santé publique », qu'elles doivent être « strictement proportionnées aux risques sanitaires encourus et appropriées aux circonstances de temps et de lieu », enfin qu'« il y est mis fin sans délai lorsqu'elles ne sont plus nécessaires ». Il s'ensuit que ces dispositions, à l'occasion de l'édiction desquelles il n'incombait pas au législateur de prescrire des mesures spécifiques à certaines catégories de la population, ne sont en tout état de cause pas entachées d'incompétence négative et qu'il n'y a pas lieu de renvoyer la question au Conseil constitutionnel. • CE, ord., 9 avr. 2020, n° 439895 B. ♦ Sur le refus de renvoyer une question prioritaire de constitutionnalité contre le 2° de l'art. L. 3131-15, qui permet de confiner tout ou partie du territoire national, au motif que la constitutionnalité du confinement n'est pas sérieusement contestable, V. • CE 22 juill. 2020, n° 440149 B : *AJDA 2020. 1509*.

2. Constitutionnalité de l'art. L. 3131-15. Les dispositions des 1°, 5° (sous réserve qu'elles ne s'étendent pas aux locaux à usage d'habitation) et 7° du paragraphe I, ainsi que celles des 1er et 3e à 7e al. du § 2 de l'art. L. 3131-15 sont conformes à la Constitution. • Cons. const. 11 mai 2020, n° 2020-800 DC : *Gaz. Pal., 2 juin 2016, n° 20, p. 16, note Gicquel ; LDFP, 1er juin 2020, n° 6, p. 1, obs. Larralde.*

3. Prescription, production et constitution de stocks d'hydroxychloroquine et d'azithromycine. Par les Décr. n° 2020-314 du 25 mars 2020 et n° 2020-337 du 26 mars 2020, le Premier ministre a, d'une part, permis la prescription de l'hydroxychloroquine aux patients atteints de covid-19 pris en charge dans un établissement de santé, sous la responsabilité du médecin prescripteur et dans le respect des recommandations du Haut Conseil de la santé publique, notamment quant au développement de la pathologie et, d'autre part, limité l'usage de la spécialité pharmaceutique en médecine de ville, en interdisant sa dispensation en pharmacie d'officine en dehors des indications de son autorisation de mise sur le marché. De telles mesures, entrant dans le champ des dispositions de l'art. L. 3131-15 et conformes aux préconisations du Haut Conseil de la santé publique, à défaut de données acquises de la science à ce jour, sont susceptibles d'évolution dans des délais très rapides, conformément aux déclarations du ministre des Solidarités et de la Santé, au vu des premiers résultats de l'essai clinique européen baptisé « Discovery » lancé le 22 mars 2020. Dans ces conditions, le choix de ces mesures ne peut être regardé, en l'état de l'instruction, comme portant une atteinte grave et manifestement illégale au droit au respect de la vie et au droit de recevoir, sous réserve de son consentement libre et éclairé, les traitements et les soins appropriés à son état de santé tels qu'appréciés par le médecin. • CE, ord., 28 mars 2020, n° 439765 B : *AJDA 2020. 700*. ♦ Et • CE, ord., 28 mars 2020, n° 439726 : *AJDA 2020. 700*. ♦ Sur le refus de suspendre le Décr. n° 2020-630 du 26 mai 2020 modifiant le Décr. n° 2020-548 du 11 mai 2020 en tant qu'il abroge la possibilité pour les médecins hospitaliers de prescrire l'hydroxychloroquine pour les malades atteints du virus covid-19, V. • CE, ord., 16 juill. 2020, n° 441752.

4. Droit de toute personne à recevoir des traitements appropriés à son état de santé. Une carence caractérisée d'une autorité administrative dans l'usage des pouvoirs que lui confère la loi pour mettre en œuvre le droit de toute personne de recevoir, sous réserve de son consentement libre et éclairé, les traitements et les soins appropriés à son état de santé, tels qu'appréciés par le médecin, peut faire apparaître, pour l'application de ces dispositions, une atteinte grave et manifestement illégale à une liberté fondamentale lorsqu'elle risque d'entraîner une altération grave de l'état de santé de la personne intéressée. En revanche, si l'autorité administrative est en droit, lorsque des incertitudes subsistent quant à l'existence ou à la portée de risques pour la santé des personnes, de prendre des mesures de protection sans avoir à attendre que la réalité et la gravité de ces risques soient pleinement démontrées, l'existence de telles incertitudes fait, en principe, obstacle à ce que soit reconnue une atteinte grave et manifestement illégale à une liberté fondamentale, justifiant que le juge des référés fasse usage des pouvoirs qu'il tient de l'art. L. 521-2 CJA (à propos d'une demande de mesures visant à commander les doses nécessaires au traitement de l'épidémie de covid-19 par hydroxychloroquine et azithromycine). • CE, ord., 4 avr. 2020, n° 439904 B : *AJDA 2020. 1178, note Chicot*. ♦ V. égal., à propos d'une demande de suspension d'une disposition réservant l'usage de l'hydroxychloroquine aux cas les plus avancés ou les plus graves de covid-19 : • CE, ord., 7 avr. 2020, n° 439937.

5. Compétence du Premier ministre pour définir les conditions de prescription hors AMM d'une molécule. Si une mesure visant à sécuriser la prescription d'une spécialité dans une indication non conforme à son AMM est en principe régie par les dispositions de l'art. L. 5121-12-1, dès lors toutefois qu'elle se rapporte à la mise à la disposition des patients de médicaments appropriés pour l'éradication de la catastrophe sanitaire, elle est au nombre de celles que le Premier ministre est compétent pour prendre en vertu du 9° de l'art. L. 3131-15 pendant la durée d'application de cet art. • CE, ord., 15 avr. 2020, n° 439948 : *JCP 4 mai 2020, n° 565, Actu. Vialla*. ♦ V. égal. • CE, ord., 9 juill. 2020, n° 441521.

6. Prescription hors AMM dans le cadre de l'état d'urgence sanitaire. V. ss. art. L. 5121-12-1.

7. Mesures de protection des résidents et des personnels des établissements sociaux et médico-sociaux. L'absence de dépistage systématique des résidents, personnels et intervenants au sein des EHPAD ne constitue pas une carence caractérisée portant une atteinte grave et manifestement illégale à une liberté fondamentale de la part des autorités administratives, compte tenu des moyens dont elles disposent et des mesures déjà prises. • CE, ord., 15 avr. 2020, n° 440002 B : *JCP, n° 17, 27 avr. 2020, p. 526, veille Reynier et Vialla ; RDSS 2020. 605, obs. Curier-Roche*. ♦ Il en va de même s'agissant de la mise à disposition de masques de protection à l'ensemble des personnes concernées. • Même ord. ♦ Sur le rejet d'une demande de séparation stricte des personnes atteintes de la covid-19 et de celles qui ne le sont pas, avec un personnel dédié à chaque groupe de résidents d'un EHPAD, V. • CE, ord., 11 mai 2020, n° 440251 : *Gaz. Pal., n° 21, juin 2020, p. 46, Pan. Finck*. ♦ Sur le refus d'ordonner au Premier ministre, au ministre chargé de la santé et à l'Agence nationale de santé de prendre les mesures nécessaires pour permettre aux établissements sociaux et médico-sociaux de mettre à disposition des médecins libéraux de garde intervenant auprès de leurs résidents des équipements de protection nécessaires contre la maladie covid-19, V. • CE, ord., 26 juin 2020, n° 441014.

8. Mesures de protection du personnel soignant. Sur le refus d'enjoindre à l'État d'adopter les mesures réglementaires permettant de réquisitionner des masques ainsi que les mesures appropriées, pouvant prendre la forme de réquisitions, d'achats massifs, de mesures de soutien à la production de matériel, afin d'assurer la fourniture au personnel soignant, en quantité suffisante, de matériel de protection tels les masques visés à l'art. 12 du Décr. du 23 mars 2020, les surblouses et les lunettes de protection, V. • CE, ord., 22 mai 2020, n° 440321. ♦ V. égal. • CE, ord., 28 mars 2020, n° 439693 : *AJDA 2020. 700* • CE, ord., 5 mai 2020, n° 440229. ♦ Sur le rejet de la demande d'injonction de modifier la doctrine d'emploi des masques FFP2 et de doter un CHU d'un stock de masques suffisants, V. • CE, ord., 8 juin 2020, n° 440701.

9. Mesures de protection des personnels pénitentiaires et des détenus. Sur le refus d'enjoindre au Premier ministre et aux ministres compétents de prendre les mesures propres à assurer la protection suffisante des personnels pénitentiaires à l'égard des risques de contamination par la covid-19, V. • CE, ord., 8 avr. 2020, n° 439821 B : *LDFP, mai 2020, n° 5, p. 6, obs. Larralde*. ♦ Sur le refus que soit ordonné un certain nombre de mesures destinées à protéger les personnes détenues et à réduire le risque de contamination, V. • CE, ord., 8 avr. 2020, n° 439827 : *LDFP, mai 2020, n° 5, p. 6, obs. Larralde*. ♦ V. égal. • CE, ord., 14 avr. 2020, n° 439899 • CE, ord., 21 avr. 2020, n° 440007 • CE, ord., 22 avr. 2020, n° 440056 • CE, ord., 11 mai 2020, n° 440338 • CE 14 mai 2020, n° 440413 • CE 15 mai 2020, n° 440367 • CE, ord., 15 mai 2020, n° 440368. ♦ Sur l'injonction faite au ministre de la Justice et au chef d'établissement d'un centre pénitentiaire de fournir un masque de protection aux détenus lors des contacts avec des personnes extérieures, V. • CE, ord., 7 mai 2020, n° 440151 B : *AJDA 2020. 976 ; ibid. 1298, note Schmitz*.

10. Mesures de protection des avocats. Sur le refus d'enjoindre à l'État de fournir des masques de protection, gants, blouses de protection et gels hydroalcooliques aux avocats du barreau de Marseille dans l'exercice de leurs missions comme mesures de protection contre la covid-19, V. • CE, ord., 20 avr. 2020, n° 439983 : *AJDA 2020. 816*.

11. Placement en quarantaine. Si les mesures susceptibles de limiter l'exercice des droits et libertés fondamentaux doivent être nécessaires, adaptées et proportionnées à l'objectif de sauvegarde de la santé publique qu'elles poursuivent, l'Arr. n° 2020-108 du 14 avr. 2020, par lequel le préfet de la Guadeloupe (habilité à intervenir par l'art. 5-1 du Décr. n° 2020-293 du 23 mars 2020) a décidé le placement en quarantaine stricte, pour une durée de quatorze jours, des personnes entrant en Guadeloupe en provenance de Paris, de Fort-de-France et de Cayenne, hors cas de transit, dans des structures d'hébergement de type hôtelier, ne constitue pas, en l'état de l'instruction, eu égard à la situation sanitaire résultant actuellement de l'épidémie de covid-19 sur ce territoire et aux exigences tenant à la sauvegarde de la santé de la population, une mesure inadaptée ou disproportionnée au regard de l'objectif de sauvegarde de la santé publique. • CE, ord., 5 mai 2020, n° 440288 : *AJDA 2020. 916*.

12. Interdiction des rassemblements sur la voie publique. Sur la suspension de l'exécution du I de l'art. 3 du Décr. n° 2020-663 du 31 mai 2020 relatif à l'interdiction des manifestations sur la voie publique, la mesure n'étant pas nécessaire et adaptée et, ce faisant, proportionnée à l'objectif de préservation de la santé publique qu'elle poursuit, V. • CE, ord., 13 juin 2020, n° 440846. ♦ Sur la suspension de l'exécution des dispositions du I et du II *bis* de l'art. 3 du Décr. n° 2020-663 du 31 mai 2020, en tant qu'elles s'appliquent aux manifestations sur la voie publique soumises à déclaration préalable, V. • CE, ord., 6 juill. 2020, n° 441257 : *AJDA 2020. 1385*.

13. Centre de rétention administrative. Sur le refus d'enjoindre la fermeture des centres de rétention administrative, V. • CE, ord., 27 mars 2020, n° 439720 B. ♦ Sur le maintien en rétention des étrangers testés positifs au covid-19, V. • CE, ord., 7 mai 2020, n° 440255 B : *AJDA 2020. 974*.

14. Marchés alimentaires. Sur le refus d'enjoindre à l'État d'autoriser, par principe, la tenue des marchés alimentaires couverts et de plein air sur l'ensemble du territoire national, V. • CE, ord., 1er avr. 2020, n° 439762.

15. Dérogation à l'obligation de confinement – usage du vélo. La faculté de se déplacer en utilisant un moyen de locomotion dont l'usage est autorisé (en l'espèce, un vélo) constitue, au titre de la liberté d'aller et venir et du droit de chacun au respect de sa liberté personnelle, une liberté fondamentale. • CE, ord., 30 avr. 2020, n° 440179 B : *AJDA 2020. 919*. ♦ ... Ainsi, l'usage du vélo, pour l'un des huit motifs de déplacement autorisés, ne saurait à lui seul caractériser une violation de l'interdiction de déplacement. • Même ord.

16. Dispositions encadrant les réunions et rassemblements dans les lieux de culte. S'agissant des dispositions encadrant les réunions et rassemblements dans les établissements de culte, dans le contexte de saturation des structures hospitalières et au vu de l'intérêt public qui s'attache aux mesures de confinement, la condition d'urgence prescrite dans le cadre du référé liberté fondamentale n'est pas remplie. • CE, ord., 30 mars 2020, n° 439809. ♦ En revanche, dans un contexte de déconfinement, ces mêmes dispositions sont disproportionnées, ce qui justifie qu'il soit enjoint au Premier ministre de les modifier, dans un délai de huit jours. • CE, ord., 18 mai 2020, n° 440366 : *AJDA 2020. 1032* ; *ibid. 1733, note Rambaud* ; *D. 2020. 1110*.

17. Manifestations sur la voie publique. Sur la suspension de l'interdiction générale de manifester découlant de l'art. 3 du Décr. n° 2020-663 du 31 mai 2020, V. • CE, ord., 13 juin 2020, nos 440846, 440856 et 441015 : *AJDA 2020. 1198* ; *D. 2020. 1303*. ♦ Sur la suspension de l'interdiction de manifester découlant du Décr. n° 2020-724 du 14 juin 2020 (qui, tout en réitérant l'interdiction prévue dans le Décr. du 31 mai 2020, soumet les manifestations à autorisation du préfet de département, l'autorisation étant conditionnée au fait que l'organisation de la manifestation permette le respect des « mesures barrières »), V. • CE, ord., 6 juill. 2020, n° 441257 : *préc.*

18. Réquisitions. Sur le refus d'enjoindre à l'État de procéder à de nouvelles réquisitions concernant les masques de protection et les matières premières nécessaires à leur fabrication, V. • CE, ord., 28 mars 2020, nos 439726 et 439693 : *AJDA 2020. 700*. ♦ Sur le refus de faire augmenter la production nationale d'appareils de ventilation artificielle, V. • CE, ord., 31 mars 2020, n° 439870. ♦ Sur le refus d'enjoindre à l'État de faire augmenter la production nationale de masques et de tests de dépistage, V. • CE, ord., 29 mars 2020, n° 439798. ♦ Sur le refus d'enjoindre à l'État de procéder au rachat de deux entreprises en difficulté, l'une fabriquant de la chloroquine, l'autre des bouteilles susceptibles de contenir l'oxygène nécessaire pour alimenter les appareils de réanimation, V. • Même ord.

Art. L. 3131-16 Dans les circonscriptions territoriales où l'état d'urgence sanitaire est déclaré, le ministre chargé de la santé peut prescrire, par arrêté motivé, toute mesure réglementaire relative à l'organisation et au fonctionnement du dispositif de santé, à l'exception des mesures prévues à l'article L. 3131-15, visant à mettre fin à la catastrophe sanitaire mentionnée à l'article L. 3131-12.

Dans les mêmes conditions, le ministre chargé de la santé peut prescrire toute mesure individuelle nécessaire à l'application des mesures prescrites par le Premier ministre en application des 1° à 9° *(L. n° 2020-546 du 11 mai 2020, art. 4)* « du I » de l'article L. 3131-15.

Les mesures prescrites en application du présent article sont strictement nécessaires et proportionnées aux risques sanitaires encourus et appropriées aux circonstances de temps et de lieu. Il y est mis fin sans délai lorsqu'elles ne sont plus nécessaires.

COMMENTAIRE

Réagencement des pouvoirs et des compétences. Le régime de l'état d'urgence sanitaire réorganise la répartition des compétences entre les autorités chargées de répondre à la situation. Il se caractérise par l'exercice, par le Premier ministre, d'un pouvoir réglementaire étendu, en vertu de l'article L. 3131-15 du code de la santé publique (V. comm. ss. art. L. 3131-15) et, dans une moindre mesure, par le ministre en charge de la santé conformément à l'article L. 3131-16.

La bascule, par rapport au dispositif existant en cas de menace sanitaire prévue à l'article L. 3131-1 est particulièrement nette. Rappelons que ce dernier permet au seul ministre chargé de la santé de prendre les mesures réglementaires et individuelles exigées, sous réserve des réquisitions relevant du Premier ministre et des préfets. Au contraire, l'état d'urgence sanitaire ouvre au Premier ministre la possibilité de prendre les mesures les plus restrictives pour les libertés et de procéder aux réquisitions (V. comm. ss. art. L. 3131-15), le ministre chargé de la santé ayant, pour sa part, sur le fondement de l'article L. 3131-16, alinéa 1er, la faculté de prescrire, par arrêté motivé, toute mesure réglementaire relative à l'organisation et au fonctionnement du dispositif de santé, à l'exception de celles prévues à l'article L. 3131-15 relevant de la compétence du Premier ministre. Ainsi, le ministre en charge de la santé ne dispose pas de la compétence pour prendre des mesures générales restrictives de liberté. En revanche, l'article L. 3131-16, alinéa 2, l'autorise à prescrire toute mesure individuelle nécessaire à l'application des décisions prises par le Premier ministre sur le fondement de l'article L. 3131-15.

A titre d'illustration des mesures réglementaires relatives à l'organisation et au fonctionnement du dispositif de santé prises par le ministre en charge de la santé, il est possible de citer, sans exhaustivité :

– l'autorisation pour les pharmacies de fabriquer du gel hydroalcoolique et l'organisation d'un réseau de distribution des masques de protection par les pharmacies dans le respect des priorités définies au niveau national pour faire face à la crise sanitaire (Arr. du 23 mars 2020) ;

– l'organisation de la prise en charge par télésanté des patients suspectés d'infection ou reconnus covid-19 et l'utilisation des structures médicales et moyens de transport militaires (Arr. du 23 mars 2020) ;

– la réalisation de soins à distance par le télésoin pour les actes d'orthophonie (Arr. du 25 mars 2020), les actes des sages-femmes libérales (Arr. du 31 mars 2020), les activités d'ergothérapeute et de psychomotricien ainsi que pour la première prise des médicaments nécessaires à la réalisation d'une interruption volontaire de grossesse et la prescription des médicaments nécessaires à la réalisation d'une interruption volontaire de grossesse par voie médicamenteuse qui peut être réalisée jusqu'à la fin de la septième semaine de grossesse (Arr. du 14 avr. 2020), ou encore la réalisation de certains actes de masso-kinésithérapie (Arr. du 16 avr. 2020) ;

– la prolongation de la durée de validité des ordonnances médicales (Arr. du 31 mars 2020) ;

– les aménagements destinés à faciliter l'hospitalisation à domicile (Arr. du 1er avr. 2020) ;

— l'autorisation, pour les pharmacies à usage intérieur, de délivrer la spécialité pharmaceutique à base de belatacept (Arr. du 2 avr. 2020) ;

– l'autorisation de prolonger les contrats des stagiaires hospitaliers qui ont obtenu leur doctorat à l'étranger (Arr. du 16 avr. 2020) ;

– l'autorisation pour le groupement d'intérêt public « Plateforme des données de santé » et la Caisse nationale de l'assurance maladie de recevoir et collecter des données à caractère personnel supplémentaires, en vue de suivre et d'anticiper les évolutions de l'épidémie (Arr. du 21 avr. 2020) ;

– l'adaptation des règles d'entreposage des déchets d'activités de soins à risques infectieux (Arr. du 18 avr. 2020).

S'agissant de l'arrêté du 14 avril 2020, par lequel le ministre des Solidarités et de la Santé a édicté des mesures aux fins d'adapter durant cette période les modalités de l'interruption volontaire de grossesse par voie médicamenteuse pratiquée en dehors d'un établissement de santé, il a été jugé que les dispositions de l'article L. 3131-16 du code de la santé publique l'habilitent, durant l'état d'urgence sanitaire et dans les circonscriptions territoriales où il est déclaré, à prescrire toute mesure réglementaire nécessaire pour adapter, de façon temporaire, l'organisation et le fonctionnement du dispositif de santé pour répondre à la situation sanitaire causée par la catastrophe mentionnée à l'article L. 3131-12, y compris en matière de médicaments, dès lors qu'il ne s'agit pas de médicaments destinés à éradiquer l'épidémie à l'origine de cette catastrophe pour lesquels, en vertu du 9° de l'article L. 3131-15 du même code, la compétence est dévolue au Premier ministre (CE, ord., 22 mai 2020, n°s 440216 et 440317 : *AJDA 2020. 1084*).

Une fois que l'état d'urgence sanitaire prend fin, le ministre chargé de la santé retrouve une compétence au titre de l'article L. 3131-1, afin d'assurer la disparition durable de la situation de crise sanitaire (V. comm. ss. art. L. 3131-1).

Notons enfin qu'à l'échelon local, le préfet territorialement compétent ou, à Paris, le préfet de police, peuvent, pour leur part, être habilités, soit par le Premier ministre, soit par le ministre chargé de la santé, selon la nature de la décision prise, à prendre les mesures générales ou individuelles d'application de ces dispositions, en vertu de l'article L. 3131-17 du code de la santé publique (V. comm. ss. art. L. 3131-17).

Nature de la police dévolue aux autorités de l'État. Le Conseil d'État (CE, ord., 17 avr. 2020, n° 440057 B : *AJDA 2020. 815* ; *ibid. 1013, note Faure* ; *LPA 26 juin 2020, n° 128, p. 22, note Tap ; RGD 2020, n° 51871, note Cossalter*) a jugé que la police dévolue aux autorités de l'État par le régime de l'état d'urgence sanitaire est une police spéciale. Elle donne compétence à ces autorités pour édicter les mesures générales ou individuelles destinées à mettre fin à une catastrophe sanitaire telle que l'épidémie de covid-19, en vue, notamment, d'assurer, compte tenu des données scientifiques disponibles, leur cohérence et leur efficacité sur l'ensemble du territoire concerné et de les adapter en fonction de l'évolution de la situation.

Concours de la police spéciale de l'état d'urgence sanitaire avec la police générale. Le juge administratif (CE, ord., 17 avr. 2020, n° 440057 B : *préc.*) a précisé comment la police spéciale de l'état d'urgence sanitaire s'articulait avec le pouvoir de police générale du maire. Ce dernier est fondé, au visa des articles L. 2212-1 et L. 2212-2 du code général des collectivités territoriales, à prendre les mesures de police générale nécessaires au bon ordre, à la sûreté, à la sécurité et à la salubrité publiques dans sa commune et peut, le cas échéant, à ce titre, prendre des dispositions destinées à contribuer à la bonne application, sur le territoire de la commune, des mesures décidées par les autorités compétentes de l'État, notamment en interdisant, au vu des circonstances locales, l'accès à des lieux où sont susceptibles de se produire des rassemblements. En revanche, la police spéciale de l'état d'urgence sanitaire fait obstacle, pendant la période où elle trouve à s'appliquer, à ce que le maire prenne au titre de son pouvoir de police générale des mesures destinées à lutter contre la catastrophe sanitaire, à moins que des raisons impérieuses liées à des circonstances locales en rendent l'édiction indispensable et à condition de ne pas compromettre, ce faisant, la cohérence et l'efficacité de celles prises dans ce but par les autorités compétentes de l'État.

Cette ordonnance, qui conditionne l'intervention du maire à des circonstances locales particulières, n'est pas sans rappeler la jurisprudence *Société les Films Lutetia* (CE, sect., 18 déc. 1959 : *GAJA 22e éd. 2019, n° 71*). Toutefois, le juge des référés se montre plus exigeant, dans la mesure où l'existence de circonstances locales particulières ne peut, à elle seule, justifier l'intervention du maire et qu'il est, de surcroît, nécessaire pour l'autorité communale, si elle veut agir, de faire état de raisons impérieuses propres à la commune. Par ailleurs, une ultime condition est requise pour valider la mesure de police générale : le juge exige que la mesure édictée par le maire ne soit pas susceptible de compromettre la cohérence et l'efficacité des mesures prises par l'État au titre de ses pouvoirs de police spéciale. Cette dernière condition peut surprendre, dans la mesure où elle est de nature strictement politique et où elle ne donne lieu à aucune appréciation d'ordre juridique. De ce fait, elle interdit à toute autorité de police locale de prendre une mesure de lutte contre le coronavirus qui n'aurait pas été validée à l'échelon central.

Encadrement de l'intervention des autorités de police. L'article L. 3131-16 du code de la santé publique prévoit des garanties identiques à celles instituées pour les décisions du Premier ministre pour encadrer celles édictées par le ministre chargé de la santé à l'occasion de l'état d'urgence sanitaire.

Tout d'abord, elles doivent répondre à un objectif clairement défini : elles ne peuvent intervenir que pour garantir la santé publique. En référence à l'article L. 1411-1 du code de la santé publique, qui définit la politique de santé comme celle tendant à assurer la promotion de conditions de vie favorables à la santé, l'amélioration de l'état de santé de la population, la réduction des inégalités sociales et territoriales et l'égalité entre les femmes et les hommes et à garantir la meilleure sécurité sanitaire possible et l'accès effectif de la population à la prévention et aux soins, une mesure destinée à garantir la santé publique pourrait être présentée comme celle qui s'inscrit dans la politique de santé, dont l'objet est fixé à l'article L. 1411-1.

Ensuite, elles doivent être strictement proportionnées aux risques sanitaires encourus et appropriées aux circonstances de temps et de lieu. Le ministre en charge de la santé doit donc nécessairement établir si, localement, le risque sanitaire justifie les restrictions aux libertés, sans que l'ensemble du territoire national soit nécessairement concerné. Ces exigences renvoient à la jurisprudence *Benjamin* (CE 19 mai 1933 : *GAJA 22e éd., 2019, n° 42*). Reste que, face à l'épidémie de covid-19, il n'est pas interdit de craindre que la recherche de l'efficacité prime sur l'exigence de proportionnalité, dans une logique sécuritaire.

Enfin, il convient de mettre fin sans délai aux mesures prises lorsqu'elles ne sont plus nécessaires.

Les mesures adoptées par les préfets au titre de l'article L. 3131-17 du code de la santé publique sont, quant à elles, encadrées par ce même article (V. comm. ss. art. L. 3131-17).

Dommages résultant des mesures prises en application de l'article L. 3131-16. Voir le commentaire sous l'article L. 3131-20.

Non-respect des mesures de réquisitions adoptées par le ministre chargé de la santé. Voir le commentaire sous l'article L. 3136-1. ❑

1. Refus de transmission d'une QPC. Sur le refus par le Conseil d'État de renvoyer au Conseil constitutionnel la question de la conformité aux droits et libertés que la Constitution garantit de l'art. L. 3131-16, V. • CE, ord., 10 juill. 2010, n° 441549.

2. Compétence du ministre en charge de la santé. Sur le fondement de l'art. L. 3131-16, le ministre en charge de la santé est habilité, durant l'état d'urgence sanitaire, et dans les circonscriptions territoriales où il est déclaré, à prescrire toute mesure règlementaire nécessaire pour adapter, de façon temporaire, l'organisation et le fonctionnement du dispositif de santé en vue de répondre à la situation sanitaire causée par la catastrophe mentionnée à l'art. L. 3131-12, y compris pour modifier des dispositions législatives et réglementaires du code de la santé publique s'y rapportant. • CE, ord., 10 juill. 2020, n° 441549. ♦ V. égal., • CE, ord., 10 juill. 2020, n° 441316 et • CE, ord., 19 juin 2020, n° 441199.

3. Autorité compétente pour aménager les conditions de réalisation des IVG médicamenteuses. Les dispositions de l'art. L. 3131-16 habilitent, durant l'état d'urgence sanitaire et dans les circonscriptions territoriales où il est déclaré, le ministre chargé de la Santé à prescrire toute mesure réglementaire nécessaire pour adapter, de façon temporaire, l'organisation et le fonctionnement du dispositif de santé pour répondre à la situation sanitaire causée par la catastrophe mentionnée à l'art. L. 3131-12, y compris en matière de médicaments, dès lors qu'il ne s'agit pas de médicaments destinés à éradiquer l'épidémie à l'origine de cette catastrophe pour lesquels, en vertu du 9° de l'art. L. 3131-15, la compétence est dévolue au Premier ministre. • CE, ord., 22 mai 2020, n° 440216 : *AJDA 2020. 1084*. ♦ Le ministre chargé de la Santé est donc compétent pour aménager les conditions de réalisation des IVG médicamenteuses en permettant le recours à des téléconsultations, dès lors que cet aménagement est de nature à contribuer à la diminution de la circulation de la covid-19 et à ce que la catastrophe sanitaire prenne fin. • Même ord.

4. Restriction de la vente en ligne de spécialités pharmaceutiques dans le cadre de l'état d'urgence sanitaire. Sur le rejet d'une requête demandant la suspension de l'exécution des dispositions de l'Arr. du 23 avr. 2020 en ce qu'il fait obstacle, dans le cadre de l'état d'urgence sanitaire, à la vente par internet de spécialités pharmaceutiques contenant de la nicotine : • CE, réf., 8 mai 2020, n° 440387. ♦ Sur le rejet d'une requête visant à suspendre l'exécution des dispositions de l'Arr. du 23 mars 2020 interdisant, dans le cadre de l'état d'urgence sanitaire, la vente en ligne de spécialités composées exclusivement de paracétamol, d'ibuprofène ou d'aspirine : • CE, réf., 2 juin 2020, n° 440732.

Art. L. 3131-17 *(L. nº 2020-546 du 11 mai 2020, art. 5)* « I. – » Lorsque le Premier ministre ou le ministre chargé de la santé prennent des mesures mentionnées aux articles L. 3131-15 et L. 3131-16, ils peuvent habiliter le représentant de l'État territorialement compétent à prendre toutes les mesures générales ou individuelles d'application de ces dispositions.

Lorsque les mesures prévues aux *(L. nº 2020-546 du 11 mai 2020, art. 5)* « 1º, 2º et 5º à 9º du I » de l'article L. 3131-15 et à l'article L. 3131-16 doivent s'appliquer dans un champ géographique qui n'excède pas le territoire d'un département, les autorités mentionnées aux mêmes articles L. 3131-15 et L. 3131-16 peuvent habiliter le représentant de l'État dans le département à les décider lui-même. Les décisions sont prises par ce dernier après avis du directeur général de l'agence régionale de santé.

(L. nº 2020-546 du 11 mai 2020, art. 5) « II. – Les mesures individuelles ayant pour objet la mise en quarantaine et les mesures de placement et de maintien en isolement sont prononcées par décision individuelle motivée du représentant de l'État dans le département sur proposition du directeur général de l'agence régionale de santé. Cette décision mentionne les voies et délais de recours ainsi que les modalités de saisine du juge des libertés et de la détention.

« Le placement et le maintien en isolement sont subordonnés à la constatation médicale de l'infection de la personne concernée. Ils sont prononcés par le représentant de l'État dans le département au vu d'un certificat médical.

« Les mesures mentionnées au premier alinéa du présent II peuvent à tout moment faire l'objet d'un recours par la personne qui en fait l'objet devant le juge des libertés et de la détention dans le ressort duquel se situe le lieu de sa quarantaine ou de son isolement, en vue de la mainlevée de la mesure. Le juge des libertés et de la détention peut également être saisi par le procureur de la République territorialement compétent ou se saisir d'office à tout moment. Il statue dans un délai de soixante-douze heures par une ordonnance motivée immédiatement exécutoire.

« Les mesures mentionnées au même premier alinéa ne peuvent être prolongées au-delà d'un délai de quatorze jours qu'après avis médical établissant la nécessité de cette prolongation.

« Lorsque la mesure interdit toute sortie de l'intéressé hors du lieu où la quarantaine ou l'isolement se déroule, elle ne peut se poursuivre au-delà d'un délai de quatorze jours sans que le juge des libertés et de la détention, préalablement saisi par le représentant de l'État dans le département, ait autorisé cette prolongation.

« Un décret en Conseil d'État précise les conditions d'application du présent II. Ce décret définit les modalités de la transmission au préfet du certificat médical prévu au deuxième alinéa du présent II. Il précise également les conditions d'information régulière de la personne qui fait l'objet de ces mesures.

« III. – » Les mesures générales et individuelles édictées par le représentant de l'État dans le département en application du présent article sont strictement nécessaires et proportionnées aux risques sanitaires encourus et appropriées aux circonstances de temps et de lieu. Les mesures individuelles font l'objet d'une information sans délai du procureur de la République territorialement compétent.

SECTION PREMIÈRE **DISPOSITIONS PARTICULIÈRES APPLICABLES À PARIS**

(Décr. nº 2020-610 du 22 mai 2020, art. 1er, applicable jusqu'au 1er avr. 2021).

Art. R.* 3131-18 *(Décr. nº 2020-350 du 27 mars 2020, art. 1er et 2, applicable jusqu'au 1er avr. 2021)* Les attributions dévolues au représentant de l'État dans le département par l'article L. 3131-17 sont exercées à Paris par le préfet de police.

SECTION II **MESURES AYANT POUR OBJET LA MISE EN QUARANTAINE ET MESURES DE PLACEMENT ET DE MAINTIEN EN ISOLEMENT**

(Décr. nº 2020-610 du 22 mai 2020, art. 1er, applicable jusqu'au 1er avr. 2021)

Art. R. 3131-19 I. – Sous réserve des compétences du préfet de police mentionnées à l'article 73-1 du décret nº 2004-374 du 29 avril 2004 relatif aux pouvoirs des préfets, à l'organisation et à l'action des services de l'État dans les régions et départements, le représentant de l'État dans le département compétent pour prononcer les mesures mentionnées au premier alinéa du II de l'article L. 3131-17 est le préfet compétent pour le lieu d'entrée de la personne sur le territoire national ou de son arrivée en Corse ou dans l'une des collectivités mentionnées à l'article 72-3 de la Constitution.

II. – Le préfet peut ordonner, par décision individuelle motivée prise sur proposition du directeur général de l'agence régionale de santé, des mesures de mise en quarantaine ou de placement en isolement.

Il peut, dans les mêmes conditions, et après avis médical établissant la nécessité de la prolongation, renouveler la mesure de mise en quarantaine ou de placement en isolement, lorsqu'elle n'interdit pas toute sortie de l'intéressé hors du lieu où la quarantaine ou l'isolement se déroule, et ne lui impose pas de demeurer à son domicile ou dans son lieu d'hébergement pendant une plage horaire de plus de douze heures par jour.

Lorsqu'il propose un placement en isolement le directeur général de l'agence régionale de santé accompagne sa proposition du certificat médical mentionnant que la personne est diagnostiquée porteuse du virus covid-19.

III. – La décision de mise en quarantaine ou de placement en isolement fixe les conditions d'exécution de la mesure, notamment :

1° Le lieu d'exécution de la mesure ;

2° La durée de la mesure ;

3° Les restrictions ou interdictions de sortie et les conditions auxquelles elles sont subordonnées ;

4° Les conditions permettant la poursuite de la vie familiale ;

5° Les adaptations nécessaires, le cas échéant, à la situation particulière des mineurs.

Lorsque les conditions d'exécution de la mesure interdisent toute sortie du domicile ou du lieu d'hébergement, la décision précise les conditions permettant de garantir à la personne concernée un accès aux biens et services de première nécessité, ainsi qu'à des moyens de communication téléphonique et électronique lui permettant de communiquer librement avec l'extérieur.

Lorsque la mesure concerne des personnes et enfants victimes ou alléguant être victimes des violences mentionnées à l'article 515-9 du code civil, la décision fixe les mesures de nature à garantir leur sécurité.

IV. – La décision de mise en quarantaine ou la décision de placement en isolement, accompagnée dans ce dernier cas du certificat médical mentionné au II de l'article R. 3131-19, ainsi que ses conditions d'exécution, sont notifiées à la personne qui fait l'objet de la mesure. Dans les cas mentionnés à l'article R. 3131-22, cette notification est adressée également, selon le cas, au titulaire de l'exercice de l'autorité parentale, au tuteur ou à la personne chargée de la mesure de protection.

La notification comporte l'indication des voies et délais de recours, des modalités de saisine du juge des libertés et de la détention, des effets attachés à ses décisions, et des conditions de son intervention en cas *[de]* demande de prolongation par le préfet de la mesure de mise en quarantaine ou de placement à l'isolement au-delà de quatorze jours, selon les règles fixées à l'article R. 3131-23.

V. – Le directeur général de l'agence régionale de santé est chargé de l'information régulière et de l'organisation du suivi médical des personnes faisant l'objet d'une quarantaine ou d'un placement en isolement. A cette fin il organise un suivi téléphonique régulier de ces personnes. Il les informe de la possibilité de bénéficier d'un accompagnement social, médical ou médico-psychologique.

Il tient le préfet informé de son action.

VI. – Le préfet peut, dans les conditions prévues au II, mettre fin à une mesure d'isolement avant son terme lorsqu'un avis médical établit que l'état de santé de l'intéressé le permet.

Art. R. 3131-20 I. – La personne mise en quarantaine ou placée à l'isolement en application du II de l'article L. 3131-17, ainsi que le ministère public, peuvent à tout moment demander au juge des libertés et de la détention la mainlevée de la mesure de quarantaine ou d'isolement.

Le juge est saisi par requête adressée au greffe par tout moyen. A peine d'irrecevabilité, la requête est motivée et signée. Elle est accompagnée de toute pièce justificative utile.

Le greffe la transmet sans délai au préfet.

II. – Le juge des libertés et de la détention peut également se saisir d'office à tout moment. A cette fin, toute personne intéressée peut porter à sa connaissance les informations qu'elle estime utiles sur la situation d'une personne faisant l'objet d'une mise en quarantaine ou d'un placement à l'isolement en application du II de l'article L. 3131-17.

III. – Dans les deux cas, le juge des libertés et de la détention statue selon une procédure écrite. Le juge peut décider de recourir à des moyens audiovisuels ou téléphoniques, à condition que la confidentialité de la transmission et le contradictoire soient assurés.

Les parties peuvent échanger leurs écritures et leurs pièces par tout moyen dès lors que le juge peut s'assurer du respect du contradictoire.

La personne mise en quarantaine ou placée à l'isolement peut être représentée par un avocat choisi, désigné au titre de l'aide juridictionnelle ou commis d'office. Elle peut être assistée d'un interprète.

La personne qui fait l'objet de la mesure et, le cas échéant, son avocat ainsi que le ministère public et le préfet, peuvent adresser des observations au juge des libertés et de la détention. La décision du juge des libertés et de la détention leur est notifiée sans délai par tout moyen permettant d'en assurer la réception.

Art. R. 3131-21 L'ordonnance du juge des libertés et de la détention est susceptible d'appel devant le premier président de la cour d'appel ou son délégué dans les cinq jours de sa notification. Le premier président de la cour d'appel ou son délégué statue alors à bref délai. Les dispositions de l'article R. 3131-20 s'appliquent devant la cour d'appel.

Art. R. 3131-22 Lorsque la personne qui fait l'objet de la mesure est mineure, les droits mentionnés aux articles R. 3131-20 et R. 3131-24 sont exercés par les titulaires de l'exercice de l'autorité parentale ou le tuteur. Lorsqu'elle est majeure et fait l'objet d'une mesure de protection juridique avec assistance ou représentation à la personne, ils sont exercés par la personne bénéficiant de cette mesure ou par la personne qui en est chargée.

L'information prévue par le dernier alinéa de l'article R. 3131-23 est également délivrée à ces personnes.

Art. R. 3131-23 Sur proposition du directeur général de l'agence régionale de santé, le préfet saisit le juge des libertés et de la détention aux fins de prolongation de la mesure de mise en quarantaine ou de placement à l'isolement au-delà de quatorze jours en application du cinquième alinéa du II de l'article L. 3131-17 dès lors que la mesure de mise en quarantaine ou de placement en isolement interdit toute sortie de l'intéressé hors du lieu où la quarantaine ou l'isolement se déroule ou impose à l'intéressé de demeurer à son domicile ou dans son lieu d'hébergement pendant une plage horaire de plus de douze heures par jour.

A peine d'irrecevabilité, la demande est présentée au plus tard le dixième jour de la mesure. Sous la même sanction, elle est motivée, datée, signée et accompagnée de l'avis médical établissant la nécessité de cette prolongation et, lorsque cette dernière a pour objet une mesure d'isolement, le certificat médical ayant justifié le placement à l'isolement. Elle comporte en outre toute pièce justificative utile.

La demande est adressée par tout moyen au greffe du tribunal qui l'enregistre et y appose, ainsi que sur les pièces jointes, un timbre indiquant la date et l'heure de la réception.

Le préfet communique sans délai, par tout moyen, une copie de la requête et des pièces qui y sont jointes à la personne faisant l'objet de la mesure et l'informe qu'elle peut présenter des observations écrites au plus tard le douzième jour de la mesure.

Art. R. 3131-24 Au plus tard le douzième jour de la mesure, la personne qui en fait l'objet et, le cas échéant, son avocat ainsi que le ministère public, peuvent adresser des observations au juge des libertés et de la détention.

A l'issue de ce délai, le juge des libertés et de la détention statue selon une procédure exclusivement écrite. Le juge peut décider de recourir à des moyens audiovisuels ou téléphoniques, à condition que la confidentialité de la transmission et le contradictoire soient assurés.

Les parties peuvent échanger leurs écritures et leurs pièces par tout moyen dès lors que le juge peut s'assurer du respect du contradictoire.

La personne mise en quarantaine ou placée à l'isolement peut être représentée par un avocat choisi, désigné au titre de l'aide juridictionnelle ou commis d'office. Elle peut être assistée d'un interprète.

Le juge des libertés et de la détention statue avant l'expiration du délai de quatorze jours à compter du placement en quarantaine ou à l'isolement.

Il ordonne, s'il y a lieu, la mainlevée de la mesure de quarantaine ou d'isolement.

La décision est notifiée aux personnes mentionnées au premier aliéna et au préfet sans délai par tout moyen permettant d'en établir la réception.

Les dispositions des articles R. 3131-20 à R. 3131-22 sont applicables pendant la période au cours de laquelle la mesure de quarantaine ou d'isolement est prolongée au-delà de 14 jours.

Art. R. 3131-25 Lorsque le juge des libertés et de la détention n'a pas statué avant l'expiration du délai de quatorze jours prévu à l'article R. 3131-24, la mainlevée de la mesure de quarantaine ou d'isolement est acquise à l'issue ce délai.

COMMENTAIRE

Réagencement des pouvoirs et des compétences. Le régime de l'état d'urgence sanitaire réorganise la répartition des compétences entre les autorités chargées de répondre à la situation. Il se caractérise par l'exercice, par le Premier ministre, d'un pouvoir réglementaire étendu, en vertu de l'article L. 3131-15 du code de la santé publique (V. comm. ss. art. L. 3131-15) et, dans une moindre mesure, par le ministre en charge de la santé conformément à l'article L. 3131-16 du même code (V. comm. ss. art. L. 3131-16). Cette police spéciale étatique trouve son prolongement à l'échelon local en la personne du préfet de département (ou, à Paris, le préfet de police).

En effet, selon l'article L. 3131-17, le préfet territorialement compétent ou, à Paris, le préfet de police, peut être habilité, soit par le Premier ministre, soit par le ministre chargé de la santé, selon la nature de la décision prise, à prendre les mesures générales ou individuelles d'application des mesures édictées nationalement.

En outre, le préfet peut être habilité par le Premier ministre ou le ministre en charge de la santé pour décider lui-même, après avis du directeur général de l'Agence régionale de santé, de certaines mesures normalement prises à l'échelon national.

Il peut ainsi intervenir, au lieu et place du Premier ministre, pour prendre les mesures générales ou individuelles d'application dans les domaines suivants :

– circulation des personnes et des véhicules, accès aux moyens de transport et conditions de leur usage ;

– sortie des personnes de leur domicile ;

– fermeture provisoire et ouverture d'une ou plusieurs catégories d'établissements recevant du public ainsi que des lieux de réunion ;

– rassemblements sur la voie publique et réunions de toute nature ;

– réquisition de toute personne et de tous biens et services nécessaires à la lutte contre la catastrophe sanitaire ;

– mesures temporaires de contrôle des prix de certains produits rendues nécessaires pour prévenir ou corriger les tensions constatées sur le marché de certains produits ;

– mesure permettant la mise à la disposition des patients de médicaments appropriés pour l'éradication de la catastrophe sanitaire.

Il peut également intervenir au lieu et place du ministre chargé de la santé pour prendre les mesures d'application relatives à l'organisation et au fonctionnement du dispositif de santé (à l'exception des mesures prévues à l'article L. 3131-15 relevant du Premier ministre) visant à mettre fin à la catastrophe sanitaire, ainsi que les mesures individuelles nécessaires à l'application des mesures prescrites par le Premier ministre en application des 1° à 9° du I de l'article L. 3131-15.

Cette habilitation du préfet ne peut intervenir que lorsque les mesures prévues doivent s'appliquer dans un champ géographique qui n'excède pas le territoire d'un département.

A titre d'illustration, et sans exhaustivité, de telles habilitations ont été édictées :

– par les articles 3, 7, 8 et 10 du décret n° 2020-293 du 23 mars 2020 : le Premier ministre a habilité le préfet de département à adopter des mesures plus restrictives en matière de trajets et déplacements des personnes lorsque les circonstances locales l'exigent ; à interdire ou à restreindre, par des mesures réglementaires ou individuelles, certains rassemblements, réunions ou activités lorsque les circonstances locales l'exigent ; à interdire ou à restreindre, par des mesures réglementaires ou individuelles, les activités qui ne sont pas interdites en vertu de l'article 8 du décret ; à interdire ou à restreindre l'accueil dans certains établissements lorsque les circonstances locales l'exigent ;

– par l'article 1er, 1° et 2°, du décret n° 2020-337 du 26 mars 2020 : le Premier ministre a habilité le préfet de département à prescrire, à leur arrivée sur le territoire de la collectivité d'outre-mer (...) la mise en quarantaine de certaines personnes ; et à ordonner, par des mesures générales ou individuelles, si l'afflux de patients ou de victimes ou la situation sanitaire le justifie, la réquisition nécessaire de tout établissement de santé ou établissement médico-social ainsi que de tout bien, service ou personne nécessaire au fonctionnement de ces établissements, notamment des professionnels de santé ;

– par l'article 1er du décret n° 2020-360 du 28 mars 2020 : le Premier Ministre a habilité le préfet de département à procéder à la réquisition de certains établissements, lorsqu'une telle mesure est nécessaire pour répondre aux besoins d'hébergement ou d'entreposage résultant de la crise sanitaire ;

– par l'article 1er du décret n° 2020-384 du 1er avril 2020 : le Premier ministre a habilité le préfet de département, si l'afflux de patients ou de victimes ou la situation sanitaire le justifie, à ordonner, par des mesures générales ou individuelles, la réquisition de tout bien, service ou personne nécessaire au fonctionnement des agences régionales de santé ainsi que des agences chargées, au niveau national, de la protection de la santé publique, notamment l'Agence nationale du médicament et des produits de santé et l'Agence nationale de santé publique ;

– par le décret n° 2020-400 du 5 avril 2020 : le Premier ministre a habilité les préfets à réquisitionner soit des laboratoires d'analyses pour effectuer des tests de dépistage de la covid-19, soit des équipements et des personnels de ces mêmes laboratoires nécessaires au fonctionnement des laboratoires de biologie médicale qui réalisent cet examen ;

– par le décret n° 2020-548 du 11 mai 2020 : le Premier ministre a habilité les préfets à adopter des conditions de déplacement plus restrictives à l'intérieur d'un département lorsque les circonstances locales l'exigent (art. 3, II) ; à limiter, pour les navires de croisière arrivant dans un port français, le nombre maximal de passagers transportés (art. 4, II) ; à réserver, à certaines heures, eu égard aux conditions d'affluence constatées ou prévisibles, l'accès aux espaces et véhicules de transport public collectif de voyageurs, ainsi qu'aux quais des tramways et aux espaces situés à proximité des points d'arrêts desservis par les véhicules de transport routier collectifs de voyageurs aux seules personnes effectuant un déplacement pour les motifs énumérés dans le texte (art. 6, III) ; à interdire ou à restreindre, par des mesures réglementaires ou individuelles, les rassemblements, réunions ou activités, notamment professionnels, lorsque les circonstances locales l'exigent (art. 7) ; à interdire les déplacements de personnes hors de leur lieu de résidence à l'exception des déplacements pour des motifs précis énumérés dans le texte en évitant tout regroupement de personnes (art. 27, I). D'autres habilitations sont prévues dans ce décret aux articles 9, 10, I, 3°, 10, II, 10, VII, 12, V, 18, 27, II et III.

Aux titres des diverses habilitations qui leur ont été données, les préfets sont intervenus dans de multiples domaines : autorisations de marchés, couvre-feu, interdictions d'accès à des plages, parcs ou forêts, interdiction de sorties dominicales pour la pratique du sport à certaines heures, restrictions ou interdiction d'ouverture d'établissements recevant du public, réquisitions de professionnels de santé, mise en quatorzaine, interdictions de rassemblements, etc.

Encadrement des mesures préfectorales. Les mesures générales et individuelles adoptées par les préfets doivent être strictement nécessaires et proportionnées aux risques sanitaires encourus et appropriées aux circonstances de temps et de lieu (CSP, art. L. 3131-17). Ces exigences font écho à la classique jurisprudence *Benjamin* (CE 19 mai 1933 : *GAJA 2019, 22e éd., n° 42*), mais, face à l'épidémie de covid-19, il n'est pas interdit de craindre que la recherche de l'efficacité prime sur l'exigence de proportionnalité, dans une logique sécuritaire.

Par ailleurs, les mesures individuelles font, de surcroît, l'objet d'une information sans délai du procureur de la République territorialement compétent.

Sauf exception concernant les mesures individuelles ayant pour objet la mise en quarantaine et les mesures de placement et de maintien en isolement, qui sont soumises au juge des libertés et de la détention, les mesures prises en application de l'état d'urgence sanitaire peuvent faire l'objet de recours devant le juge administratif.

A titre d'illustration, dans le cadre du référé-liberté fondamentale, le juge administratif, après avoir rappelé que les mesures susceptibles de limiter l'exercice des droits et libertés fondamentaux doivent être nécessaires, adaptées et proportionnées à l'objectif de sauvegarde de la santé publique qu'elles poursuivent, a considéré que l'arrêté n° 2020-108 du 14 avril 2020, par lequel le préfet de la Guadeloupe (habilité à intervenir par l'art. 5-1 du Décr. n° 2020-293 du 23 mars 2020) a décidé le placement en quarantaine stricte, pour une durée de quatorze jours, des personnes entrant en Guadeloupe en provenance de Paris, de Fort-de-France et de Cayenne, hors cas de transit, dans des structures d'hébergement de type hôtelier, ne constitue pas, en l'état de l'instruction, eu égard à la situation sanitaire résultant actuellement de l'épidémie de covid-19 sur ce territoire et aux exigences tenant à la sauvegarde de la santé de la population, une mesure inadaptée ou disproportionnée au regard de l'objectif de sauvegarde de la santé publique (CE, ord., 5 mai 2020, n° 440288 : *AJDA 2020. 916*).

Dommages résultant des mesures prises en application de l'article L. 3131-17. Voir le commentaire sous l'article L. 3131-20.

Non-respect des mesures de réquisitions adoptées par le préfet. Voir le commentaire sous l'article L. 3136-1.

Mesures de quarantaine et d'isolement. Le Premier ministre, le ministre en charge de la santé ou, sur habilitation, le préfet de département peuvent, en vertu respectivement des articles L. 3131-15, L. 3131-16 et L. 3131-17 du code de la santé publique, ordonner, aux seules fin de garantir la santé publique, la mise en quarantaine des personnes susceptibles d'être affectées par la covid-19 et le placement et le maintien en isolement des personnes qui en sont affectées.

S'agissant du préfet, l'article L. 3131-17 précise que de telles mesures doivent être motivées et que la décision préfectorale intervient sur proposition du directeur général de l'Agence régionale de santé. La décision doit, en outre, mentionner les délais et voie de recours, ainsi que les modalités de saisine du juge des libertés et de la détention. Le placement et le maintien en isolement sont subordonnés à la constatation médicale de l'infection de la personne concernée. Ils sont prononcés par le représentant de l'État dans le département au vu d'un certificat médical.

Constitutionnalité des dispositions relatives aux mesures de quarantaine et d'isolement. Le Conseil constitutionnel a admis la constitutionnalité de l'article L. 3131-17, II, relatif aux mesures individuelles de quarantaine et d'isolement, sous une réserve : ces dispositions ne sauraient permettre la prolongation de telles mesures, imposant à l'intéressé de demeurer à son domicile ou dans son lieu d'hébergement pendant une plage horaire de plus de 12 heures par jour, sans l'autorisation du juge des libertés et de la détention (Cons. const. 11 mai 2020, n° 2020-800 DC : *Gaz. Pal. 2 juin 2016, n° 20, p. 16, note Gicquel ; LDFP 1er juin 2020, n° 6, p. 1, obs. Larralde*).

Mainlevée des mesures de quarantaine et d'isolement. Le juge des libertés et de la détention (JLD) est compétent pour connaître de toutes les mesures individuelles ayant pour objet la quarantaine ou l'isolement. Il peut être saisi à tout moment d'une demande de mainlevée de toute mesure de quarantaine ou d'isolement, par la personne qui en fait l'objet ou par le procureur de la République, quelle que soit la durée des sorties éventuellement autorisées. Ainsi, une mesure de quarantaine ou d'isolement qui imposerait à une personne de demeurer à son domicile pendant une plage horaire inférieure à 12 heures par jour peut faire l'objet d'un recours devant le JLD, alors même que cette mesure administrative n'entraîne pas, au sens de l'article 66 de la Constitution, une privation de liberté.

Les modalités de saisine du JLD sont souples : il convient d'adresser une requête au greffe par tout moyen. La requête doit être motivée et signée, à peine d'irrecevabilité. Elle est accompagnée de toute pièce justificative utile (CSP, art. R. 3131-20). Il peut donc s'agir d'éléments médicaux mais également de tout document propre à justifier la mainlevée de la mesure pour d'autres motifs, par exemple un document démontrant que la personne ne vient pas d'un territoire où circule l'infection (CSP, art. L. 3131-15, II, al. 1er). Le greffe transmet sans délai la requête au préfet (CSP, art. R. 3131-20, I, al. 3).

Le JLD peut aussi se saisir d'office. A cette fin, toute personne intéressée peut porter à sa connaissance les informations qu'elle estime utiles sur la situation d'une personne faisant l'objet d'une mesure de mise en quarantaine ou de placement en isolement.

Qu'il ait été saisi ou qu'il se saisisse d'office, le JLD statue dans un délai de soixante-douze heures par une ordonnance motivée immédiatement exécutoire. L'ordonnance est notifiée sans délai, par tout moyen permettant d'en établir la réception, à la personne faisant l'objet de la mesure, et le cas échéant, à son avocat, ainsi qu'au ministère public et au préfet (CSP, art. R. 3131-20, III, al. 4).

La procédure suivie devant le juge des libertés et de la détention est identique lorsqu'il est saisi aux fins de mainlevée de la mesure et lorsqu'il se saisit d'office (CSP, art. R. 3131-20, III). Le juge statue selon une procédure écrite (CSP, art. R. 3131-20, III, al. 1er), l'organisation d'une audience étant peu compatible avec l'objectif sanitaire poursuivi par la mesure de quarantaine ou d'isolement. Le JLD peut également recourir à des moyens audiovisuels ou téléphoniques, à condition que la confidentialité de la transmission et le contradictoire soient assurés.

Les parties peuvent échanger leurs écritures et leurs pièces par tout moyen dès lors que le juge peut s'assurer du respect du contradictoire (CSP, art. R. 3131-20, III, al. 2). La représentation par avocat n'est pas obligatoire. Toutefois, la personne mise en quarantaine ou placée en isolement peut, si elle le souhaite, être représentée par un avocat choisi, désigné au titre de l'aide juridictionnelle ou commis d'office. Elle peut également être assistée d'un interprète (CSP, art. R. 3131-20, III, al. 3). La personne qui fait l'objet de la mesure et, le cas échéant, son avocat ainsi que le ministère public et le préfet, peuvent adresser des observations au JLD (CSP, art. R. 3131-20, III, al. 4).

Moment de la saisine du JLD. L'article R. 3131-20 du code de la santé publique prévoit que la personne mise en quarantaine ou placée en isolement ainsi que le ministère public (qui est informé sans délai de toutes ces mesures, en application de l'art. L. 3131-17, III) peuvent à tout moment demander au JLD la mainlevée de la mesure de quarantaine ou d'isolement. La saisine du JLD aux fins de mainlevée de la mesure est possible avant l'expiration du délai de quatorze jours à compter du début de celle-ci, mais également, en vertu de l'article R. 3131-24, alinéa 8, du code de la santé publique, tout au long de la mesure si elle est prolongée.

Le juge des libertés et de la détention peut également se saisir d'office à tout moment (CSP, art. R. 3131-20, II), y compris pendant la période au cours de laquelle la mesure a été prolongée (CSP, art. R. 3131-24, al. 8).

Prolongement des mesures de quarantaine et d'isolement. L'article L. 3131-15, II, alinéa 4, du code de la santé publique dispose que la durée initiale des mesures de placement en quarantaine et de maintien en isolement ne peut excéder quatorze jours. Il ajoute que ces mesures peuvent être renouvelées, dans les conditions prévues au III de l'article L. 3131-17, dans la limite d'une durée maximale d'un mois.

L'article L. 3131-17 fixe les conditions suivantes :
– les mesures de quarantaine et d'isolement ne peuvent être prolongées au-delà d'un délai de quatorze jours qu'après avis médical établissant la nécessité de cette prolongation ;
– par ailleurs, elles ne peuvent se poursuivre au-delà d'un délai de quatorze jours sans que le juge des libertés et de la détention, préalablement saisi (selon les termes de l'article R. 3131-23, sur proposition du directeur général de l'Agence régionale de santé) par le représentant de l'État dans le département et, à Paris, par le préfet de police, ait autorisé cette prolongation.

L'article R. 3131-23 du code de la santé publique précise, conformément à la réserve d'interprétation du Conseil constitutionnel (Cons. const. 11 mai 2020, n° 2020-800 DC, § 43 : *Gaz. Pal. 2 juin 2016, n° 20, p. 16, note Gicquel ; LDFP 1er juin 2020, n° 6, p. 1, obs. Larralde*), que le JLD doit obligatoirement être saisi aux fins d'autorisation de prolongation des mesures de quarantaine et d'isolement au-delà de quatorze jours lorsque celles-ci interdisent toute sortie de l'intéressé ou lui imposent de demeurer à son domicile ou dans son lieu d'hébergement pendant une plage horaire de plus de douze heures par jour.

Les modalités entourant la saisine du JLD en vue de prolonger les mesures de quarantaine ou d'isolement sont rigoureuses. Ainsi, l'article R. 3131-23 mentionne qu'à peine d'irrecevabilité, une telle demande doit être présentée au plus tard le dixième jour de la mesure. A défaut, la mainlevée de la mesure est acquise à l'expiration du délai de quatorze jours à compter du début de la mesure. Sous la même sanction d'irrecevabilité, la demande de prolongation doit être motivée, datée, signée et accompagnée de l'avis médical établissant la nécessité de cette prolongation et, lorsque cette dernière a pour objet une mesure d'isolement, le certificat médical ayant justifié le placement à l'isolement. Elle comporte, en outre, toute pièce justificative utile.

La saisine du JLD aux fins de prolongation d'une mesure de quarantaine ou d'isolement, prévue à l'article L. 3131-17, est inspirée des dispositions régissant les soins sans consentement (plus précisément, la prolongation de l'hospitalisation complète d'un patient en application de l'art. L. 3211-12- 1, I, 1°, du CSP), ainsi que celles applicables en matière de droit des étrangers (prolongation du maintien en zone d'attente en application des art. L. 222-1, L. 222-2 et R. 222-2 du CESEDA et prolongation de la rétention administrative en application des art. L. 552-1 et L. 552-7 de ce même code).

Selon l'article R. 3131-23, alinéa 3, du code de la santé publique, le greffe du tribunal doit enregistrer la requête et y apposer, ainsi que sur les pièces jointes, un timbre indiquant la date et l'heure de la réception. Cette disposition est calquée sur celle prévue par l'article R. 222-2, alinéa 4, du code de l'entrée et du séjour des étrangers et du droit d'asile en matière de prolongation du maintien en zone d'attente d'un étranger. Elle permet au JLD de s'assurer du respect des délais de procédure.

En outre, le préfet communique sans délai, par tout moyen, une copie de la requête et des pièces qui y sont jointes à la personne faisant l'objet de la mesure et l'informe qu'elle peut présenter des observations écrites au JLD au plus tard le douzième jour de la mesure. L'article R. 3131-22 prévoit, en outre, que le préfet de département qui saisit le JLD aux fins de prolongation de la mesure de mise en quarantaine ou d'isolement informe, selon le cas, les titulaires de l'autorité parentale, le tuteur ou la personne chargée de la mesure de protection juridique, de cette saisine et de leur possibilité de présenter des observations écrites au plus tard le douzième jour de la mesure.

La personne qui en fait l'objet et, le cas échéant, son avocat ainsi que le ministère public, peuvent adresser des observations au juge des libertés et de la détention. Ces dernières peuvent être présentées au plus tard le douzième jour de la mesure (CSP, art. R. 3131-24, al. 1er).

Pour le reste, la procédure suivie devant le JLD aux fins de prolongement des mesures de quarantaine ou d'isolement est similaire à celle prévue lorsqu'il est saisi, sur le fondement de l'article R. 3131-20 du code de la santé publique, en vue d'en obtenir la mainlevée. Ainsi, l'article R. 3131-24, alinéas 3 et 4, du code de la santé publique apporte les précisions suivantes :

– les parties peuvent échanger leurs écritures et leurs pièces par tout moyen dès lors que le juge peut s'assurer du respect du contradictoire ;

– la personne mise en quarantaine ou placée à l'isolement peut être représentée par un avocat choisi, désigné au titre de l'aide juridictionnelle ou commis d'office. Elle peut être assistée d'un interprète.

Il résulte de la combinaison des alinéas 1er, 2 et 5 de l'article R. 3131-24 du code de la santé publique que le JLD doit statuer sur la demande de prolongation le treizième ou le quatorzième jour de la mesure de placement en quarantaine ou en isolement et avant l'expiration du délai de quatorze jours à compter du début de cette mesure. A défaut, la mainlevée de la mesure est acquise à l'issue de ce délai (CSP, art. R. 3131-25).

Le JLD statue par ordonnance motivée. Il ordonne, s'il y a lieu, la mainlevée de la mesure de quarantaine ou d'isolement ou sa prolongation, sachant que l'ensemble de la « mesure initiale plus prolongement » ne peut excéder un mois (CSP, art. R. 3131-24, al. 6, et L. 3131-15, II, al. 4). La décision du JLD est immédiatement exécutoire. Elle est notifiée aux mêmes personnes et selon les mêmes modalités que celles prévues lorsque le JLD est saisi aux fins de mainlevée de la mesure (CSP, art. R. 3131-24, al. 7) : la notification est adressée sans délai, par tout moyen permettant d'en établir la réception, à la personne ayant fait l'objet de la mesure et, le cas échéant, son avocat, au ministère public et au préfet.

Voies de recours contre l'ordonnance du JLD. Quel que soit le fondement sur lequel elle est rendue, demande de mainlevée de la mesure de quarantaine ou d'isolement ou demande de prolongation de cette mesure, la décision du JLD est susceptible d'appel devant le premier président de la cour d'appel ou son délégué dans les cinq jours de sa notification (CSP, art. R. 3131-21 et R. 3131-24, al. 8). Le premier président de la cour d'appel ou son délégué statue à bref délai. Il dispose des mêmes pouvoirs que le JLD en première instance. La procédure suivie est identique à celle prévue devant le JLD, dans la mesure où les dispositions de l'article L. 3131-20 s'appliquent devant la cour d'appel.

Dispositions particulières relatives aux mineurs et aux majeurs protégés. L'article R. 3131-22 du code de la santé publique énonce que, lorsque la personne qui fait l'objet de la mesure de mise en quarantaine ou d'isolement est mineure, les droits prévus au bénéfice de celle-ci par les articles R. 3131-20 et R. 3131-24 (procédure aux fins de mainlevée de la quarantaine ou de l'isolement ou droits prévus lors de la procédure de prolongation de cette mesure) sont exercés par les titulaires de l'exercice de l'autorité parentale ou le tuteur.

Ce même article prévoit également la situation de la personne majeure faisant l'objet d'une mesure de protection juridique avec assistance ou représentation à la personne. Dans cette situation, les droits prévus par les articles R. 3131-20 et R. 3131-24 (procédure aux fins de mainlevée de la quarantaine ou de l'isolement ou droits prévus lors de la procédure de prolongation de cette mesure) sont exercés par la personne bénéficiant de la mesure de protection juridique ou par la personne qui en est chargée. En d'autres termes, les textes permettent un exercice concurrent de ces droits par la personne bénéficiant de la mesure de protection et par la personne qui en est chargée.

Enfin, l'article R. 3131-22, qui se réfère aux exigences en matière d'information inscrites à l'article R. 3131-23, prévoit que le préfet de département qui saisit le JLD aux fins de prolongation de la mesure de mise en quarantaine ou d'isolement informe, selon le cas, les titulaires de l'autorité parentale, le tuteur ou la personne chargée de la mesure de protection juridique, de cette saisine et de leur possibilité de présenter des observations écrites au plus tard le douzième jour de la mesure. ❑

1. Constitutionnalité de l'art. L. 3131-17. Le § 2 de l'art. L. 3131-17 est conforme à la Constitution sous une réserve : ces dispositions ne sauraient permettre la prolongation des mesures de quarantaine ou de placement en isolement imposant à l'intéressé de demeurer à son domicile ou dans son lieu d'hébergement pendant une plage horaire de plus de 12 heures par jour sans l'autorisation du juge des libertés et de la détention. • Cons. const. 11 mai 2020, n° 2020-800 DC : *Gaz. Pal., 2 juin 2016, n° 20, p. 16, note Gicquel ; LDFP, n° 6, 1er juin 2020, p. 1, obs. Larralde.*

2. Placement en quarantaine stricte. Sur l'Arr. n° 2020-108 du 14 avr. 2020, par lequel le préfet de la Guadeloupe a décidé le placement en quarantaine stricte de certaines personnes, V. • CE, ord., 5 mai 2020, n° 440288 : *AJDA 2020. 916*.

Art. L. 3131-18 *(L. n° 2020-546 du 11 mai 2020, art. 7)* **« A l'exception des mesures mentionnées au premier alinéa du II de l'article L. 3131-17, » les mesures prises en application du présent chapitre peuvent faire l'objet, devant le juge administratif, des recours présentés, instruits et jugés selon les procédures prévues aux articles L. 521-1 et L. 521-2 du code de justice administrative.**

BIBL. ▶ BROYELLE, Regard sur le référé liberté à l'occasion de la crise sanitaire, *AJDA 2020. 1355*. – DUPRÉ DE BOULOIS, On nous change notre référé liberté, *RDLF 2020, Chron. 12*. – GELBLAT et MARGUET, État d'urgence sanitaire : la doctrine dans tous ses états ?, *Rev. dr. homme, avr. 2020*. – LASSERRE, Les principe ELI pour la crise du covid-19 - Avant-propos, *D. 2020. 1580*. – LETTERON, Covid-19 : le Conseil d'État tombe le masque, *Blog Liberté, Libertés chéries, 31 mars 2020*. – PEYROUX-SISSOKO, Quel rôle pour le Conseil d'État dans le confinement des libertés ?, *Le blog Droit administratif, 4 mai 2020*.

COMMENTAIRE

Office du juge administratif. Le juge administratif est pensé comme le principal garant de la légalité des mesures prises dans le cadre de l'état d'urgence sanitaire. En effet, le législateur prend soin d'énoncer – de manière quelque peu superfétatoire – que, sauf exception concernant celles soumises au juge des libertés et de la détention, les mesures prises en application de l'état d'urgence sanitaire peuvent faire l'objet de recours en référés-suspension et libertés fondamentales devant le juge administratif.

Il convient de relever que l'office du juge administratif n'a pas été négligeable : entre le 13 mars et le 25 juin 2020, le Conseil d'État (pour s'en tenir à la juridiction suprême) a enregistré 382 requêtes concernant des mesures en lien avec l'épidémie de covid-19, dont 230 adressées au juge des référés (V. Lasserre, Les principes ELI pour la crise du covid-19 - Avant-propos, *D. 2020. 1580*).

Référé-liberté fondamentale. Le référé-liberté fondamentale est une procédure qui permet de saisir en urgence le juge administratif lorsque l'administration, par son action ou son inaction, a porté une a atteinte grave et manifestement illégale à une liberté fondamentale. Le juge administratif, qui doit statuer dans les 48 heures, dispose de pouvoirs étendus : il peut suspendre la décision de l'administration ou ordonner à cette dernière de prendre des mesures particulières.

A l'occasion de la crise de la covid-19, le Conseil d'État a fixé dans une ordonnance du 22 mars 2020 (CE, ord., 22 mars 2020, n° 439674 B : *JCP 6 avr. 2020, n° 14, p. 434, note Le Bot ; D. 2020. 687, note Parinet-Hodimont* ; *AJCT 2020. 175, obs. Renard* ; *AJDA 2020. 655* ; *ibid. 851, note Vallar* ; *LPA 15 avr. 2020, n° 76, p. 15, note Pinot et Charron*) les lignes directrices qui ont régi l'ensemble du contentieux :
– d'une part, le juge peut uniquement ordonner les mesures d'urgence qui lui paraissent de nature à sauvegarder, dans un délai de 48 heures, la liberté fondamentale à laquelle il est porté une atteinte grave et manifestement illégale ;
– d'autre part, le caractère manifestement illégal de l'atteinte doit s'apprécier notamment en tenant compte des moyens dont dispose l'autorité administrative compétente et des mesures qu'elle a, dans ce cadre, déjà prises.

Autrement dit, à l'impossible, nul n'est tenu : dans le cadre du référé-liberté fondamentale, il n'y a pas de carence de l'administration, compte tenu de l'insuffisance des moyens et des actions déjà menées par les autorités sanitaires, qu'il s'agisse, entre autres, de la fourniture de matériel (masques, gants, gel, blouse, etc.) ou prestations médicales (tests de dépistage, accès à la réanimation). La priorité n'est donc plus de savoir si l'administration a porté une atteinte particulière à la liberté fondamentale de l'individu, mais d'établir si, au regard du contexte et des faits exposés par le juge, l'administration a suffisamment réagi (Peyroux-Sissoko, Quel rôle pour le Conseil d'État dans le confinement des libertés ?, *Le blog Droit administratif, 4 mai 2020*).

Sur cette base, la quasi-totalité des référés a été rejetée. A titre d'illustration et sans exhaustivité, citons :
– CE, ord., 20 avr. 2020, n° 439983 (*AJDA 2020. 816*) : le juge refuse d'enjoindre à l'État de fournir des masques de protection, gants, blouses de protection et gels hydroalcooliques aux avocats du barreau de Marseille dans l'exercice de leurs missions comme mesure de protection contre la covid-19 ;
– CE, ord., 18 avr. 2000, n° 440012 B, et ord., 15 avr. 2020, n° 440002 B (*RDSS 2020. 605, obs. Curier-Roche*) : l'absence de dépistage systématique des résidents, personnels et intervenants au sein des EHPAD ne constitue pas une carence caractérisée portant une atteinte grave et manifestement illégale à une liberté fondamentale de la part des autorités administratives, compte tenu des moyens dont elles disposent et des mesures déjà prises. Il en va de même s'agissant de la mise à disposition de masques de protection à l'ensemble des personnes concernées ;
– CE, ord., 22 mai 2020, n° 440321, ord., 28 mars 2020, n° 439693 : (*AJDA 2020. 700*) et ord., 5 mai 2020, n° 440229 : le juge refuse d'enjoindre à l'État d'adopter les mesures réglementaires permettant la protection du personnel soignant (en l'espèce, il était demandé de réquisitionner des masques et d'adopter les mesures appropriées, pouvant prendre la forme de réquisitions, d'achats massifs, de mesures de soutien à la production de matériel, afin d'assurer la fourniture au personnel soignant, en quantité

suffisante, de matériel de protection tels les masques visés à l'art. 12 du Décr. du 23 mars 2020, les surblouses et les lunettes de protection).
– CE, ord., 8 juin 2020, n° 440701 : le juge rejette la demande d'injonction de modifier la doctrine d'emploi des masques FFP2 et de doter un CHU d'un stock de masques suffisants.

Il est vrai que les injonctions qui auraient pu être prononcées auraient été, *de facto*, impossibles à mettre en œuvre du fait de la pénurie de matériel.

Le juge administratif a également refusé de faire droit à l'élargissement des prescriptions d'hydroxychloroquine et azithromycine, dans la mesure où il ne dispose pas des connaissances lui permettant de substituer sa propre analyse à celle des études scientifiques en cours (V. not. CE, ord., 4 avr. 2020, n° 439904 B : *AJDA 2020. 1178, note Chicot*, et 7 avr. 2020, n° 439937 : *AJDA 2020. 756*). Face à ce décalage scientifique, le juge administratif rejette les demandes en renvoyant aux avis des sociétés savantes de médecins (CE 15 avr. 2020, n° 439910 B : *AJDA 2020. 817*), du Haut Conseil de la santé publique (CE, ord., 4 avr. 2020, n° 439904 B : *préc.*) ou aux études en cours (CE, ord., 4 avr. 2020, n° 439904 B : *préc.*) et certains observateurs n'ont pas manqué de relever que les motifs des ordonnances de référé « s'appuient exclusivement sur la communication gouvernementale, parfois reprise mot pour mot » (Letteron, Covid-19 : le Conseil d'État tombe le masque, *Blog Liberté, Libertés chéries, 31 mars 2020*).

L'ordonnance du 22 mars 2020 (CE, ord., 22 mars 2020, n° 439674 B : *préc.*), outre qu'elle fixe les lignes directrices applicables en matière de référé-liberté fondamentale (V. *supra*), a conduit à une situation inédite, une mutation du juge, devenue virale, tant la doctrine s'en est inquiétée : alors que, dans le cadre de son office classique, le juge des référés évalue si une mesure prise par l'administration ne porte pas une atteinte excessive, disproportionnée, à une liberté fondamentale, il a été conduit, à la suite d'une procédure engagée par le Syndicat Jeunes Médecins, à examiner, au nom du respect de la vie, si les contours des dérogations à l'obligation de confinement n'avaient pas été définis (par un Décr. du 16 mars 2020) de manière trop permissive et a enjoint au gouvernement de les réexaminer et de les réévaluer. Le professeur Xavier Dupré de Boulois (On nous change notre référé-liberté, *RDLF 2020. Chron. 12*) n'a pas manqué de relever ce paradoxe : « le référé-liberté a été créé pour protéger l'exercice des libertés fondamentales contre les emportements administratifs ; le juge du référé-liberté se retrouve désormais en situation de prescrire aux autorités de police l'adoption de mesures de contrainte qui peuvent constituer des entraves importantes à l'exercice de différentes libertés. Il devient, si l'on nous permet l'expression, une « méta-autorité de police », en situation de faire la leçon aux autorités compétentes sur la « bonne mesure de police » au sens de son efficacité opérationnelle. ». Le gouvernement ne s'est alors pas fait prier de se plier à l'injonction, redéfinissant, de manière plus restrictive des libertés, les dérogations à l'obligation de confinement par le décret n° 2020-293 du 23 mars 2020.

Référé-suspension. Le référé-suspension est, quant à lui, prévu à l'article L. 521-1 du code de justice administrative. Aux termes de cet article, « Quand une décision administrative, même de rejet, fait l'objet d'une requête en annulation ou en réformation, le juge des référés, saisi d'une demande en ce sens, peut ordonner la suspension de l'exécution de cette décision, ou de certains de ses effets, lorsque l'urgence le justifie et qu'il est fait état d'un moyen propre à créer, en l'état de l'instruction, un doute sérieux quant à la légalité de la décision ». Le juge n'a pas ici l'obligation de statuer dans les 48 heures, comme c'est le cas, en principe, en matière de référé-liberté fondamentale. Il statue toutefois au terme d'une instruction plus sommaire qu'il ne le fait pour les recours en annulation ou en réformation, dans la mesure où le référé-suspension est une procédure d'urgence qui ne préjuge pas de la solution qui sera adoptée par le juge sur le recours au fond (le référé suspension étant une procédure accessoire, liée, en principe, à l'exercice simultané ou préalable d'un recours en annulation ou en réformation).

Dans le cadre de l'épidémie de covid-19, la mesure contestée est mise en balance avec la gravité de l'infection et les incertitudes scientifiques qui l'entourent (V. par ex., CE, ord., 29 mai 2020, n° 440452) et la logique sécuritaire ne joue pas en faveur de la suspension des décisions, d'autant que le juge procède plus à un contrôle de l'absence de disproportion de la mesure qu'à un contrôle poussé de proportionnalité. Ainsi, le juge administratif a refusé de suspendre l'exécution du décret n° 2020-630 du 26 mai 2020, en tant qu'il abroge la possibilité pour les médecins hospitaliers de prescrire l'hydroxychloroquine pour les malades atteints du virus covid-19 : se référant aux études, avis et recommandations internationales et nationales émises par les sociétés savantes et visées par le décret contesté, il a estimé qu'en l'état de l'instruction, les moyens tirés de ce que le décret du 26 mai 2020 serait entaché d'une erreur manifeste d'appréciation de nature à porter atteinte au droit à la vie, au droit à la santé, au droit de recevoir les traitements et soins les plus appropriés à son état de santé, à la liberté de prescription et à l'indépendance d'exercice des médecins, en ce qu'il s'appuie sur l'étude publiée puis retirée par le journal scientifique *The Lancet*, ne sont manifestement pas propres à créer un doute sérieux quant à la légalité du Décret contesté (CE, ord., 16 juill. 2020, n° 441257 : *AJDA 2020. 1385*).

V. notes ss. art. L. 3131-15 à L. 3131-17.

Art. L. 3131-19 **En cas de déclaration de l'état d'urgence sanitaire, il est réuni sans délai un comité de scientifiques. Son président est nommé par décret du Président de la République. Ce comité comprend deux personnalités qualifiées respectivement nommées par le Président de l'Assemblée nationale et le Président du Sénat ainsi que des personnalités qualifiées nommées par décret. Le comité rend périodiquement des avis sur l'état de la catastrophe sanitaire, les connaissances scientifiques qui s'y rapportent et les mesures propres à y mettre un terme, y compris celles relevant des articles L. 3131-15 à L. 3131-17, ainsi que sur la durée de leur application. Ces avis sont rendus publics sans délai. Le comité est dissous lorsque prend fin l'état d'urgence sanitaire.**

COMMENTAIRE

Encadrement scientifique de l'état d'urgence sanitaire – Comité de scientifiques. Si l'obligation de motivation et de transparence dans les décisions prises pendant l'état d'urgence sanitaire se matérialise par l'obligation pour le gouvernement d'informer sans délai le Parlement des mesures prises et la faculté pour les deux assemblées de requérir toute information complémentaire à l'occasion du contrôle et de l'évaluation de ces mesures (V. comm. ss. art. L. 3131-13), elle se traduit également par la mise en place d'une instance de conseil et de veille *ad hoc*, dénommée comité de scientifiques, prévue à l'article L. 3131-19 du code de la santé publique.

Ce comité est réuni sans délai en cas de déclaration de l'état d'urgence sanitaire et ses avis sont rendus publics.

Relevons que les députés, lors de la discussion sur le projet de loi créant l'état d'urgence sanitaire, préconisaient que le comité soit réuni avant la déclaration de l'état d'urgence sanitaire, afin qu'il puisse émettre un avis public sur la nécessité d'une telle déclaration. Mais cette proposition n'a pas été retenue, du fait du formalisme (peu compatible aux yeux des pouvoirs publics avec l'urgence de la situation) présidant à la nomination des membres du comité. Pour compenser l'impossibilité de réunir le comité avant la déclaration de l'état d'urgence sanitaire, l'article L. 3131-13 prévoit que les données scientifiques disponibles sur la situation sanitaire qui ont motivé la déclaration doivent être rendues publiques.

Une fois l'état d'urgence sanitaire déclaré, le comité de scientifiques rend périodiquement des avis sur l'état de la catastrophe sanitaire, les connaissances scientifiques qui s'y rapportent et les mesures propres à y mettre un terme, y compris celles relevant des articles L. 3131-15 à L. 3131-17, ainsi que sur la durée de leur application.

Reste que, l'adverbe « périodiquement » n'impose pas une saisine systématique. Le Conseil d'État a ainsi jugé que si le comité de scientifiques covid-19 rend périodiquement des avis sur les mesures propres à mettre un terme à la catastrophe sanitaire, il n'a pas à être systématiquement saisi de chacune de ces mesures (CE, ord., 10 juill. 2020, n° 441316).

Lors de l'épidémie de covid-19, les membres du comité de scientifiques, plus communément appelé conseil scientifique, constitué au titre de l'état d'urgence sanitaire ont été nommés par décret du Premier ministre, sur rapport du ministre en charge de la santé (Décr. du 3 avr. 2020, *JO 4 avr.*, NOR : SSAX2008862D), tandis que le président a été nommé par décret du président de la République, sur rapport du Premier ministre et du ministre en charge de la santé (Décr. du 3 avr. 2020, *JO 4 avr.*, NOR : SSAX2008867D). Toutefois, ce comité avait déjà été constitué de manière informelle avant la déclaration de l'état d'urgence sanitaire, puisque ses membres ont été réunis, à la demande du président de la République, à partir du 12 mars 2020 et que des avis ont été rendus à partir de cette même date. ❑

Avis du comité de scientifiques. Si, en vertu de l'art. L. 3131-19, le comité de scientifiques covid-19 rend périodiquement des avis sur les mesures propres à mettre un terme à la catastrophe sanitaire, il n'a pas à être systématiquement saisi de chacune de ces mesures. • CE, ord., 10 juill. 2020, n° 441316.

Art. L. 3131-20 **Les dispositions des articles L. 3131-3 et L. 3131-4 sont applicables aux dommages résultant des mesures prises en application des articles L. 3131-15 à L. 3131-17.**

Les dispositions des articles L. 3131-9-1, L. 3131-10 et L. 3131-10-1 sont applicables en cas de déclaration de l'état d'urgence sanitaire.

Loi n° 2020-546 du 11 mai 2020,

Prorogeant l'état d'urgence sanitaire et complétant ses dispositions.

Art. 11 I. — Par dérogation à l'article L. 1110-4 du code de la santé publique, aux seules fins de lutter contre la propagation de l'épidémie de covid-19 et pour la durée strictement nécessaire à cet objectif ou, au plus, pour une durée de six mois à compter de la fin de l'état d'urgence sanitaire déclaré par l'article 4 de la loi n° 2020-290 du 23 mars 2020 d'urgence pour faire face à l'épidémie de covid-19, des données à caractère personnel concernant la santé relatives aux personnes atteintes par ce virus et aux personnes ayant été en contact avec elles peuvent être traitées et partagées, le cas échéant sans le consentement des personnes intéressées, dans le cadre d'un système d'information créé par décret en Conseil d'État et mis en œuvre par le ministre chargé de la santé.

Le ministre chargé de la santé ainsi que l'Agence nationale de santé publique, un organisme d'assurance maladie et les agences régionales de santé peuvent en outre, aux mêmes fins et pour la même durée, être autorisés par décret en Conseil d'État à adapter les systèmes d'information existants et à prévoir le partage des mêmes données dans les mêmes conditions que celles prévues au premier alinéa du présent I.

Les données à caractère personnel collectées par ces systèmes d'information à ces fins ne peuvent être conservées à l'issue d'une durée de trois mois après leur collecte. *(L. n° 2020-856 du 9 juill. 2020, art. 3)* « La durée de conservation de certaines données à caractère personnel peut être prolongée, pour la seule finalité de traitement mentionnée au 4° du II et dans la limite de la durée mentionnée au premier alinéa du présent I, par décret en Conseil d'État pris après avis publics du comité mentionné au VIII et de la Commission nationale de l'informatique et des libertés. Ce décret précise, pour les données collectées avant son entrée en vigueur, les modalités selon lesquelles les personnes concernées sont informées sans délai de cette prolongation. »

Les données à caractère personnel concernant la santé sont strictement limitées au statut virologique ou sérologique de la personne à l'égard du virus mentionné au présent I ainsi qu'à des éléments probants de diagnostic clinique et d'imagerie médicale, précisés par le décret en Conseil d'État prévu au présent I.

Le décret en Conseil d'État prévu au présent I précise les modalités d'exercice des droits d'accès, d'information, d'opposition et de rectification des personnes concernées, celles atteintes par le virus ou celles en contact avec ces dernières, lorsque leurs données personnelles sont collectées dans ces systèmes d'information à l'initiative de tiers.

La prorogation des systèmes d'information au-delà de la durée prévue au premier alinéa du présent I ne peut être autorisée que par la loi.

II. — Les systèmes d'information mentionnés au I ont pour finalités :

1° L'identification des personnes infectées, par la prescription et la réalisation des examens de biologie ou d'imagerie médicale pertinents ainsi que par la collecte de leurs résultats, y compris non positifs, ou par la transmission des éléments probants de diagnostic clinique susceptibles de caractériser l'infection mentionnés au même I. Ces informations sont renseignées par un médecin ou un biologiste médical ou sous leur responsabilité, dans le respect de leur devoir d'information à l'égard des patients ;

2° L'identification des personnes présentant un risque d'infection, par la collecte des informations relatives aux contacts des personnes infectées et, le cas échéant, par la réalisation d'enquêtes sanitaires, en présence notamment de cas groupés ;

3° L'orientation des personnes infectées, et des personnes susceptibles de l'être, en fonction de leur situation, vers des prescriptions médicales d'isolement prophylactiques, ainsi que l'accompagnement de ces personnes pendant et après la fin de ces mesures ;

4° La surveillance épidémiologique aux niveaux national et local, ainsi que la recherche sur le virus et les moyens de lutter contre sa propagation, sous réserve, en cas de collecte d'informations, de supprimer les nom et prénoms des personnes, leur numéro d'inscription au répertoire national d'identification des personnes physiques et leur adresse.

Les données d'identification des personnes infectées ne peuvent être communiquées, sauf accord exprès, aux personnes ayant été en contact avec elles.

Sont exclus de ces finalités le développement ou le déploiement d'une application informatique à destination du public et disponible sur équipement mobile permettant d'informer les personnes du fait qu'elles ont été à proximité de personnes diagnostiquées positives au covid-19.

III. — Outre les autorités mentionnées au I, le service de santé des armées, les communautés professionnelles territoriales de santé, les établissements de santé, sociaux et médico-sociaux, les équipes de soins primaires mentionnées à l'article L. 1411-11-1 du code de la santé publique, les maisons de santé, les centres de santé, les services de santé au travail mentionnés à l'article L. 4622-1 du code du travail et les médecins prenant en charge les personnes concernées, les pharmaciens, les dispositifs d'appui à la coordination des parcours de santé complexes prévus à l'article L. 6327-1 du code de la santé publique, les dispositifs spécifiques régionaux prévus à l'article L. 6327-6 du même code, les dispositifs d'appui existants qui ont vocation à les intégrer mentionnés au II de l'article 23 de la loi n° 2019-774 du 24 juillet 2019 relative à l'organisation et à la transformation du système de santé ainsi que les laboratoires et services autorisés à réaliser les examens de biologie ou d'imagerie médicale pertinents sur les personnes concernées participent à la mise en œuvre de ces systèmes d'information et peuvent, dans la stricte mesure où leur intervention sert les finalités définies au II du présent article, avoir accès aux seules données nécessaires à leur intervention. *[Dispositions déclarées non conformes à la Constitution par la décision du Conseil constitutionnel n° 2020-800 DC du 11 mai 2020.]* Les personnes ayant accès à ces données sont soumises au secret professionnel. En cas de révélation d'une information issue des données collectées dans ce système d'information, elles encourent les peines prévues à l'article 226-13 du code pénal.

IV. — L'inscription d'une personne dans le système de suivi des personnes contacts emporte prescription pour la réalisation et le remboursement des tests effectués en laboratoires de biologie médicale, par exception à l'article L. 6211-8 du code de la santé publique, ainsi que pour la délivrance de masques en officine.

V. — Les modalités d'application du présent article sont fixées par les décrets en Conseil d'État mentionnés au I après avis public *[Dispositions déclarées non conformes à la Constitution par la décision du Conseil constitutionnel n° 2020-800 DC du 11 mai 2020]* de la Commission nationale de l'informatique et des libertés. Ces décrets en Conseil d'État précisent notamment, pour chaque autorité ou organisme mentionné aux I et III, les services ou personnels dont les interventions sont nécessaires aux finalités mentionnées au II et les catégories de données auxquelles ils ont accès, la durée de cet accès, les règles de conservation des données ainsi que les organismes auxquels ils peuvent faire appel, pour leur compte et sous leur responsabilité, pour en assurer le traitement, dans la mesure où les finalités mentionnées au même II le justifient, et les modalités encadrant le recours à la sous-traitance.

VI. — Le covid-19 fait l'objet de la transmission obligatoire des données individuelles à l'autorité sanitaire par les médecins et les responsables des services et laboratoires de biologie médicale publics et privés prévue à l'article L. 3113-1 du code de la santé publique. Cette transmission est assurée au moyen des systèmes d'information mentionnés au présent article.

VII. — Le directeur général de l'Union nationale des caisses d'assurance maladie mentionnée à l'article L. 182-2 du code de la sécurité sociale peut, en tant que de besoin, fixer les modalités de rémunération des professionnels de santé conventionnés participant à la collecte des données nécessaires au fonctionnement des systèmes d'information mis en œuvre pour lutter contre l'épidémie. La collecte de ces données ne peut faire l'objet d'une rémunération liée au nombre et à la complétude des données recensées pour chaque personne enregistrée.

VIII. — Il est instauré un Comité de contrôle et de liaison covid-19 chargé d'associer la société civile et le Parlement aux opérations de lutte contre la propagation de l'épidémie par suivi des contacts ainsi qu'au déploiement des systèmes d'information prévus à cet effet.

Ce comité est chargé, par des audits réguliers :

1° D'évaluer, grâce aux retours d'expérience des équipes sanitaires de terrain, l'apport réel des outils numériques à leur action, et de déterminer s'ils sont, ou pas, de nature à faire une différence significative dans le traitement de l'épidémie ;

2° De vérifier tout au long de ces opérations le respect des garanties entourant le secret médical et la protection des données personnelles.

Sa composition, qui inclut deux députés et deux sénateurs désignés par les présidents de leurs assemblées respectives, et la mise en œuvre de ses missions sont fixées par décret.

Les membres du comité exercent leurs fonctions à titre gratuit.

IX. — L'Assemblée nationale et le Sénat sont informés sans délai des mesures mises en œuvre par les autorités compétentes en application du présent article.

[Dispositions déclarées non conformes à la Constitution par la décision du Conseil constitutionnel n° 2020-800 DC du 11 mai 2020.]

Le Gouvernement adresse au Parlement un rapport détaillé de l'application de ces mesures tous les trois mois à compter de la promulgation de la présente loi et jusqu'à la disparition des systèmes d'information développés aux fins de lutter contre la propagation de l'épidémie de covid-19. Ces rapports sont complétés par un avis public de la Commission nationale de l'informatique et des libertés.

COMMENTAIRE

Application des dispositions de l'article L. 3131-3. Le législateur a souhaité étendre à l'état d'urgence sanitaire les décharges conditionnelles de responsabilité prévues à l'article L. 3131-3 (dans le cadre des crises sanitaires de moindre ampleur, plus précisément des menaces sanitaires relevant des art. L. 3131-1 s. CSP) pour les professionnels de santé en matière de prescription ou d'administration médicamenteuse, ainsi que pour les fabricants, le titulaire de l'autorisation de mise sur le marché, de l'autorisation temporaire d'utilisation ou de l'autorisation d'importation d'un médicament.

Il s'agit ici de répondre à un problème très concret auquel les acteurs des terrains peuvent être confrontés : en l'absence de traitement spécifique pour lutter contre une épidémie, qui doit être tenu pour responsable en cas de dommage causé par l'utilisation d'un médicament que l'on suppose efficace mais qui était initialement prévu pour répondre à d'autres indications ?

Le législateur écarte d'abord toute responsabilité des professionnels de santé : ils ne peuvent être tenus pour responsables des dommages résultant de la prescription ou de l'administration d'un médicament en dehors des indications thérapeutiques ou des conditions normales d'utilisation prévues par son autorisation de mise sur le marché ou son autorisation temporaire d'utilisation, ou bien d'un médicament ne faisant l'objet d'aucune de ces autorisations, lorsque, si l'on s'en tient aux termes de l'article L. 3131-3, leur intervention était rendue nécessaire par l'existence d'une menace sanitaire grave et que la prescription ou l'administration du médicament a été exigée ou recommandée par le ministre en charge de la santé.

Le législateur écarte ensuite toute responsabilité du fabricant du médicament, du titulaire de l'autorisation de mise sur le marché, de l'autorisation temporaire d'utilisation ou de l'autorisation d'importation du médicament en cause : ces derniers ne peuvent être tenus pour responsables des dommages résultant de l'utilisation d'un médicament en dehors des indications thérapeutiques ou des conditions normales d'utilisation prévues par son autorisation de mise sur le marché ou son autorisation temporaire d'utilisation, ou bien de celle d'un médicament ne faisant l'objet d'aucune de ces autorisations, lorsque cette utilisation a été recommandée ou exigée par le ministre en charge de la santé, si l'on se réfère aux termes de l'article L. 3131-3.

Relevons d'emblée que, dans ces deux hypothèses d'exonération de responsabilité, le simple renvoi à l'article L. 3131-3 du code de la santé publique est maladroit. En effet, s'agissant de l'état d'urgence sanitaire, il semble difficile de limiter l'exonération de responsabilité à la seule hypothèse d'une exigence ou recommandation ministérielle. Et pour cause : l'article L. 3131-20 se réfère aux dommages résultant des mesures prises en application des articles L. 3131-15 à L. 3131-17, c'est-à-dire de mesures édictées, dans le cadre de l'état d'urgence sanitaire, non seulement par le ministre en charge de la santé, mais aussi par le Premier ministre ou, sur habilitation de l'une ou l'autre de ces autorités, par le préfet. L'article L. 3131-20 aurait donc gagné en intelligibilité si le législateur ne s'était pas contenté d'un renvoi à l'article L. 3131-3.

Reste que, du fait de cette décharge conditionnelle de responsabilité, c'est à l'ONIAM qu'il reviendra de réparer les dommages lorsque les conditions seront réunies, ainsi que le précise l'article L. 3131-4 auquel renvoie également l'article L. 3131-20 (V. *infra*).

Conditions de l'exonération des professionnels de santé en application de l'article L. 3131-3. Le régime dérogatoire aux principes généraux de la responsabilité des professionnels de santé fixés à l'article L. 1142-1 du code de la santé publique, fait l'objet d'un encadrement strict :

– il concerne uniquement la prescription ou l'administration de médicaments, ce qui exclut, notamment, les autres types de prescription, les gestes techniques, ou encore les dispositifs médicaux ;

– il ne peut jouer que lorsque les indications thérapeutiques ou les conditions normales d'utilisation prévues dans l'autorisation de mise sur le marché ou l'autorisation temporaire d'utilisation du médicament n'ont pas été respectées (ou, à défaut d'une telle autorisation, lorsque les indications thérapeutiques ou les conditions normales d'utilisation n'ont pas été respectées) ;

– l'intervention des professionnels de santé doit avoir été rendue nécessaire par l'existence d'une menace sanitaire grave (stade largement dépassé dans le cadre de l'état d'urgence sanitaire qui est déclaré en raison d'une catastrophe sanitaire) ;

– la prescription ou l'administration du médicament doit avoir été recommandée ou exigée par le Premier ministre, le ministre chargé de la santé ou le préfet en application des articles L. 3131-15 à L. 3131-17 (si l'on considère que le renvoi sans adaptation rédactionnelle à l'art. L. 3131-3 constitue une maladresse et qu'il convient d'inclure toutes les autorités susceptibles de prendre des mesures au titre des art. L. 3131-15 à L. 3131-17).

Conditions de l'exonération des fabricants, du titulaire de l'AMM, de l'ATU ou de l'autorisation d'importation. L'exclusion de la responsabilité des fabricants, titulaires de l'autorisation de mise sur le marché, de l'autorisation temporaire d'utilisation ou de l'autorisation d'importation est strictement délimitée :

– elle concerne uniquement l'utilisation d'un médicament en dehors des indications thérapeutiques ou des conditions normales d'utilisation prévues dans l'autorisation de mise sur le marché ou l'autorisation temporaire d'utilisation du médicament (ou, à défaut d'une telle autorisation, lorsque les indications thérapeutiques ou les conditions normales d'utilisation n'ont pas été respectées) ;

– l'utilisation du médicament doit avoir été recommandée ou exigée par le Premier ministre, le ministre chargé de la santé ou le préfet, en application des dispositions des articles L. 3131-15 à L. 3131-17 (si l'on considère que le renvoi sans adaptation rédactionnelle à l'art. L. 3131-3 constitue une maladresse et qu'il convient d'inclure toutes les autorités susceptibles de prendre des mesures au titre des art. L. 3131-15 à L. 3131-17).

En outre, ils ne sont pas exonérés de l'engagement de leur responsabilité dans les conditions de droit commun en raison de la fabrication ou de la mise sur le marché du médicament.

Application des dispositions de l'article L. 3131-4. La réparation intégrale des accidents médicaux, des affections iatrogènes et des infections nosocomiales imputables à des activités de prévention, de diagnostic ou de soins réalisées en application de mesures prescrites par les Premier ministre, ministre et préfets, dans le cadre des articles L. 3131-15 à L. 3131-17, est assurée par la solidarité nationale, *via* l'ONIAM, dans les conditions édictées par l'article L. 3131-4. Les règles présidant à l'indemnisation par l'ONIAM sont détaillées aux articles R. 3131-1 à R. 3131-3-5 du code de la santé publique.

Ainsi, qu'il s'agisse des accidents médicaux, des affections iatrogènes et des infections nosocomiales imputables à des activités de prévention, de diagnostic ou de soins réalisées en application de mesures prescrites au titre des articles L. 3131-15 à L. 3131-17 (dans le cadre de l'état d'urgence sanitaire), de l'article L. 3131-1 (qui se réfère à la réponse à une menace sanitaire grave et aux mesures prises après la fin de l'état d'urgence sanitaire en vue d'assurer la disparition durable de la situation de crise sanitaire), ou en application de l'article L. 3134-1 (qui prévoit la possibilité pour le ministre chargé de la santé de faire appel à la réserve sanitaire, par arrêté motivé), les règles sont les mêmes pour les victimes : la réparation intégrale est assurée par la solidarité nationale, *via* l'ONIAM, dans les conditions édictées par l'article L. 3131-4. Les règles présidant à l'indemnisation par l'ONIAM sont détaillées aux articles R. 3131-1 à R. 3131-3-5 du code de la santé publique.

Cette réparation par l'ONIAM intervient sans qu'il soit besoin d'établir l'existence d'une faute et sans condition de gravité particulière pour les préjudices subis. Par ailleurs, le régime de l'article L. 3131-4 bénéficie à toute victime, c'est-à-dire tant à la personne qui a subi un dommage corporel du fait de l'une de ces mesures qu'à ceux de ses proches qui en subissent directement les conséquences (CE, 27 mai 2016, n° 391149 B, et 4 nov. 2016, n° 397729).

Les professionnels et établissements de santé peuvent toutefois voir leur responsabilité recherchée selon les règles du droit commun s'ils commettent une faute qui n'est pas directement liée à la menace sanitaire, l'article L. 3131-4 n'excluant pas une telle possibilité. En outre, même en cas de prise en charge de l'indemnisation des dommages par l'ONIAM, ce dernier a tout loisir de se retourner contre le professionnel ou l'établissement.

Reste que, si le régime de solidarité nationale est censé favoriser l'indemnisation des victimes et leur éviter les affres du parcours juridictionnel, le contentieux porté devant le juge est loin d'être inexistant, témoignant des difficultés rencontrées par les victimes à l'occasion de la mise en œuvre des mécanismes de solidarité.

Application des dispositions de l'article L. 3131-9-1. L'article L. 3131-20 prévoit que les dispositions de l'article L. 3131-9-1, relatives au recueil de données concernant les victimes, sont applicables en cas de déclaration de l'état d'urgence sanitaire.

Dénombrer et identifier les victimes en cas d'événement de toute nature nécessitant de secourir ou de protéger des populations constitue une préoccupation ancienne. L'essor des nouvelles technologies permet de lui donner corps. Le principe du recueil des informations strictement nécessaires à l'identification des victimes et à leur suivi dans un système d'identification unique, inscrit par la loi n° 2016-1827 du 23 décembre 2016 dans le code de la santé publique (article L. 3131-9-1) a, selon l'exposé des motifs du projet de loi, pour objectifs de mieux les suivre tout au long de leur parcours de soins et faciliter ainsi leurs démarches d'indemnisation, d'améliorer la coordination de la réponse des acteurs du système de santé et d'aider au pilotage opérationnel de la gestion de crise en cas d'attentats, de catastrophes et de situations sanitaires exceptionnelles, notamment celles donnant lieu à des prises en charge sanitaires concentrées en grand nombre dans le temps et l'espace. Pour répondre à ces missions, la direction générale de la santé a institué un traitement automatisé de données à caractère personnel dénommé « SI-VIC ».

L'outil national SI-VIC est un système de collecte d'informations en ligne et de gestion de bases de données. Il permet, lorsque la situation le nécessite, la création par les services d'aide médicale urgente (Samu) ou les agences régionales de santé d'« événements » à l'échelle départementale ou régionale. Les événements ainsi créés offrent la possibilité d'enregistrer dans SI-VIC les données personnelles des patients qui leurs sont liés (dénommés « victimes ») pris en charge ou accueillis par les établissements de santé, y compris dans le cadre des services d'aide médicale urgente ou de premier secours et des cellules d'urgence médico-psychologiques. Quant à la direction générale de la santé, elle crée des événements dans SI-VIC lorsque leur portée est nationale ou internationale. Les données relatives aux patients sont collectées et enregistrées dans SI-VIC par les personnels des établissements de santé.

Les informations pouvant être collectées sont celles qui sont strictement nécessaires à l'identification des victimes et à leur suivi, notamment pour la prise en charge de leurs frais de santé. Ainsi que l'a relevé la CNIL dans sa délibération n° 2017-321 du 7 décembre 2017, « Les établissements de santé ne peuvent visualiser et saisir des données que dans le ressort de leur établissement, sans accès aux données des victimes prises en charge dans d'autres établissements ».

Le type de données enregistrées est précisé à l'article R. 3131-10-1 du code de la santé publique.

S'agissant des personnes prises en charge pour une consultation ou une hospitalisation dans un établissement de santé ou par les professionnels des cellules d'urgence médico-psychologiques, sont enregistrées les données :
– permettant leur dénombrement ;
– permettant leur identification ;
– relatives à leur prise en charge sanitaire, y compris médico-psychologique ;
– portant sur l'identité et les coordonnées des personnes à contacter en cas de prise en charge.

Concernant les utilisateurs du système d'information (V. *infra*), sont notamment collectés les nom, prénom, sexe, date de naissance, adresse professionnelle, numéro de téléphone, adresse électronique, nom et type de la structure dans laquelle ils exercent leur activité.

L'article. R. 3131-10-2 du code de la santé publique distingue deux catégories d'utilisateurs du système d'information. D'une part, les agents des agences régionales de santé, du ministère chargé de la santé et des ministères de l'Intérieur, de la Justice et des Affaires étrangères nommément désignés et habilités à cet effet par leur directeur, qui sont autorisés à accéder aux données mentionnées à l'article R. 3131-10-1. D'autre part, les personnels des établissements de santé prenant en charge les victimes, y compris dans le cadre des services d'aide médicale urgente ou des cellules d'urgence médico-psychologiques ainsi que les personnels des services de premier secours relevant de l'article L. 721-2 du code de la sécurité intérieure, pour lesquels une désignation nominative et une habilitation ne sont pas mentionnées. Ces deux catégories d'utilisateurs accèdent aux données dans la stricte mesure où elles sont nécessaires à l'exercice des missions qui leur sont confiées.

Reste à s'intéresser à la durée de conservation des données. La clôture d'un événement et la destruction du fichier qui lui correspond constituent des opérations importantes, notamment pour la protection de la vie privée des personnes dont les identités ont été saisies. Elles répondent à une exigence prévue à l'article 6 de la loi n° 78-17 du 6 janvier 1978 qui dispose : « Un traitement ne peut porter que sur des données à caractère personnel qui satisfont aux conditions suivantes : … 5° Elles sont conservées sous une forme permettant l'identification des personnes concernées pendant une durée qui n'excède pas la durée nécessaire aux finalités pour lesquelles elles sont collectées et traitées. ». A cet égard, l'article R. 3131-10-2 du code de la santé publique prévoit que les données récoltées sont conservées pendant la durée de prise en charge de la personne dans le système de santé. Relevons qu'il n'est pas exigé que les personnes figurant dans le fichier soient informées de la destruction de ce dernier. Il est vrai qu'une telle information n'est pas obligatoire.

Dans sa délibération n° 2017-321 du 7 décembre 2017, la CNIL a indiqué qu'« Eu égard aux finalités poursuivies, la durée de conservation des données n'appelle pas d'observations de la part de la Commission. » Reste que la référence à « la durée de prise en charge de la personne » est peu précise, d'autant qu'il peut y avoir des réadmissions en cas de prise en charge complexe nécessitant de nouvelles interventions.

Système informatique de surveillance de la pandémie de covid-19. L'article 11 de la loi n° 2020-546 du 11 mai 2020 prévoit, pour une durée maximale de six mois à compter de la fin de l'état d'urgence sanitaire (une prorogation de cette durée étant possible si elle est autorisée par le législateur), un système informatique de surveillance de la pandémie de covid-19. Ces dispositions ne sont pas codifiées dans le code de la santé publique.

Ainsi, par dérogation à l'article L. 1110-4 du code de la santé publique (qui posent le droit de toute personne au respect de sa vie privée et du secret des informations la concernant), aux seules fins de lutter contre la propagation de l'épidémie de covid-19 et pour la durée strictement nécessaire à cet objectif ou, au plus, pour une durée de six mois à compter de la fin de l'état d'urgence sanitaire, des données à caractère personnel concernant la santé relatives aux personnes atteintes par ce virus et aux personnes ayant été en contact avec elles peuvent être traitées et partagées, le cas échéant sans le consentement des personnes intéressées, dans le cadre d'un système d'information créé par décret en Conseil d'État et mis en œuvre par le ministre chargé de la santé. Il s'agit donc de permettre le recensement des cas confirmés à destination d'un dispositif de *tracing* et de mettre en œuvre le *tracing* lui-même. A ce titre, le décret n° 2020-551 du

12 mai 2020 prévoit deux systèmes d'information : le traitement « Contact Covid » et le traitement « SI-DEP » (service intégré de dépistage et de prévention).

Le traitement « Contact Covid » a pour finalités :
– l'identification des personnes infectées, par la prescription et la réalisation des examens de biologie ou d'imagerie médicale pertinents ainsi que par la collecte de leurs résultats, y compris non positifs, ou par la transmission des éléments probants de diagnostic clinique susceptibles de caractériser l'infection ;
– l'identification des personnes présentant un risque d'infection, par la collecte des informations relatives aux contacts des personnes infectées et, le cas échéant, par la réalisation d'enquêtes sanitaires, en présence notamment de cas groupés ;
– l'orientation des personnes infectées, et des personnes susceptibles de l'être, en fonction de leur situation, vers des prescriptions médicales d'isolement prophylactiques, ainsi que le suivi médical et l'accompagnement de ces personnes pendant et après la fin de ces mesures ;
– permettre la surveillance épidémiologique et la recherche sur le virus et les moyens de lutter contre sa propagation.

Le traitement « SI-DEP » a, quant à lui, pour finalités de centraliser les résultats d'examens de dépistage de la covid-19 afin de les mettre à disposition des organismes chargés de déterminer les personnes ayant été en contact avec des personnes infectées, de réaliser des enquêtes sanitaires en présence de cas groupés pour rompre les chaînes de contamination, d'orienter, de suivre et d'accompagner les personnes concernées, et de faciliter le suivi épidémiologique aux niveaux national et local et la recherche sur le virus de même que les moyens de lutter contre sa propagation.

Les données à caractère personnel collectées par ces systèmes d'information à ces fins ne peuvent être conservées à l'issue d'une durée de trois mois après leur collecte. Les personnes concernées bénéficient des droits d'accès, d'information, d'opposition et de rectification. Ces données n'alimentent pas l'application « StopCovid » disponible depuis le mois de juin 2020.

La liste des données collectées est établie par le décret n° 2020-551 du 12 mai 2020 modifié (art. 2 et 9).

Le champ des personnes autorisées à accéder à ces données est très large, comprenant notamment, le service de santé des armées, les communautés professionnelles territoriales de santé, les établissements de santé, sociaux et médico-sociaux, les maisons ou centres de santé, les services de santé au travail, les médecins, les pharmaciens, les laboratoires d'analyse et les services d'imagerie médicale (pour la liste intégrale, V. L. n° 2020-546 du 11 mai 2020, art. 11, III). A cet égard, le Conseil constitutionnel a admis que, si le champ des personnes susceptibles d'avoir accès à ces données à caractère personnel, sans le consentement de l'intéressé, est particulièrement étendu, cette extension est rendue nécessaire par la masse des démarches à entreprendre pour organiser la collecte des informations nécessaires à la lutte contre le développement de l'épidémie (Cons. const. 11 mai 2020, n° 2020-800 DC, § 69). Il a, en revanche, censuré l'inclusion dans ce champ, pour le partage des données, des organismes qui assurent l'accompagnement social des intéressés, jugeant qu'il y avait méconnaissance du droit au respect de la vie privée : s'agissant d'un accompagnement social, qui ne relève donc pas directement de la lutte contre l'épidémie, rien ne justifie que la communication des données à caractère personnel traitées dans le système d'information ne soit pas subordonnée au recueil du consentement des intéressés (même Décis., § 70).

Un comité de contrôle et de liaison covid-19, chargé d'associer la société civile et le Parlement aux opérations de lutte contre la propagation de l'épidémie par suivi des contacts ainsi qu'au déploiement des systèmes d'information prévus à cet effet, est institué par la loi du 11 mai 2020 (art. 11, VIII). Sa composition, qui inclut deux députés et deux sénateurs désignés par les présidents de leurs assemblées respectives, et la mise en œuvre de ses missions sont fixées par décret (V. Décr. n° 2020-572 du 15 mai 2020, *JO 16 mai*). En outre, le législateur a prévu que le Gouvernement doit adresser au Parlement un rapport détaillé de l'application de ces mesures tous les trois mois.

Application de l'article L. 3131-10. Les diverses crises sanitaires ont mis en exergue le statut insuffisamment protecteur des professionnels de santé. Ces derniers peuvent, en effet, subir des dommages ou en causer, ce qui nécessite de leur octroyer une protection à la hauteur de leur dévouement pour la collectivité. C'est pourquoi, par l'article L. 3131-10, le bénéfice des dispositions de l'article L. 3133-6, qui prévoient une protection pour les réservistes sanitaires, est étendu à l'ensemble des professionnels de santé amenés à exercer, y compris de manière bénévole, leur activité auprès des patients ou des personnes exposées à une catastrophe, une urgence ou une menace sanitaire grave dans un contexte sanitaire exceptionnel.

Concrètement, les professionnels de santé bénéficient, en premier lieu, de la protection de l'État en cas de mise en cause de leur responsabilité, civile ou pénale, à l'occasion de leur activité dans le contexte précité. En second lieu, lorsqu'ils subissent un dommage dans ce cadre, l'État en assure la réparation intégrale, l'indemnisation étant versée aux ayants droit en cas de décès. Ces garanties protectrices ne disparaissent qu'en cas de dommage imputable à un fait personnel détachable du service.

L'article L. 3131-10, qui relève du chapitre Ier consacré aux menaces sanitaires (V. comm. ss. art. L. 3131-1), est, en vertu de l'article L. 3131-20, également applicable en cas de déclaration de l'état d'urgence sanitaire.

Reste que le simple renvoi à l'article L. 3131-10 constitue un raccourci un peu facile, qui n'est guère propice à l'intelligibilité de la disposition. En effet, l'article L. 3131-10 prévoit que, pour que la protection s'applique, il est nécessaire que les conditions d'exercice exceptionnelles aient été décidées par le ministre chargé de la santé dans le cadre des mesures prévues à l'article L. 3131-1 du code de la santé publique. Or, dans le cadre de l'état d'urgence sanitaire, les conditions d'exercice exceptionnelles peuvent être décidées par le Premier ministre, par le ministre en charge de la santé ou, sur habilitation, par le préfet. Il convient donc de lire ce renvoi à la lumière des dispositions relatives à l'état d'urgence sanitaire.

Application de l'article L. 3131-10-1. Cet article est consacré à la mobilisation volontaire des professionnels de santé. Prévu dans le chapitre consacré au menaces sanitaires, il est également applicable, en vertu de l'article L. 3131-20, en cas de déclaration de l'état d'urgence sanitaire.

L'expérience des crises passées, notamment l'épisode de la canicule de l'été 2003 ou la crise due au chikungunya à la Réunion, a permis de mettre en évidence la nécessité d'organiser et réguler l'afflux de bénévoles, pour qu'il soit utilisé au mieux. Dans une optique d'optimisation de la répartition des moyens en réponse aux situations sanitaires exceptionnelles, l'utilité d'un interlocuteur unique et clairement identifié pour l'ensemble des acteurs concernés (professionnels de santé, structures hospitalières ou administrations) s'est fait jour. C'est ainsi que l'article L. 3131-10-1 renforce la mobilisation des professionnels de santé par un dispositif fondé sur le volontariat coordonné par le directeur général de l'ARS : en cas de situation sanitaire exceptionnelle dont les conséquences dépassent les capacités de prise en charge d'une ou de plusieurs structures de soins de la région, le directeur général de l'ARS peut faire appel aux professionnels de santé de la région (y compris ceux en activité) volontaires pour prêter main-forte aux structures de soins ne pouvant faire face à la situation.

La mobilisation volontaire peut dépasser le cadre d'une région. D'une manière générale, lorsqu'un événement dépasse, par sa gravité ou son intensité, le cadre d'une seule ARS ou que les capacités de réponse du niveau régional sont insuffisantes, le niveau zonal est mobilisé pour assurer une fonction de coordination des moyens sanitaires. Le directeur général de l'ARS de zone assiste le préfet de zone de défense et de sécurité et, à ce titre, anime et coordonne l'action de l'ensemble des ARS de la zone. S'agissant du cas particulier lié à une situation sanitaire exceptionnelle, l'article L. 3131-10-1 prévoit que lorsque les conséquences d'une telle situation dépassent les capacités de prise en charge d'une région, le directeur général de l'agence régionale de santé de zone ou le ministre chargé de la santé peuvent solliciter auprès des directeurs généraux des agences régionales de santé des autres régions des ressources sanitaires complémentaires. Ces derniers identifient alors les professionnels de santé volontaires pour prêter main-forte à la région en difficulté, en vue de leur affectation au sein des structures ayant besoin d'un appui.

L'article L. 3131-10-1 règle également la question de la protection des professionnels de santé volontaires. Ces derniers peuvent, en effet, subir des dommages ou en causer, ce qui nécessite de leur octroyer une protection à la hauteur de leur dévouement pour la collectivité. C'est pourquoi, par l'article L. 3131-10-1, III, le bénéfice des dispositions de l'article L. 3133-6, qui prévoient une protection pour les réservistes sanitaires, est étendu à l'ensemble des professionnels de santé amenés à exercer, sur la base du volontariat, dans leur région ou au-delà, leur activité dans un contexte sanitaire exceptionnel.

Ces garanties s'appliquent même si ces professionnels, en première ligne à l'occasion de la crise sanitaire, ne sont ni réservistes ni réquisitionnés, ce qui permet de créer les conditions optimales pour un large volontariat. Concrètement, les professionnels de santé volontaires bénéficient, en premier lieu, de la protection de l'État en cas de mise en cause de leur responsabilité, civile ou pénale, à l'occasion de leur activité dans le contexte de situation sanitaire exceptionnelle. En second lieu, lorsqu'ils subissent un dommage dans ce cadre, l'État en assure la réparation intégrale, l'indemnisation étant versée aux ayants droit en cas de décès. Ces garanties protectrices ne disparaissent que si le dommage est imputable à un fait personnel détachable du service. ❑

CHAPITRE VI **DISPOSITIONS PÉNALES**

(L. nº 2007-294 du 5 mars 2007, art. 3)

Art. L. 3136-1 *(L. nº 2004-806 du 9 août 2004, art. 20)* **Le fait de ne pas respecter les mesures prescrites par l'autorité requérante prévues aux articles** *(L. nº 2007-294 du 5 mars 2007, art. 1er)* **« L. 3131-8 et L. 3131-9 » est puni de six mois d'emprisonnement et de 10 000 € d'amende.**

(L. nº 2020-290 du 23 mars 2020, art. 2) **« Le fait de ne pas respecter les réquisitions prévues aux articles L. 3131-15 à L. 3131-17 est puni de six mois d'emprisonnement et de 10 000 € d'amende.**

La violation des autres interdictions ou obligations édictées en application des articles L. 3131-1 et L. 3131-15 à L. 3131-17 est punie de l'amende prévue pour les contraventions de la quatrième classe. Cette contravention peut faire l'objet de la procédure de l'amende forfaitaire prévue à l'article 529 du code de procédure pénale. Si cette violation est constatée à nouveau dans un délai de quinze jours, l'amende est celle prévue pour les contraventions de la cinquième classe.

« Si les violations prévues au troisième alinéa du présent article sont verbalisées à plus de trois reprises dans un délai de trente jours, les faits sont punis de six mois d'emprisonnement et de 3 750 € d'amende ainsi que de la peine complémentaire de travail d'intérêt général, selon les modalités prévues à l'article 131-8 du code pénal et selon les conditions prévues aux articles 131-22 à 131-24 du même code, et de la peine complémentaire de suspension, pour une durée de trois ans au plus, du permis de conduire lorsque l'infraction a été commise à l'aide d'un véhicule.

(L. nº 2020-546 du 11 mai 2020, art. 9) **« Les agents mentionnés aux 1°, 1°** ***bis*** **et 1°** ***ter*** **de l'article 21 du code de procédure pénale peuvent constater par procès-verbaux les contraventions prévues au troisième alinéa du présent article lorsqu'elles ne nécessitent pas de leur part d'actes d'enquête. »**

« Les agents mentionnés aux articles L. 511-1, L. 521-1, L. 531-1 et L. 532-1 du code de la sécurité intérieure peuvent constater par procès-verbaux les contraventions prévues au troisième alinéa du présent article lorsqu'elles sont commises respectivement sur le territoire communal, sur le territoire pour lequel ils sont assermentés ou sur le territoire de la Ville de Paris et qu'elles ne nécessitent pas de leur part d'actes d'enquête.

(L. nº 2020-546 du 11 mai 2020, art. 9) **« Les agents mentionnés aux 4° et 5° du I de l'article L. 2241-1 du code des transports peuvent également constater par procès-verbaux les contraventions prévues au troisième alinéa du présent article consistant en la violation des interdictions ou obligations édictées en application du 1° du I de l'article L. 3131-15 du présent code en matière d'usage des services de transport ferroviaire ou guidé et de transport public routier de personnes, lorsqu'elles sont commises dans les véhicules et emprises immobilières de ces services. Les articles L. 2241-2, L. 2241-6 et L. 2241-7 du code des transports sont applicables.**

« Les agents mentionnés au II de l'article L. 450-1 du code de commerce sont habilités à rechercher et constater les infractions aux mesures prises en application des 8° et 10° du I de l'article L. 3131-15 du présent code dans les conditions prévues au livre IV du code de commerce.

« Les personnes mentionnées au 11° de l'article L. 5222-1 du code des transports peuvent également constater par procès-verbaux les contraventions prévues au troisième alinéa du présent article consistant en la violation des interdictions ou obligations édictées en application du 1° du I de l'article L. 3131-15 du présent code en matière de transport maritime, lorsqu'elles sont commises par un passager à bord d'un navire. »

« L'application de sanctions pénales ne fait pas obstacle à l'exécution d'office, par l'autorité administrative, des mesures prescrites en application des articles L. 3131-1 et L. 3131-15 à L. 3131-17 du présent code. »

BIBL. ▶ DREUILLE, État d'urgence sanitaire, *Dr. pén., n° 4, avr. 2020, comm. 78.* – MÉSA, Les restrictions à la liberté d'aller et venir et les infractions liées à l'état d'urgence sanitaire et au covid-19, *Gaz. Pal., n° 14, 7 avr. 2020, p. 23.* – MISTRETTA, Coronavirus covid-19 : un droit pénal chimérique, *JCP, n° 13, 30 mars 2020, p. 371.* – PERRIER, Le droit pénal du danger, *D. 2020. 937* .

COMMENTAIRE

Non-respect des mesures de réquisition. L'article L. 3136-1 prévoyait déjà des sanctions (six mois d'emprisonnement et 10 000 euros d'amende) en cas de non-respect des mesures de réquisition adoptées en application des articles L. 3131-1 et suivants (menace sanitaire) par les préfets de département (V. comm. ss. art. L. 3131-8) ou par les préfets de zone de défense et le Premier ministre (V. comm. ss. art. L. 3131-9).

Afin d'assurer l'affectivité des dispositions relatives à l'état d'urgence sanitaire, le législateur a créé de nouvelles incriminations : le non-respect des mesures de réquisition de toute personne et de tous biens et services nécessaires à la lutte contre la catastrophe sanitaire adoptées par le Premier ministre (V. comm. ss art. L. 3131-15), le ministre chargé de la santé (art. L. 3131-16) ou le préfet (art. L. 3131-17), donne lieu à des sanctions identiques à celles prévues dans le cadre de la menace sanitaire, à savoir six mois d'emprisonnement et 10 000 euros d'amende.

Violation des autres interdictions et obligations. La sévérité de la sanction liée à violation des autres interdictions ou obligations édictées en application des articles L. 3131-1 (réponse à une menace sanitaire, V. comm. ss. cet art.) et L. 3131-15 à L. 3131-17 (mesures intervenant dans le cadre de l'état d'urgence sanitaire, V. comm. ss. ces art.) ne dépend pas de la gravité de la violation constatée, mais du nombre d'infractions. Ainsi, la première violation de l'une de ces interdictions ou obligations est punie de l'amende prévue pour les contraventions de la quatrième classe. Si la violation est à nouveau constatée dans un délai de 15 jours, l'amende est celle prévue pour les contraventions de cinquième classe. Enfin, si la violation est verbalisée plus de trois fois en trente jours, les faits sont punis de six mois d'emprisonnement et de 3 750 € d'amende ainsi que de la peine complémentaire de travail d'intérêt général et, lorsque l'infraction a été commise à l'aide d'un véhicule, de la peine complémentaire de suspension, pour une durée de trois ans au plus, du permis de conduire. De la sorte, la quatrième violation d'une interdiction ou d'une obligation édictée sous l'empire des articles L. 3131-1 ou L. 3131-15 à L. 3131-17, constitue un délit.

Reste que la doctrine (V. Mésa, Les restrictions à la liberté d'aller et venir et les infractions liées à l'état d'urgence sanitaire et au covid-19, *Gaz. Pal., n° 14, 7 avr. 2020, p. 23*) n'a pas manqué de relever que la caractérisation de la contravention de cinquième classe et celle du délit peut présenter des difficultés. Il existe, en effet, des incertitudes quant à la réunion des conditions de punissabilité de l'infraction poursuivie : il suffit qu'une verbalisation antérieure soit mise en cause pour faire obstacle à la consommation certaine de l'infraction.

En outre, les peines peuvent sembler peu sévères, et donc peu dissuasives, en comparaison de celles prévues par l'Allemagne (V. Mésa, Les restrictions à la liberté d'aller et venir et les infractions liées à l'état d'urgence sanitaire et au covid-19, *Gaz. Pal., n° 14, 7 avr. 2020, p. 23*).

Au vu de ces lacunes, le recours à d'autres qualifications, prévu dans le code pénal (plus particulièrement le délit prévu à l'art. 223-7), pourrait s'avérer utile (V. Mésa, Les restrictions à la liberté d'aller et venir et les infractions liées à l'état d'urgence sanitaire et au covid-19, *Gaz. Pal., n° 14, 7 avr. 2020, p. 23*).

Exécution d'office des mesures prescrites en application des articles L. 3131-1 et L. 3131-15 à L. 3131-17. L'application des sanctions pénales prévues à l'article L. 3136-1 ne fait pas obstacle à l'exécution d'office par l'autorité administrative des mesures prescrites en application de l'article L. 3131-1 (menaces sanitaires) et L. 3131-15 à L. 3131-17 (mesures prises par les Premier ministre, ministre chargé de la santé et préfets dans le cadre de l'état d'urgence sanitaire). ❑

1. Conformité à la Constitution des al. 5 et 7 de l'art. L. 3136-1. Les dispositions des al. 5 et 7 de l'art. L. 3136-1 issues de la L. n° 2020-546 du 11 mai 2020 sont conformes à la Constitution. • Cons. const. 11 mai 2020, n° 2020-800 DC : *Gaz. Pal., 2 juin 2016, n° 20, p. 16, note Gicquel ; LDFP, n° 6, 1er juin 2020, p. 1, obs. Larralde.*

2. Constitutionnalité de l'al. 4 de l'art. L. 3136-1. Sur le renvoi au Conseil constitutionnel d'une QPC portant sur les dispositions de l'al. 4 de l'art. L. 3136-1 qui incriminent la violation d'interdictions ou obligations édictées en application du 2° de l'art. L. 3131-15, V. • Crim. 13 mai 2020, nos 20-90.004, 20-90.003 et 20-90.006 : *Gaz. Pal., n° 24, 30 juin 2020, p. 32, obs. Méric ; D. 2020. 1036.* ♦ Les dispositions de l'al. 4 de l'art. L. 3136-1, qui répriment la violation réitérée du confinement (prévu au 2° de l'art. L. 3131-15 CSP), auquel le pouvoir réglementaire ne peut aménager d'exception que si elles sont strictement proportionnées aux risques sanitaires encourus et appropriées aux circonstances de temps et de lieu, ont été jugées conformes à la Constitution. • Cons. const. 26 juin 2020, n° 2020-846/847/848 QPC.

Art. L. 3136-2 *(L. n° 2020-546 du 11 mai 2020, art. 1er)* **L'article 121-3 du code pénal est applicable en tenant compte des compétences, du pouvoir et des moyens dont disposait l'auteur des faits dans la situation de crise ayant justifié l'état d'urgence sanitaire, ainsi que de la nature de ses missions ou de ses fonctions, notamment en tant qu'autorité locale ou employeur.**

COMMENTAIRE

Responsabilité pénale des décideurs privés ou publics chargés d'exécuter les mesures de l'état d'urgence sanitaire. La loi du 11 mai 2020, de prorogation de l'état d'urgence sanitaire, introduit un nouvel article dans le code de la santé publique, précisant que l'article 121-3 du code pénal, relatif aux infractions d'homicides ou de blessures involontaires, est applicable en tenant compte des compétences, du pouvoir et des moyens dont disposait l'auteur des faits dans la situation de crise ayant justifié l'état d'urgence sanitaire, ainsi que de la nature de ses missions ou de ses fonctions, notamment en tant qu'autorité locale ou employeur.

Cette disposition, liée à l'état d'urgence sanitaire, ne concerne pas les faits antérieurs à sa déclaration. Elle ne modifie donc pas les conditions d'engagement de la responsabilité pénale, prévues à l'article 121-3 du code pénal, pour des faits survenus avant l'instauration de l'état d'urgence sanitaire.

L'application de l'article L. 3136-2 ne se limite pas à l'autorité locale et l'employeur, comme le fait ressortir l'emploi de l'adverbe « notamment ». Elle touche tout décideur susceptible de se trouver en situation d'exécution, de mise en œuvre, des mesures prises dans le cadre de l'état d'urgence sanitaire, par exemple, les responsables d'établissements publics. En revanche, ce texte n'a pas vocation à s'appliquer à ceux qui déterminent les mesures, qui décident de la stratégie, dans le cadre de l'état d'urgence sanitaire.

Nécessaire appréciation in concreto de la faute non intentionnelle. La responsabilité pénale des personnes chargées de la mise en œuvre des mesures prévues dans le cadre de l'état d'urgence sanitaire s'apprécie *in concreto*, le législateur précisant qu'il est tenu compte des compétences, du pouvoir et des moyens dont il disposait, ainsi que de la nature de ses missions ou de ses fonctions. Le juge pénal devra, avant de se prononcer sur une éventuelle responsabilité, vérifier chacun de ces éléments, toute personne mise en cause devant être jugée selon ses moyens et des fonctions. ❑

Conformité à la Constitution de l'art. L. 3136-2. L'art. L. 3136-2 relatif aux conditions d'engagement de la responsabilité pénale en cas de catastrophe sanitaire ne contrevient à aucune exigence constitutionnelle. • Cons. const. 11 mai 2020, n° 2020-800 DC : *Gaz. Pal., 2 juin 2016, n° 20, p. 16, note Gicquel ; LDFP, 1er juin 2020, n° 6, p. 1, obs. Larralde.*

LOI N° 2020-856 DU 9 JUILLET 2020

Organisant la sortie de l'état d'urgence sanitaire.

COMMENTAIRE

Présentation. La lutte contre l'épidémie de covid-19 a conduit les pouvoirs publics à adopter, par la loi n° 2020-290 du 23 mars 2020 d'urgence pour faire face à l'épidémie de covid-19, un nouveau régime d'exception, l'état d'urgence sanitaire (V. comm. ss. art. L. 3131-12 s.). La même loi a engagé ce régime sur l'ensemble du territoire national pour une durée de deux mois, soit jusqu'au 24 mai. Puis, la loi n° 2020-546 du 11 mai 2020 prorogeant l'état d'urgence sanitaire et complétant ses dispositions en a prorogé l'usage jusqu'au 10 juillet inclus, portant sa durée d'application sur l'ensemble du territoire national à près de seize semaines.

L'amélioration de la situation sanitaire, marquée par une circulation fortement ralentie du virus, sur la quasi-totalité du territoire national (Mayotte et la Guyane faisant figure d'exception), enregistrée au début du mois de juin 2020, a néanmoins imposé d'envisager la sortie de l'état d'urgence sanitaire, dont la mise en œuvre est régie par les principes de nécessité et de proportionnalité. Le comité de scientifiques (prévu à l'art. L. 3131-19, V. comm. ss. cet art.) a confirmé dans son avis du 8 juin qu'au vu de la situation épidémiologique une sortie de l'état d'urgence sanitaire était justifiée.

A cette date, l'épidémie n'était pas éradiquée et l'évolution de la situation sanitaire encore incertaine, rien ne permettant d'exclure l'hypothèse d'une recrudescence des contaminations, hélas confirmée depuis. Par ailleurs, certaines activités demeuraient encore interdites ou encadrées par voie réglementaire et leur pleine reprise n'était pas nécessairement envisageable dès la fin de l'état d'urgence sanitaire.

Aussi, un projet de loi, tentant de concilier la nécessité d'organiser la fin de l'état d'urgence sanitaire et le maintien d'une capacité de réaction face à l'épidémie a été déposé à l'Assemblée nationale le 10 juin. Ce projet a conduit au vote de la loi n° 2020-856 du 9 juillet 2020, organisant la sortie de l'état d'urgence sanitaire. Par ce texte, le législateur acte la fin de la mise en œuvre de l'état d'urgence sanitaire à compter du 11 juillet, à l'exception de Mayotte et de la Guyane qui demeurent soumis à ce régime jusqu'au 30 octobre. La nouvelle législation définit également des règles transitoires de sortie de l'état d'urgence sanitaire, applicables du 11 juillet au 30 octobre, afin de permettre l'édiction de mesures réglementaires nécessaires et proportionnées aux risques sanitaires encore présents. La loi est complétée par le décret n° 2020-860 du 10 juillet 2020, plusieurs fois modifié, ainsi qu'un arrêté du même jour, ultérieurement modifié lui aussi, et le décret n° 2020-1018 du 7 août 2020.

Le choix de légiférer pour sortir de l'état d'urgence sanitaire a fait débat : au lieu de légiférer, ne pouvait-on pas simplement lever l'état d'urgence sanitaire et faire jouer les dispositions déjà existantes, prévues aux articles L. 3131-1 et suivants (V. comm. ss. ces art.) consacrées aux menaces sanitaires graves ? Dans le point 6 de son avis sur le projet de loi organisant la sortie de l'état d'urgence sanitaire, le Conseil d'État (CE, avis sur le projet de loi organisant la fin de l'état d'urgence sanitaire, n° 400322) a, pour sa part, avalisé la position du Gouvernement, considérant que l'article L. 3131-1 du code de la santé publique relatif aux pouvoirs propres du ministre chargé de la santé en cas de menace sanitaire ne donnerait pas aux mesures envisagées par le Gouvernement une base légale suffisamment solide dans le contexte d'une sortie de crise, et mettant en avant le caractère transitoire et limité dans le temps de ce nouveau texte.

Reste que, avec cette nouvelle loi, depuis le 11 juillet 2020, le fondement législatif des mesures prises diffère, selon que le territoire concerné est encore sous le régime de l'état d'urgence sanitaire (art. L. 3131-12 s.) ou en est sorti (régime transitoire de la L. du

9 juill. 2020 et les art. L. 3131-1 s.). Ce mille-feuille législatif n'est guère intelligible et le pouvoir réglementaire a tenté de privilégier un vecteur commun à l'ensemble de ces textes, afin d'en améliorer la lisibilité : ainsi le décret n° 2020-860 du 10 juillet 2020 modifié prescrit-il les mesures générales pour faire face à l'épidémie de covid-19, non seulement dans les territoires sortis de l'état d'urgence sanitaire, mais encore dans ceux où il a été prorogé. Autrement dit, les mesures prises sur le fondement de l'article L. 3131-15 (état d'urgence sanitaire), de l'article 1er de la loi du 9 juillet 2020 ainsi que, s'agissant des quarantaines et mises à l'isolement et des réquisitions dans les territoires sortis de l'état d'urgence sanitaire, sur le fondement des articles L. 3131-1, L. 3131-8 et L. 3131-9 du code de la santé publique, sont définies par un même texte, le décret n° 2020-860 du 10 juillet 2020 modifié. Dans ce décret, les articles spécifiques aux territoires où l'état d'urgence sanitaire est déclaré sont identifiés grâce au suffixe « *EUS* ».

Au mois de septembre, de manière anticipée, la Guyane et Mayotte ont pu, à leur tour, sortir de l'état d'urgence sanitaire au vu de l'amélioration de leur situation épidémiologique, et le régime transitoire de sortie de l'état d'urgence sanitaire a pris le relais à partir du 18 septembre (Décr. n° 2020-1143 du 16 sept. 2020).

Ce régime transitoire, désormais appliqué sur l'ensemble du territoire jusqu'au 30 octobre, s'apparente à un état d'urgence sanitaire édulcoré et se traduit par l'application de règles d'exception, potentiellement attentatoires aux libertés (V. *infra*).

Prorogation possible du régime transitoire. Au vu de la dégradation des indicateurs de suivi épidémiologique sur de nombreux territoires courant septembre, le Gouvernement a estimé nécessaire de maintenir au-delà du 30 octobre 2020 les mesures réglementaires permises par le régime transitoire applicable depuis le 11 juillet dernier pour maîtriser au mieux la reprise de l'épidémie. C'est pourquoi, fort de l'avis du comité de scientifiques (dont l'activité a été maintenue) rendu le 12 septembre, il a déposé le 16 septembre 2020 un projet de loi (n° 3340) prorogeant le régime transitoire institué à la sortie de l'état d'urgence sanitaire. Ainsi, en raison des incertitudes, tant sur l'évolution prochaine de la situation sanitaire que sur la disponibilité d'une solution pérenne – telle la diffusion d'un vaccin – à l'épidémie, le projet de loi prévoit de repousser la date butoir d'application du régime transitoire, prévue le 30 octobre, au 1er avril 2021.

En complément, et compte tenu de leur importance stratégique pour la gestion et le suivi de l'épidémie, le projet de loi (n° 3340) envisage la prolongation, jusqu'à cette même date, de la mise en œuvre des systèmes d'information dédiés à la lutte contre l'épidémie de covid-19 (« SI-DEP » et « Contact Covid »), ainsi que de la possibilité de conserver les données pseudonymisées collectées dans ces systèmes aux fins de suivi épidémiologique et de recherche sur le virus.

La date du 1er avril 2021 a été choisie en cohérence avec la clause de caducité prévue à l'article 7 de la loi du 23 mars 2020 pour le régime de l'état d'urgence sanitaire (V. comm. ss. chap. Ier *bis* « État d'urgence sanitaire »). Cela permettra de centrer, dans les prochains mois, la réflexion du législateur sur l'éventuelle mise en place d'un régime pérenne d'état d'urgence sanitaire, plutôt que de consacrer du temps à légiférer périodiquement sur la prorogation du régime transitoire. A cet égard, le Gouvernement a prévu de saisir le Parlement, d'ici janvier 2021, d'un projet de loi dédié à l'instauration d'un dispositif pérenne de gestion de l'urgence sanitaire et souhaite appliquer le régime transitoire jusqu'à l'adoption du nouveau régime (V. l'exposé des motifs du projet de loi n° 3340, prorogeant le régime transitoire institué à la sortie de l'état d'urgence sanitaire).

Absence de codification des dispositions transitoires dans le code de la santé publique. Dans le point 5 de son avis sur le projet de loi organisant la sortie de l'état d'urgence sanitaire, le Conseil d'État préconise de ne pas codifier ces dispositions dans le code de la santé publique (CE, avis sur le projet de loi organisant la fin de l'état d'urgence sanitaire, n° 400322). En effet, le dispositif prévu dans le projet est lié à l'état d'urgence sanitaire déclaré pour faire face à l'épidémie de covid-19 par l'article 4 de la loi n° 2020-290 du 23 mars 2020 et prorogé par l'article 1er de la loi n° 2020-546 du 11 mai 2020 : les mesures envisagées dans le projet de loi ainsi que leur durée ont été conçues pour répondre aux nécessités propres à cette épidémie. Par conséquent, l'application d'un tel dispositif à d'autres catastrophes sanitaires donnant lieu à déclaration de l'état d'urgence sanitaire serait certainement vouée à l'échec faute d'être adapté, tant les causes possibles de catastrophes et la nature des mesures susceptibles de les juguler sont diverses.

Dans ces conditions, le Conseil d'État estime que le régime de sortie de l'état d'urgence proposé par le texte, conçu et adapté, dans ses mesures comme dans sa temporalité, aux seuls besoins de la gestion de la fin de la crise provoquée par la covid-19 ne constitue pas un régime permanent mais s'applique exclusivement à l'état d'urgence déclaré le 23 mars 2020 et prorogé le 11 mai 2020. ❑

1. Choix de légiférer pour sortir de l'état d'urgence sanitaire. V. * CE, avis sur le projet de loi organisant la fin de l'état d'urgence sanitaire, n° 400322.

2. Absence de codification des dispositions de la L. n° 2020-856 du 9 juill. 2020. V. * CE, avis sur le projet de loi organisant la fin de l'état d'urgence sanitaire, n° 400322, pt 5.

Art. 1er I. – A compter du 11 juillet 2020, et jusqu'au 30 octobre 2020 inclus, hors des territoires mentionnés à l'article 2, le Premier ministre peut, par décret pris sur le rapport du ministre chargé de la santé, dans l'intérêt de la santé publique et aux seules fins de lutter contre la propagation de l'épidémie de covid-19 :

1° Réglementer ou, dans certaines parties du territoire dans lesquelles est constatée une circulation active du virus, interdire la circulation des personnes et des véhicules, ainsi que l'accès aux moyens de transport collectif et les conditions de leur usage et, pour les seuls transports aériens et maritimes, interdire ou restreindre les déplacements de personnes et la circulation des moyens de transport, sous réserve des déplacements strictement indispensables aux besoins familiaux, professionnels et de santé ;

2° Réglementer l'ouverture au public, y compris les conditions d'accès et de présence, d'une ou de plusieurs catégories d'établissements recevant du public ainsi que des lieux de réunion, à l'exception des locaux à usage d'habitation, en garantissant l'accès des personnes aux biens et services de première nécessité.

La fermeture provisoire d'une ou de plusieurs catégories d'établissements recevant du public ainsi que des lieux de réunions peut, dans ce cadre, être ordonnée lorsqu'ils accueillent des activités qui, par leur nature même, ne permettent pas de garantir la mise en œuvre des mesures de nature à prévenir les risques de propagation du virus ou lorsqu'ils se situent dans certaines parties du territoire dans lesquelles est constatée une circulation active du virus ;

3° Sans préjudice des articles L. 211-2 et L. 211-4 du code de la sécurité intérieure, réglementer les rassemblements de personnes, les réunions et les activités sur la voie publique et dans les lieux ouverts au public ;

4° Imposer aux personnes souhaitant se déplacer par transport public aérien à destination ou en provenance du territoire métropolitain ou de l'une des collectivités mentionnées à l'article 72-3 de la Constitution de présenter le résultat d'un examen biologique de dépistage virologique ne concluant pas à une contamination par le covid-19.

Le présent 4° ne s'applique pas aux déplacements par transport public aérien en provenance de l'une des collectivités mentionnées à l'article 72-3 de la Constitution qui n'est pas mentionnée dans la liste des zones de circulation de l'infection mentionnée au II de l'article L. 3131-15 du code de la santé publique.

II. – Lorsque le Premier ministre prend des mesures mentionnées au I, il peut habiliter le représentant de l'État territorialement compétent à prendre toutes les mesures générales ou individuelles d'application de ces dispositions.

Lorsque les mesures prévues au même I doivent s'appliquer dans un champ géographique qui n'excède pas le territoire d'un département, le Premier ministre peut habiliter le représentant de l'État dans le département à les décider lui-même. Les décisions sont prises par ce dernier après avis du directeur général de l'agence régionale de santé. Cet avis est rendu public.

Le Premier ministre peut également habiliter le représentant de l'État dans le département à ordonner, par arrêté pris après mise en demeure restée sans effet, la fermeture des établissements recevant du public qui ne mettent pas en œuvre les obligations qui leur sont imposées en application du 2° dudit I.

III. – Les mesures prescrites en application du présent article sont strictement proportionnées aux risques sanitaires encourus et appropriées aux circonstances de temps et de lieu. Il y est mis fin sans délai lorsqu'elles ne sont plus nécessaires. Les mesures individuelles font l'objet d'une information sans délai du procureur de la République territorialement compétent.

IV. – Les mesures prises en application du présent article peuvent faire l'objet, devant le juge administratif, des recours présentés, instruits et jugés selon les procédures prévues aux articles L. 521-1 et L. 521-2 du code de justice administrative.

V. – L'Assemblée nationale et le Sénat sont informés sans délai des mesures prises par le Gouvernement au titre du présent article. L'Assemblée nationale et le Sénat peuvent requérir toute information complémentaire dans le cadre du contrôle et de l'évaluation de ces mesures.

VI. — Par dérogation à la dernière phrase de l'article L. 3131-19 du code de la santé publique, le comité de scientifiques mentionné au même article L. 3131-19 se réunit pendant la période mentionnée au I du présent article et rend périodiquement des avis sur les mesures prescrites en application du même I ainsi que sur les mesures prises par le ministre chargé de la santé en application de l'article L. 3131-1 du code de la santé publique. Les avis du comité de scientifiques sont rendus publics sans délai.

VII. — Les troisième à septième et les deux derniers alinéas de l'article L. 3136-1 du code de la santé publique sont applicables aux mesures prises en application des I et II du présent article.

VIII. — Les I à VII du présent article s'appliquent sur tout le territoire de la République.

IX. — A. — A la première phrase du premier alinéa du II de l'article L. 3131-15 du code de la santé publique, le mot : "national" est remplacé par le mot : "hexagonal".

B. — Le présent IX n'est pas applicable aux personnes en provenance de l'une des collectivités mentionnées à l'article 72-3 de la Constitution qui n'est pas mentionnée dans la liste des zones de circulation de l'infection mentionnée au II de l'article L. 3131-15 du code de la santé publique.

X. — Les attributions dévolues au représentant de l'État par le présent article sont exercées à Paris et sur les emprises des aérodromes de Paris-Charles de Gaulle, du Bourget et de Paris-Orly par le préfet de police.

V. Décr. n° 2020-860 du 10 juill. 2020 prescrivant les mesures générales nécessaires pour faire face à l'épidémie de covid-19 dans les territoires sortis de l'état d'urgence sanitaire et dans ceux où il a été prorogé (JO 11 juill.), mod. par Décr. n° 2020-1179 du 26 sept. 2020 (JO 27 sept.) et Arr. du 10 juill. 2020 prescrivant les mesures générales nécessaires pour faire face à l'épidémie de covid-19 dans les territoires sortis de l'état d'urgence sanitaire et dans ceux où il a été prorogé (JO 11 juill., NOR : SSAZ2018110A) ; mod. par Arr. du 25 sept. 2020 (JO 27 sept., NOR/ SSAZ32023833A).

COMMENTAIRE

Présentation. Si, en principe, la sortie de l'état d'urgence sanitaire marque le retour de la compétence du ministre chargé de la santé au titre de l'article L. 3131-1 (dispositif destiné à répondre aux menaces sanitaires, V. comm. ss. art. L. 3131-1), l'article 1er de la moi n° 2020-856 du 9 juillet 2020 autorise le Premier ministre à prendre, à compter du 11 juillet 2020 et jusqu'au 30 octobre 2020 inclus, diverses mesures dans l'intérêt de la santé publique et aux seules fins de lutter contre la propagation de l'épidémie de covid-19. Le Premier ministre, comme sous le régime de l'état d'urgence sanitaire, intervient par décret réglementaire pris sur rapport du ministre chargé de la santé. L'article 2, III, de cette même loi précise que ces mesures peuvent être prises sur les territoires dans lesquels l'état d'urgence sanitaire n'est pas en cours d'application.

Ainsi, pendant une période de presque quatre mois suivant la fin de l'état d'urgence sanitaire, le Premier ministre dispose du pouvoir de prendre des mesures relatives aux déplacements et moyens de transports, aux établissements recevant du public et aux rassemblements sur la voie publique, dans des conditions et avec des exigences qui s'apparentent à celles prises en application des 1°, 5° et 6° de l'article L. 3131-15 du code de la santé publique. S'ajoute à cela la faculté d'imposer un test virologique, dans des situations limitées, aux personnes souhaitant se déplacer par transport public aérien.

Les mesures doivent être strictement proportionnées aux risques sanitaires encourus et aux circonstances de temps et de lieu. Il y est, par ailleurs, mis fin lorsqu'elles ne sont plus nécessaires. Quant aux mesures individuelles, elles font l'objet d'une information sans délai du procureur de la République territorialement compétent. Ce dispositif, encore extrêmement sévère pour les libertés publiques, a été jugé conforme à la Constitution par le Conseil constitutionnel (Cons. const. 9 juill. 2020, n° 2020-803 DC).

Lorsque d'autres catégories de mesures sont nécessaires, elles pourront intervenir sur le fondement des articles L. 3131-1 et suivants du code de la santé publique, au titre de la menace sanitaire (V. comm. ss. ces art.), dans les formes imposées par ces textes. Ainsi les autorités administratives disposent-elles à la fois du cadre issu des articles L. 3131-1 et suivants du code de la santé publique et des nouvelles dispositions prévues dans la loi du 9 juillet 2020, non codifiées dans le code de la santé publique.

Quant aux territoires relevant de l'état d'urgence sanitaire, ils sont régis par les articles L. 3131-12 et suivants du code de la santé publique.

Si les fondements législatifs des mesures prises diffèrent selon que le territoire relève encore ou non du régime de l'état d'urgence sanitaire, un décret commun, le décret n° 2020-860 du 10 juillet 2020 modifié, tente d'améliorer la lisibilité du dispositif en prescrivant les mesures générales pour faire face à l'épidémie de covid-19 non seulement dans les territoires sortis de l'état d'urgence sanitaire, mais encore dans ceux où il a été prorogé. Autrement dit, les mesures prises sur le fondement de l'article L. 3131-15 (état d'urgence sanitaire), de l'article 1er de la loi du 9 juillet 2020 ainsi que, s'agissant des quarantaines et mises à l'isolement et des réquisitions dans les territoires sortis de l'état d'urgence sanitaire, sur le fondement des articles L. 3131-1, L. 3131-8 et L. 3131-9 du code de la santé publique, sont définies par un même texte, le décret n° 2020-860 du 10 juillet 2020 modifié. Dans ce texte, les articles spécifiques aux territoires où l'état d'urgence sanitaire est déclaré sont identifiés grâce au suffixe « *EUS* ».

En complément de ce décret du Premier ministre, un arrêté du 10 juillet 2020 (modifié depuis) pris par le ministre des Solidarités et de la Santé sur le fondement des articles L. 3131-1 et, pour les territoires encore en état d'urgence sanitaire, L. 3131-16, prescrit les mesures générales nécessaires pour faire face à l'épidémie de covid-19 dans les territoires sortis de l'état d'urgence sanitaire et dans ceux où il a été prorogé (*NOR : SSAZ2018110A*). Tout comme le décret n° 2020-860 du même jour, l'arrêté comporte des articles propres aux territoires où l'état d'urgence sanitaire est déclaré, les autres articles étant, sauf disposition contraire, applicables aussi bien sur ces territoires que sur ceux qui ne sont pas en état d'urgence sanitaire.

I. ARTICLE 1ER DE LA LOI N° 2020-856 DU 9 JUILLET 2020

A. RÉPARTITION DES COMPÉTENCES

1° Pouvoirs du Premier ministre

Déplacements et moyens de transport. Les prérogatives du Premier ministre s'apparentent, en la matière, à celles dont il dispose lors de l'état d'urgence sanitaire, au titre de l'article L. 3131-15, I, 1°.

Le Premier ministre a, tout d'abord, le pouvoir de restreindre, voire d'interdire dans certaines parties du territoire dans lesquelles est constatée une circulation active du virus, les déplacements de personnes et la circulation des véhicules au regard de l'évolution de l'épidémie de covid-19 sur le territoire. En revanche, contrairement à ce qui prévaut en matière d'état d'urgence sanitaire, le Premier ministre ne peut édicter une interdiction de sortie du domicile de l'ensemble de la population, autrement dit, une mesure de confinement généralisé. En effet, il ressort des travaux parlementaires que l'interdiction de déplacement des personnes ne peut conduire à leur interdire de sortir de leur domicile ou de ses alentours.

Il peut, ensuite, réglementer, sur tout le territoire, l'accès aux moyens de transport collectifs des voyageurs (train, bus, métro, tramway) et interdire (mais uniquement dans les parties du territoire dans lesquelles est constatée une circulation active du virus) la circulation ou l'accès à ces mêmes moyens de transport collectifs. Ainsi, par exemple, le décret n° 2020-860 du 10 juillet 2020 (art. 15) prévoit que toute personne de onze ans ou plus qui accède ou demeure dans les véhicules ou dans les espaces accessibles au public et affectés au transport public de voyageurs porte un masque de protection.

Enfin, plus spécifiquement, pour les transports aériens et maritimes, le Premier ministre peut interdire ou restreindre les déplacements de personnes et la circulation de ces moyens de transport, sans qu'il soit nécessaire de constater au préalable une circulation active du virus. À titre d'illustration, le décret n° 2020-860 du 10 juillet 2020 (art. 10) a interdit, sauf s'ils sont fondés sur un motif impérieux d'ordre personnel ou familial, un motif de santé relevant de l'urgence ou un motif professionnel ne pouvant être différé, les déplacements de personnes par transport public aérien entre, d'une part, la Guyane, Mayotte, la Polynésie française, la Nouvelle-Calédonie ou Wallis-et-Futuna et, d'autre part, tout point du territoire de la République.

Cet ensemble de mesures susceptibles d'être adoptées est assorti d'une exception générale pour les déplacements strictement indispensables aux besoins familiaux, professionnels et de santé.

Le Conseil constitutionnel a estimé que le législateur avait procédé par ces dispositions à une conciliation équilibrée entre l'objectif de valeur constitutionnelle de protection de la santé et le respect des droits et libertés reconnus à toutes les personnes qui résident sur le territoire de la République, au nombre desquels figure la liberté d'aller et venir, composante de la liberté personnelle protégée par les articles 2 et 4 de la Déclaration de 1789 (Cons. const. 9 juill. 2020, n° 2020-803 DC, § 16).

Établissements recevant du public. Les prérogatives du Premier ministre s'apparentent, en la matière, à celles dont il dispose lors de l'état d'urgence sanitaire, au titre de l'article L. 3131-15, I, 5°.

De manière identique au pouvoir qui lui est conféré lors de la mise en œuvre de l'état d'urgence sanitaire, le Premier ministre peut réglementer l'ouverture au public, y compris les conditions d'accès et de présence, d'une ou de plusieurs catégories d'établissements recevant du public ainsi que des lieux de réunion, à l'exception des locaux à usage d'habitation, en garantissant l'accès des personnes aux biens et services de première nécessité.

Il peut également ordonner la fermeture provisoire d'une ou plusieurs catégories d'établissements recevant du public ainsi que des lieux de réunions, mais cette faculté est conditionnée : ce type de mesure peut uniquement intervenir lorsque sont accueillies des activités qui, par leur nature même, ne permettent pas de garantir la mise en œuvre des mesures destinées à prévenir les risques de propagation du virus ou lorsque les établissements et lieux de réunion se situent dans certaines parties du territoire dans lesquelles est constatée une circulation active du virus (sur les zones de circulation active du virus, V. *infra*, II, A).

Le Conseil constitutionnel a estimé que les mesures de fermeture provisoire, prises dans le but de remédier au risque accru de contamination que présente la fréquentation publique de ces lieux, répondent à l'objectif de valeur constitutionnelle de protection de la santé (Cons. const. 9 juill. 2020, n° 2020-803 DC, § 21).

A titre d'illustration, sur cette base, le décret n° 2020-860 du 10 juillet 2020 (art. 45) a prévu que les établissements de type P (« salles de danse ») ne peuvent accueillir de public. Le Conseil d'État a refusé de suspendre l'exécution de cette disposition, malgré la gravité de l'atteinte portée aux libertés publiques, la mesure n'ayant pas été jugée disproportionnée au regard de l'objectif de protection de la santé publique (CE, ord., 13 juill. 2020, n° 441449 ; ord., 20 juill. 2020, n° 441801 ; ord., 28 juill. 2020, n° 442039).

Rassemblements, réunions et activités sur la voie publique et dans les lieux ouverts au public. Dans le cadre de l'état d'urgence sanitaire, le Premier ministre a la faculté de limiter ou interdire les rassemblements sur la voie publique ainsi que les réunions de toute nature (art. L. 3131-15, I, 6°). Avec le régime transitoire, il peut réglementer les rassemblements de personnes, les réunions et les activités sur la voie publique et dans les lieux ouverts au public, prérogative qu'il exerce sans préjudice des articles L. 211-2 et L. 211-4 du code de la sécurité intérieure.

Cette réglementation ne peut se fonder que pour des motifs tenant à l'intérêt de la santé publique et aux seules fins de lutte contre la propagation de l'épidémie de covid-19.

Selon le Conseil constitutionnel, une telle réglementation, qui concerne des situations où il existe un risque accru de propagation de l'épidémie, du fait de la rencontre ponctuelle d'un nombre important de personnes venant parfois d'un lieu éloigné, répond à l'objectif de valeur constitutionnelle de protection de la santé (Cons. const. 9 juill. 2020, n° 2020-803 DC, § 24).

Le Conseil constitutionnel a, par ailleurs, pris soin de préciser qu'à la lumière des travaux préparatoires, la référence aux dispositions du code de la sécurité intérieure permet de considérer que le législateur n'a pas autorisé le Premier ministre à substituer un régime d'autorisation préalable au régime déclaratif qui s'applique à l'organisation des manifestations sur la voie publique (Cons. const. 9 juill. 2020, n° 2020-803 DC, § 25).

Cette précision fait écho à une ordonnance de référé prise par le Conseil d'État lors de la mise en œuvre de l'état d'urgence sanitaire : le juge avait suspendu l'interdiction de manifester découlant du décret n° 2020-724 du 14 juin 2020, qui, tout en réitérant l'interdiction prévue dans le décret du 31 mai 2020, soumettait les manifestations à autorisation du préfet de département, l'autorisation étant conditionnée au fait que l'organisation de la manifestation permette le respect des « mesures barrières » (CE, ord., 6 juill. 2020, n° 441257 : *AJDA 2020. 1385*).

Dépistage virologique. Le Premier ministre peut imposer aux personnes souhaitant se déplacer par transport public aérien à destination ou en provenance du territoire métropolitain ou de l'une des collectivités mentionnées à l'article 72-3 de la Constitution de présenter le résultat d'un examen biologique de dépistage virologique ne concluant pas à une contamination par la covid-19.

Cette disposition ne s'applique pas aux déplacements par transport public aérien en provenance de l'une des collectivités mentionnées à l'article 72-3 de la Constitution qui n'est pas énoncée dans la liste des zones de circulation de l'infection mentionnée au II de l'article L. 3131-15 du code de la santé publique (liste fixée par arrêté du ministre chargé de la santé).

A titre d'illustration, sur cette base, le décret n° 2020-860 du 10 juillet 2020 (art. 11, II) a prévu l'obligation de présenter le résultat d'un examen biologique de dépistage virologique réalisé moins de 72 heures avant le vol ne concluant pas à une contamination par la covid-19 pour les personnes de onze ans ou plus souhaitant se déplacer par transport public aérien à destination de l'une des collectivités mentionnées à l'article 72-3 de la Constitution ou du territoire métropolitain depuis un pays étranger mentionné sur la liste figurant en annexe 2 *bis*.

Ce délai de 72 heures peut être difficile à tenir. Aussi, les Français qui établissent devoir rentrer en métropole de manière urgente et n'avoir pu, malgré leurs efforts, présenter le résultat d'un examen biologique réalisé dans le délai de 72 heures exigé, se voient délivrer par le consul de France compétent, s'ils en font la demande, un « laissez-passer sanitaire » leur permettant d'embarquer dans un vol à destination de la métropole où ils devront réaliser un examen biologique à leur arrivée. Ce dispositif, qui a été notifié aux compagnies aériennes, initialement prévu pour être transitoire, a été maintenu au-delà de la date butoir du 17 août fixée à l'origine, afin de tenir compte des difficultés pratiques pouvant être rencontrées dans la réalisation d'un examen biologique et l'obtention de son résultat dans le délai de 72 heures impartie par le décret.

Décret n° 2020-860 du 10 juillet 2020. Sur le fondement de l'article 1er de la loi du 9 juillet 2020, le Premier ministre a pris le décret n° 2020-860 du 10 juillet 2020. Ce texte a été plusieurs fois modifié, en vue d'adapter la réponse réglementaire à l'évolution de la situation sanitaire (sur la teneur de ce Décr., V. *infra*, II).

2° Pouvoirs du ministre chargé de la santé

Pouvoirs du ministre en charge de la santé. La loi n° 2020-856 du 9 juillet 2020 ne confère pas de compétences spécifiques au ministre en charge de la santé pendant la période transitoire de sortie de l'état d'urgence sanitaire.

Le ministre chargé de la santé n'est toutefois pas dépourvu de moyens d'action, dans la mesure où il peut intervenir sur le fondement de l'article L. 3131-1 du code de la santé publique (V. comm. ss. art. L. 3131-1).

Cet article prévoit qu'en cas de menace sanitaire grave ou après la fin de l'état d'urgence sanitaire, en vue d'assurer la disparition durable de la situation de crise sanitaire, le ministre chargé de la santé peut, par arrêté motivé, prescrire dans l'intérêt de la santé publique toute mesure proportionnée aux risques courus et appropriée aux circonstances de temps et de lieu afin de prévenir et de limiter les conséquences des menaces possibles sur la santé de la population.

L'article L. 3131-1 permet également au ministre chargé de la santé de prendre des mesures individuelles ayant pour objet la mise en quarantaine, le placement et le maintien en isolement de personnes affectées ou susceptibles d'être affectées. De telles mesures sont alors prononcées dans les conditions prévues par le régime de l'état d'urgence sanitaire, aux II des articles L. 3131-15 et L. 3131-17 du code de la santé publique (V. comm. ss. ces art.).

Arrêté du 10 juillet 2020 modifié du ministre des solidarités et de la santé. Sur le fondement de l'article L. 3131-1 et, pour les territoires encore en état d'urgence sanitaire, de l'article L. 3131-16, l'arrêté du 10 juillet 2020 (*NOR : SSAZ2018110A*) prescrit les mesures générales nécessaires pour faire face à l'épidémie de covid-19 dans les territoires sortis de l'état d'urgence sanitaire et dans ceux où il a été prorogé (sur la teneur de ce texte, plusieurs fois modifié depuis le 10 juillet 2020, V. *infra*, III).

3° Pouvoirs du représentant de l'État dans le département

Pouvoirs du représentant de l'État dans le département. Selon l'article 1er de la loi du 9 juillet 2020, le préfet (ou, à Paris ainsi que sur les emprises des aérodromes de Paris-Charles de Gaulle, du Bourget et de Paris-Orly, le préfet de police – art. 1er, X) peut intervenir à plusieurs titres.

Tout d'abord, le Premier ministre peut habiliter le préfet à édicter toutes les mesures générales ou individuelles d'application des mesures qu'il prend mentionnées au I du même article (pour rappel, il s'agit des mesures relatives aux déplacements et moyens de transports, aux établissements recevant du public et aux rassemblements sur la voie publique, ainsi qu'au dépistage virologique ; pour le détail de ces mesures, V. *supra*, 1).

Ensuite, lorsque les mesures relevant du Premier ministre doivent s'appliquer dans un champ géographique qui n'excède pas le territoire d'un département, le chef du Gouvernement peut habiliter le préfet de département à les décider lui-même. Les décisions prises par ce dernier interviennent après avis, rendu public, du directeur général de l'Agence régionale de santé.

Enfin, le Premier ministre peut habiliter le préfet de département à ordonner, par arrêté pris après mise en demeure restée infructueuse, la fermeture des établissements recevant du public qui ne mettent pas en œuvre les obligations qui leur sont imposées en application du 2°, I, de l'article 1er de la loi du 9 juillet 2020 (le 2°, I, de l'art. 1er de la loi définit les pouvoirs du Premier ministre vis-à-vis des établissements recevant du public : V. comm. *supra*, « Établissements recevant du public »).

Il convient de relever que le préfet de département peut également intervenir, tout comme le ministre chargé de la santé, au titre de l'article L. 3131-1 (V. comm. ss. cet art.). En effet, cet article permet au ministre chargé de la santé d'habiliter le représentant de l'État territorialement compétent à prendre toutes les mesures d'application des dispositions définies par arrêté ministériel, y compris des mesures individuelles.

Illustrations. A titre d'illustration, et sans exhaustivité, le décret n° 2020-860 du 10 juillet 2020, le Premier ministre a habilité le préfet :

– à rendre obligatoire le port du masque (sauf dans les locaux d'habitation) dans les cas où il n'est pas prescrit par le décret lui-même, lorsque les circonstances locales l'exigent (art. 1er). A cet égard, trois ordonnances rendues les 6 et 14 septembre 2020 ont précisé la nature et le périmètre des obligations pouvant être imposées sur la voie publique par les préfets territorialement compétents (CE, ord., 6 sept. 2020, n° 443750 ; ord., 6 sept. 2020, n° 443751 ; ord., 14 sept. 2020, n° 443904). Le Conseil d'État a ainsi précisé que :

• Le caractère proportionné d'une mesure de police s'apprécie nécessairement en tenant compte de ses conséquences pour les personnes concernées et de son caractère approprié pour atteindre le but d'intérêt général poursuivi.

• Sa simplicité et sa lisibilité, nécessaires à sa bonne connaissance et à sa correcte application par les personnes auxquelles elle s'adresse, sont un élément de son effectivité qui doivent, à ce titre, être prises en considération.

• Il en résulte que le préfet, lorsqu'il détermine les lieux dans lesquels il rend obligatoire le port du masque, est en droit de délimiter des zones suffisamment larges pour englober de façon cohérente les points du territoire caractérisés par une forte densité de personnes ou une difficulté à assurer le respect de la distance physique, de sorte que les personnes qui s'y rendent puissent avoir aisément connaissance de la règle applicable et ne soient pas incitées à enlever puis remettre leur masque à plusieurs reprises au cours d'une même sortie.

• Il peut, de même, définir les horaires d'application de cette règle de façon uniforme dans l'ensemble d'une même commune, voire d'un même département, en considération des risques encourus dans les différentes zones couvertes par la mesure qu'il adopte.

• Il doit, toutefois, tenir compte de la contrainte que représente, même si elle reste mesurée, le port d'un masque par les habitants des communes concernées, qui doivent également respecter cette obligation dans les transports en commun et, le plus souvent, dans leur établissement scolaire ou universitaire ou sur leur lieu de travail ;

– à interdire ou à restreindre, dans les territoires où l'état d'urgence sanitaire est encore en vigueur ainsi que dans les zones de circulation active du virus, par des mesures réglementaires ou individuelles, tout rassemblement, réunion ou activité mettant en présence de manière simultanée plus de dix personnes sur la voie publique ou dans des lieux ouverts au public, autres que les manifestations sur la voie publique mentionnées à l'article L. 211-1 du code de la sécurité intérieure (c'est-à-dire les cortèges, défilés et rassemblements de personnes, et, d'une façon générale, toutes les manifestations sur la voie publique, soumises à l'obligation de déclaration préalable), lorsque les circonstances locales l'exigent (art. 3) ;

– à accorder, à titre exceptionnel, des dérogations, après analyse des facteurs de risques, pour que se déroulent des événements réunissant plus de 5 000 personnes (art. 3) ;

– à conditionner l'escale des navires de croisière et bateaux à passagers avec hébergement à la présentation d'un document comportant les mesures sanitaires qu'il met en œuvre afin d'assurer le respect des dispositions de l'article 9 (information des passagers des mesures d'hygiène, accès à un point d'eau et de savon ou à du gel hydro-alcoolique, etc.) à bord ainsi que de celles de l'article 1er (mesures d'hygiène et de distanciation sociale) lors des escales dans un port français (art. 6) ;

– à ordonner, si l'afflux de patients ou de victimes ou la situation sanitaire le justifie, par des mesures générales ou individuelles, la réquisition nécessaire de tout établissement de santé ou établissement médico-social ainsi que de tout bien, service ou personne nécessaire au fonctionnement de ces établissements, notamment des professionnels de santé (art. 48) ;

– à réserver (avec présentation d'un justificatif par les personnes concernées), à certaines heures, eu égard aux conditions d'affluence constatées ou prévisibles, l'accès aux espaces et véhicules de transport public collectif de voyageurs, ainsi qu'aux quais des tramways et aux espaces situés à proximité des points d'arrêts desservis par les véhicules de transport routier collectifs de voyageurs, aux seules personnes effectuant un déplacement pour les motifs suivants (art. 17) :

• se rendre sur leur lieu de travail ou effectuer des déplacements professionnels insusceptibles d'être différés ;

• se rendre dans un établissement scolaire ;

• se rendre à des examens ou des concours ;

• se rendre à une consultation de santé et soins spécialisés ne pouvant être assurés à distance ou à proximité du domicile ;

• motif familial impérieux, assistance des personnes vulnérables, répit et accompagnement des personnes handicapées, et garde d'enfants ;

• déférer à une obligation de présentation aux services de police ou de gendarmerie nationales ou à tout autre service ou professionnel, imposée par l'autorité de police administrative ou l'autorité judiciaire ;

• répondre à une convocation émanant d'une juridiction administrative ou de l'autorité judiciaire ;

• participer à des missions d'intérêt général sur demande de l'autorité administrative et dans les conditions qu'elle précise ;

• déménager ;

• effectuer les déplacements indispensables à l'acquisition ou à la location d'un bien immobilier, insusceptibles d'être différés ;

– à prescrire la mise en quarantaine ou le placement et le maintien en isolement, dans les conditions identiques à celles existant lorsque la mesure intervient dans le cadre de l'état d'urgence sanitaire (sur ces conditions, V. comm. ss. art. L. 3131-17 et R. 3131-19 à R. 3131-25) (art. 24) ;

– à interdire, restreindre ou réglementer, par des mesures réglementaires ou individuelles, les activités qui ne sont pas interdites en vertu des articles 27 à 47 (relatifs aux établissements et activités) du décret n° 2020-860 du 10 juillet 2020 (art. 29). A cet égard, par une ordonnance du 28 août 2020, le Conseil d'État a rejeté l'appel d'un référé-liberté contre un arrêté préfectoral interdisant, dans la perspective du match de football opposant Brest et Marseille, à toute personne se prévalant de la qualité de supporter du club de Marseille d'accéder au stade Francis-Le-Blé de Brest et de circuler ou de stationner sur la voie publique dans un certain périmètre : en raison du risque sanitaire lié au déplacement de milliers de personnes en provenance du département des Bouches-du-Rhône, classé en zone de circulation active du virus, et des difficultés particulières à faire respecter les règles de distanciation aux abords du stade, aucune mesure moins contraignante n'aurait permis de prévenir ce risque (CE, ord., 28 août 2020, n° 443387).

– à interdire la tenue des marchés, couverts ou non, quel qu'en soit l'objet, après avis du maire « si les conditions de leur organisation ainsi que les contrôles mis en place ne sont pas de nature à garantir » le respect des mesures barrières (art. 38) ;

– dans les zones de circulation active du virus, et aux seules fins de lutter contre la propagation du virus, à interdire (sans l'avis du maire) la tenue des marchés, couverts ou non et quel qu'en soit l'objet, et à accorer (après avis du maire) une autorisation d'ouverture des marchés alimentaires qui répondent à un besoin d'approvisionnement de la population si les conditions de leur organisation ainsi que les contrôles mis en place sont propres à garantir le respect des mesures barrières (art. 50) ;

– à interdire l'accès, après avis du maire, aux parcs, jardins et autres espaces verts aménagés dans les zones urbaines, tout comme aux plages, plans d'eau et lacs ainsi que les centres d'activités nautiques, si les modalités et les contrôles mis en place ne sont pas de nature à garantir le respect des gestes barrières ; en outre, le préfet de département, de sa propre initiative ou sur proposition du maire, peut, en fonction des circonstances locales, décider de rendre obligatoire le port du masque de protection (art. 46) ;

– à interdire, après mise en demeure restée sans suite, l'accueil du public dans les établissements de culte si les conditions de leur organisation ainsi que les contrôles mis en place ne sont pas de nature à garantir le respect des dispositions mentionnées au présent article (art. 47) ;

– dans les parties du territoire dans lesquelles est constatée une circulation active du virus, à fermer provisoirement une ou plusieurs catégories d'établissements recevant du public (magasins de vente et centres commerciaux, restaurants, bibliothèques, etc.) ainsi que des lieux de réunions, ou y réglementer l'accueil du public (art. 50) ;

– à interdire, dans les zones de circulation active du virus et aux seules fins de lutter contre sa propagation, les déplacements de personnes conduisant à la fois à sortir d'un périmètre défini par un rayon de 100 kilomètres de leur lieu de résidence et à sortir du département, sauf exceptions telles que, notamment, les motifs familiaux, les déplacements professionnels, les raisons médicales (art. 50) ;

– à adopter, dans les zones de circulation active du virus et aux seules fins de lutter contre sa propagation, des conditions de déplacement plus restrictives à l'intérieur d'un département lorsque les circonstances locales l'exigent (art. 50).

B. LES GARANTIES ENTOURANT L'USAGE DES POUVOIRS DÉVOLUS AUX AUTORITÉS PUBLIQUES

Encadrement de l'intervention des Premier ministre et préfets. L'article 1er, III, de la loi du 9 juillet 2020 se calque sur les exigences prévues dans le cadre de l'état d'urgence sanitaire.

Il prévoit, tout d'abord, que les mesures prises par le Premier ministre et le préfet doivent être strictement proportionnées aux risques sanitaires encourus et appropriées aux circonstances de temps et de lieu. Ces deux autorités doivent donc nécessairement établir si, nationalement ou localement, le risque sanitaire justifie les restrictions aux libertés. Il convient, par ailleurs, de mettre fin sans délai aux mesures prises lorsqu'elles ne sont plus nécessaires. Ces exigences font écho à la classique jurisprudence *Benjamin* (CE, 19 mai 1933 : *GAJA 2019, 22e éd., no 42*), mais, face à l'épidémie de covid-19, il n'est pas interdit de craindre que la recherche de l'efficacité prime sur l'exigence de proportionnalité, dans une logique sécuritaire.

Ensuite, le même article précise qu'il est mis fin sans délai à ces mesures lorsqu'elles ne sont plus nécessaires.

Enfin, il prévoit que les mesures individuelles font l'objet d'une information sans délai du procureur de la République territorialement compétent.

La mise en quarantaine ou le placement et le maintien en isolement s'effectuent, quant à eux, dans les conditions identiques à celles existant lorsque la mesure intervient dans le cadre de l'état d'urgence sanitaire (sur ces conditions, V. comm. ss. art. L. 3131-17 et R. 3131-19 à R. 3131-25).

Relevons, par ailleurs, que les décisions du ministre en charge de la santé au titre des articles L. 3131-1 et suivants du code de la santé publique sont prises selon les modalités définies dans ces articles (V. comm. ss ces art.).

Office du juge administratif. Comme cela est prévu pour l'état d'urgence sanitaire à l'article L. 3131-18 du code de la santé publique, l'article 1er, IV, de la loi du

9 juillet 2020 fait du juge administratif le principal garant de la légalité des mesures prises dans le cadre du régime transitoire de sortie de l'état d'urgence sanitaire.

En effet, le législateur prend soin d'énoncer – de manière quelque peu superfétatoire – que les mesures prises en application de l'article 1er de la loi peuvent faire l'objet de recours en référés suspension et libertés fondamentales devant le juge administratif.

Le référé-liberté fondamentale est une procédure qui permet de saisir en urgence le juge administratif lorsque l'administration, par son action ou son inaction, a porté une atteinte grave et manifestement illégale à une liberté fondamentale. Le juge administratif, qui doit statuer dans les 48 heures, dispose de pouvoirs étendus : il peut suspendre la décision de l'administration ou ordonner à cette dernière de prendre des mesures particulières. Reste que certaines décisions n'entrent pas dans la catégorie de celles qu'il est dans les pouvoirs du juge des référés d'ordonner. Il en va ainsi d'une demande faite au juge d'enjoindre à l'État de procéder au rachat de deux entreprises en difficulté, l'une fabriquant de la chloroquine, l'autre des bouteilles susceptibles de contenir l'oxygène nécessaire pour alimenter les appareils de réanimation (CE, ord., 26 août 2020, n° 443194).

Le référé-suspension est, quant à lui, prévu à l'article L. 521-1 du code de justice administrative. Aux termes de cet article, « Quand une décision administrative, même de rejet, fait l'objet d'une requête en annulation ou en réformation, le juge des référés, saisi d'une demande en ce sens, peut ordonner la suspension de l'exécution de cette décision, ou de certains de ses effets, lorsque l'urgence le justifie et qu'il est fait état d'un moyen propre à créer, en l'état de l'instruction, un doute sérieux quant à la légalité de la décision ». Le juge n'a pas ici l'obligation de statuer dans les 48 heures, comme c'est le cas, en principe, en matière de référé liberté fondamentale. Il statue toutefois au terme d'une instruction plus sommaire qu'il ne le fait pour les recours en annulation ou en réformation, dans la mesure où le référé-suspension est une procédure d'urgence qui ne préjuge pas de la solution qui sera adoptée par le juge sur le recours au fond (le référé-suspension étant une procédure accessoire, liée, en principe, à l'exercice simultané ou préalable d'un recours en annulation ou en réformation).

Transparence du processus décisionnel. A l'instar du régime de l'état d'urgence sanitaire (art. L. 3131-13), le régime de sortie de l'état d'urgence sanitaire fait l'objet d'un encadrement sous la forme d'une obligation de transparence dans les décisions prises.

L'article 1er, V, de la loi du 9 juillet 2020 prévoit, en effet, l'obligation pour le Gouvernement d'informer sans délai le Parlement des mesures prises au titre de ce même article, l'Assemblée nationale et le Sénat pouvant requérir toute information complémentaire à l'occasion du contrôle et de l'évaluation de ces mesures. Reste, bien entendu, à s'interroger sur la réalité et l'étendue de ce contrôle parlementaire.

L'obligation de transparence dans les décisions prises se matérialise également par le maintien, à titre dérogatoire, du comité de scientifiques (communément appelé « conseil scientifique »), une instance de conseil et de veille *ad hoc*, réunie sans délai en cas de déclaration de l'état d'urgence sanitaire et dont les avis sont rendus publics (V. comm. ss. art. L. 3131-19). Ainsi que le précise l'article 1er, VI, de la loi du 9 juillet 2020, le comité se réunit pendant la période transitoire et rend périodiquement ses avis, non seulement sur les mesures prises dans le cadre de ce régime, mais encore sur celles prises par le ministre en charge de la santé en application de l'article L. 3131-1 du code de la santé publique (menaces sanitaires). Les avis sont rendus publics sans délai.

Cette dernière disposition appelle plusieurs remarques.

Tout d'abord, elle confirme que deux régimes peuvent être juxtaposés : celui de « droit commun » prévu aux articles L. 3131-1 et suivants du code de la santé publique, autorisant le ministre en charge de la santé à prendre des mesures en réponse à une menace sanitaire grave (V. comm. ss. art. L. 3131-1 s.) et celui plus exceptionnel et transitoire de sortie de l'état d'urgence sanitaire issu de la loi du 9 juillet 2020.

Ensuite, l'adverbe « périodiquement », s'agissant des avis du comité de scientifiques, doit se lire à la lumière de la jurisprudence du Conseil d'État rendue à l'occasion de la mise en œuvre de l'état d'urgence sanitaire : le comité de scientifiques n'a pas à être systématiquement saisi de chacune des mesures prises (CE, ord., 10 juill. 2020, n° 441316).

Enfin, ce dispositif constitue une faible garantie face à un régime transitoire qui s'apparente à un état d'urgence sanitaire à peine édulcoré.

C. DISPOSITIF RÉPRESSIF

Répression de la violation des mesures prises par le Premier ministre et le préfet. L'article 1er, VII, de la loi du 9 juillet 2020 dispose que les troisième à septième et les deux derniers alinéas de l'article L. 3136-1 du code de la santé publique sont applicables aux mesures prises en application des I et II du présent article.

Il s'agit donc de rendre applicable aux mesures prises durant la période transitoire (du 11 juill. au 30 oct. 2020) le mécanisme de sanction instauré par la loi n° 2020-290 du 23 mars 2020 d'urgence pour faire face à l'épidémie de covid-19 et visant à punir notamment la violation des obligations et interdictions édictées pendant l'état d'urgence sanitaire.

Ce mécanisme prévoit une gradation des sanctions. En effet, en application du troisième alinéa de l'article L. 3136-1 du code de la santé publique, la première violation est punie de l'amende prévue pour les contraventions de la quatrième classe. Puis, si une nouvelle violation est constatée dans un délai de quinze jours, elle est punie de l'amende prévue pour les contraventions de la cinquième classe. Enfin, le quatrième alinéa de l'article L. 3136-1 prévoit que, lorsque « les violations prévues au troisième alinéa du présent article sont verbalisées à plus de trois reprises dans un délai de trente jours, les faits sont punis de six mois d'emprisonnement et de 3 750 € d'amende » ainsi que de la peine complémentaire de travail d'intérêt général et de la peine complémentaire de suspension, pour une durée de trois ans au plus, du permis de conduire lorsque l'infraction a été commise à l'aide d'un véhicule.

La doctrine (Mésa, Les restrictions à la liberté d'aller et venir et les infractions liées à l'état d'urgence sanitaire et au covid-19, *Gaz. Pal. 7 avr. 2020, n° 14, p. 23*) n'a pas manqué de relever que la caractérisation de la contravention de cinquième classe et celle du délit peut présenter des difficultés dans la mesure où il existe des incertitudes quant à la réunion des conditions de punissabilité de l'infraction poursuivie : il suffit qu'une verbalisation antérieure soit mise en cause pour faire obstacle à la consommation certaine de l'infraction.

Constitutionnalité du système répressif prévu à l'article 1er de la loi du 9 juillet 2020. L'article 1er, VII, de la loi du 9 juillet 2020 qui renvoie aux troisième à septième et aux deux derniers alinéas de l'article L. 3131-36 du code de la santé publique pour sanctionner la violation des mesures prises en application du régime transitoire a été déféré au Conseil constitutionnel.

Ce dernier, invité par les sénateurs à vérifier le respect le respect du principe de légalité des délits et des peines, a jugé ces dispositions conformes à la Constitution (Cons. const. n° 2020-803 DC, 9 juill. 2020) par un raisonnement dont voici les étapes :
– le législateur a défini les « éléments essentiels » des mesures de réglementation et d'interdiction qui peuvent être prises par le pouvoir réglementaire en application des 1° à 4° du paragraphe 1er de l'article 1er de la loi déférée (§ 31) ;
– le paragraphe 3 de l'article 1er de la loi déférée exige que ces mesures soient strictement proportionnées aux risques sanitaires encourus et appropriées aux circonstances de temps et de lieu, et qu'il y soit mis fin sans délai lorsqu'elles ne sont plus nécessaires (§ 32) ;
– le législateur a suffisamment déterminé les cas dans lesquels la méconnaissance de ces mesures constitue un délit, dans la mesure où il résulte du quatrième alinéa de l'article L. 3136-1 du code de la santé publique que la violation de ces réglementations ou interdictions ne constitue un délit que lorsqu'elle est commise alors que, dans les trente jours précédents, trois autres violations de la même obligation ou interdiction ont déjà été verbalisées (§ 33). Ainsi, le législateur avait déterminé les éléments constitutifs du délit que sont le nombre de fois où le manquement doit avoir été commis et la fréquence de celui-ci.

II. DÉCRET DU PREMIER MINISTRE N° 2020-860 DU 10 JUILLET 2020 MODIFIÉ

A. DISPOSITIONS GÉNÉRALES

Mesures barrières. Le décret n° 2020-860 du 10 juillet 2020 modifié comporte 61 articles, dont 10 exclusivement applicables dans les territoires où l'état d'urgence sanitaire est déclaré, qu'il est possible d'identifier grâce au suffixe « *EUS* ». Ainsi que le prévoit l'article préliminaire, sauf disposition contraire, les autres articles, touchant aussi bien les territoires sortis de l'état d'urgence sanitaire que ceux qui sont encore régis par ce régime d'exception, leur sont également applicables.

L'article 1er du décret est une disposition transversale qui impose le respect des mesures d'hygiène et de distanciation sociale, dites « mesures barrières » (définies par l'annexe 1 de ce même Décr. et au nombre desquelles figure l'obligation de port du masque par tous dès lors que les règles de distanciation physique ne peuvent être garanties), en tout lieu et en toutes circonstances, afin de ralentir la propagation du virus. Ces mesures s'imposent à tout rassemblement, réunion, activité, accueil, déplacement ou service de transport qui n'est pas interdit. Lorsque le port du masque n'est pas prescrit en application du décret, et que les circonstances locales l'exigent, le préfet de département est habilité à le rendre obligatoire, sauf dans les locaux d'habitation.

L'article 2 permet des dérogations aux règles de distanciation physique et de port du masque pour les personnes en situation de handicap ou les personnes qui les accompagnent, ainsi que pour les forces armées lorsque ces règles sont incompatibles avec la conduite de leurs opérations.

Rassemblements, réunions et regroupements. L'article 3 impose aux organisateurs de rassemblements, réunions ou activités regroupant simultanément plus de dix personnes sur la voie publique ou dans un lieu ouvert au public de procéder à une déclaration préalable auprès du préfet de département, précisant notamment les mesures qu'ils mettent en œuvre afin de garantir le respect des règles sanitaires. Si ces mesures ne sont pas suffisantes, le préfet peut interdire la tenue de l'événement concerné. Cet article interdit également le déroulement de tout événement réunissant plus de 5 000 personnes. Depuis le 15 août 2020, le préfet peut cependant accorder des dérogations à cette interdiction, après analyse des facteurs de risques.

Zones de circulation active du virus. Ce zonage est nécessaire pour mettre en œuvre les dispositions relatives aux mesures de restrictions ou interdictions de déplacement (L. du 9 juill. 2020, art. 1er, I, 1°) et de fermeture de certaines catégories d'établissements recevant du public (L. du 9 juill. 2020, art. 1er, I, 2°). Il est destiné à apporter une réponse graduée à la situation sanitaire.

Les zones de circulation active du virus sont notamment identifiées en fonction du taux d'incidence du virus. Le classement en zone de circulation active déclenche l'application de plusieurs mesures supplémentaires, par rapport aux territoires non classées (V. *infra*, B, « Dispositions spécifiques »).

B. DISPOSITIONS SPÉCIFIQUES

1° Transports

Accès aux moyens de transport. Sous réserve de dispositions spécifiques à chaque mode de transport, les articles 5 à 22 du décret précisent les obligations incombant aux passagers, en particulier le port du masque sous peine de refus d'accès, et aux transporteurs, notamment la mise en œuvre de mesures permettant de respecter les mesures d'hygiène et le principe de distanciation, en tenant compte des contraintes propres à chaque transport.

Transport maritime et fluvial de passagers. Les articles 5 à 9 sont consacrés au transport maritime et fluvial de passagers. Ils réglementent les escales et mouillages dans les eaux françaises des navires de croisière et prévoient pour leurs passagers la présentation d'une déclaration sur l'honneur d'absence de symptômes d'infection à la covid-19 et absence de contact connu avec une personne malade dans les quatorze jours précédant l'embarquement.

L'article 6 *EUS* prévoit des dispositions particulières pour les navires circulant dans les territoires où l'état d'urgence sanitaire est en vigueur :
- l'interdiction, sauf dérogation, à tout navire de croisière, de faire escale, de s'arrêter ou de mouiller dans les eaux intérieures et la mer territoriale françaises ;
- l'interdiction, sauf dérogation, de la circulation des bateaux à passagers avec hébergement ;

– la possibilité pour le préfet de limiter le nombre maximal de passagers transportés, à l'exclusion des chauffeurs accompagnant leur véhicule de transport de fret, pour deux types de navires arrivant dans un port français : les navires à utilisation commerciale autres que ceux de croisière et les navires de plaisance à utilisation commerciale.

Transports aériens. Les articles 10 à 13 concernent les transports aériens. Ils réglementent les déplacements des personnes par ce moyen de transport, qu'il s'agisse des vols ultramarins ou en provenance de l'étranger. Outre la présentation de tests virologiques, des mesures de mises en quarantaine et de placement à l'isolement sont possibles pour les personnes arrivant de pays particulièrement affectés par l'épidémie. Saisi de requêtes contestant l'obligation pour tout passager arrivant en France par voie aérienne depuis les États-Unis de présenter le résultat d'un examen de dépistage ne concluant pas à une contamination par la covid-19, prévue au dernier alinéa du II de l'article 11 du décret du 10 juillet 2020, le Conseil d'État a prononcé un non-lieu à statuer sur l'essentiel des conclusions (les requérants ayant bénéficié de « laissez-passer sanitaires » délivrés par les consuls de France compétents conformément aux indications données par l'administration lors de l'audience publique, et ayant quitté les États-Unis le 17 août par des vols à destination du territoire métropolitain) et rejeté le surplus (CE, ord., 18 août 2020, n° 442628 ; ord., 18 août 2020, n° 442581).

Transport terrestre de passagers. Les articles 14 à 21 sont dédiés au transport terrestre des passagers. Ils prévoient la mise en œuvre des mesures de distanciation et d'hygiène (art. 14, 16, 18 et 19), le port obligatoire du masque à partir de 11 ans (art. 15 et 21), ainsi que l'obligation d'information des usagers sur les mesures d'hygiène et de distanciation par les transporteurs (art. 16). En outre, l'article 17 attribue compétence au préfet pour réserver à certaines heures l'accès aux véhicules de transport aux personnes effectuant un déplacement pour les motifs énumérés à ce même article. Des dispositions spécifiques réglementent le transport public particulier de personnes, notamment les conditions d'occupation des véhicules (art. 21).

Transport de marchandises. L'article 22 prévoit les dispositions concernant le transport de marchandises, notamment l'équipement du véhicule d'une réserve d'eau et de savon ainsi que de serviettes à usage unique, ou de gel hydro-alcoolique.

2° Mise en quarantaine et placement à l'isolement

Mise en quarantaine et placement à l'isolement. Les articles 24 à 26 du décret concernent les mesures de mise en quarantaine et de placement à l'isolement, qui peuvent être prescrites à l'entrée sur le territoire hexagonal ou à l'arrivée en Corse ou dans l'une des collectivités mentionnées à l'article 72-3 de la Constitution pour toute personne ayant séjourné, au cours du mois précédant cette entrée ou cette arrivée, dans une zone de circulation de l'infection définie par arrêté du ministre chargé de la santé. De telles mesures sont prescrites par le préfet de département dans les conditions prévues aux articles R. 3131-19 à R. 3131-25 du code de la santé publique, créés par le décret n° 2020-610 du 22 mai 2020 pris pour l'application de l'article L. 3131-17 du code de la santé publique (V. comm. ss. art. L. 3131-17 : Mesures de quarantaine et d'isolement ; Constitutionnalité des dispositions relatives aux mesures de quarantaine et d'isolement ; Mainlevée des mesures de quarantaine et d'isolement ; Moment de la saisine du JLD ; Prolongement des mesures de quarantaine et d'isolement ; Voies de recours contre l'ordonnance du JLD ; Dispositions particulières relatives aux mineurs et aux majeurs protégés).

3° Établissements et activités

Établissements recevant du public et activités – Règles générales. Des règles générales sont définies par les dispositions des articles 27 à 30 du décret.

Ainsi, par principe, les établissements qui ne sont pas fermés peuvent accueillir du public, sous réserve que l'exploitant mette en œuvre les mesures sanitaires appropriées (art. 27). Pour certaines catégories d'établissements, le port du masque est obligatoire, indépendamment de la faculté de respecter la règle de distanciation physique (art. 27).

Le Conseil d'État s'est prononcé sur l'obligation du port d'un masque de protection. Il n'a pas remis en question l'obligation générale imposée dans certains types d'établissements recevant du public par l'article 27 du décret du 10 juillet 2020 (CE, ord., 21 juill. 2020, n° 441964 ; ord., 24 août 2020, n° 443073 ; ord., 4 sept. 2020, n° 443649 ; ord., 21 sept. 2020, n° 443915). Notons que, s'agissant du port du masque non en établissement mais sur la voie publique, trois ordonnances rendues les 6 et 14 septembre 2020 (CE, ord., 6 sept. 2020, n° 443750 ; ord., 6 sept. 2020, n° 44375 ; ord., 14 sept. 2020, n° 443904) ont précisé la nature et le périmètre des obligations pouvant être imposées par les préfets territorialement compétents, lorsqu'ils interviennent, au vu des circonstances locales, par arrêté pour imposer le port du masque dans des cas où il n'est pas prescrit par le décret lui-même (V. *supra*, 3, « Pouvoirs du représentant de l'État dans le département, Illustrations »).

Par ailleurs, un dispositif de déclaration au préfet de département est imposé aux exploitants de certains types d'établissements recevant du public (précisément, ceux classés L, X, PA et CTS), lorsqu'ils peuvent accueillir plus de 1 500 personnes (établissements de première catégorie au sens de l'art. R. 123-19 du code de la construction et de l'habitation). Les établissements fermés peuvent, quant à eux, accueillir du public pour certaines activités, limitativement énumérées à l'article 28 (par exemple : organisation d'épreuves de concours ou d'examen, accueil d'enfants scolarisés, etc.).

En outre, en zone de circulation active du virus, le préfet peut également ordonner la fermeture provisoire de tous les établissements recevant du public d'une même catégorie (art. 29).

Enfin, le préfet, que le territoire soit ou non en état d'urgence sanitaire, a la faculté d'interdire, restreindre ou réglementer les activités qui ne sont pas interdites par le décret, ou ordonner la fermeture d'établissements ne respectant pas les obligations qui leur sont applicables, après mise en demeure (art. 29 et *EUS*, art. 29).

Établissements recevant du public – Règles particulières aux établissements d'enseignement et d'accueil d'enfants. Les règles destinées aux établissements d'enseignement (enseignement supérieur compris) et d'accueil d'enfants sont prévues par les articles 31 à 36 du décret. L'accueil des usagers est autorisé, dans le respect des mesures barrières et de règles sanitaires spécifiques prévues à l'article 36. Sauf exception, le port du masque est généralisé dans l'ensemble de ces établissements (art. 36).

Établissements recevant du public – Règles particulières aux commerces, restaurants, débits de boisson et hébergements. Les règles destinées aux commerces, restaurants, débits de boisson et hébergements sont prévues par les articles 37 à 41 du décret.

Ainsi, pour les restaurants et débits de boisson, les textes prévoient l'obligation de places assises pour les clients, une distance minimale entre les tables sauf lorsqu'une paroi fixe ou amovible assure une séparation physique, un nombre maximum de convives par table, le port du masque pour le personnel ainsi que pour les clients de plus de 11 ans lors de leurs déplacements au sein de l'établissement (art. 40).

De plus, le port du masque est obligatoire dans les marchés couverts (art. 38).

Établissements recevant du public – Règles d'état d'urgence sanitaire régissant les commerces, restaurants, débits de boisson et hébergements. Des mesures particulières sont prévues aux articles 37 *EUS*, 39 *EUS*, 40 *EUS* et 41 *EUS* pour les commerces, restaurants, débits de boisson et hébergements dans les territoires en état d'urgence sanitaire.

Ainsi, aux termes de l'article 37 *EUS*, dans les départements où l'état d'urgence sanitaire est en vigueur, le préfet de département peut, après avis du maire, interdire l'ouverture d'un centre commercial comprenant un ou plusieurs bâtiments dont la surface commerciale utile cumulée est supérieure ou égale à 70 000 m^2 et qui, du fait de son implantation dans un bassin de vie fortement peuplé et de sa proximité immédiate avec une gare desservie par plusieurs lignes de transport ferroviaire ou guidé et de transport public régulier de personnes routier, favorise des déplacements significatifs de population. Cette interdiction ne fait pas obstacle à l'ouverture, au sein de ces centres commerciaux, des commerces de détail pour les activités relevant de la liste figurant en annexe 3.

Il convient ici d'entendre par centre commercial tout établissement comprenant un ou plusieurs ensembles de magasins de vente, et éventuellement d'autres établissements recevant du public pouvant communiquer entre eux, qui sont, pour leurs accès et leur évacuation, tributaires de mails clos. L'ensemble des surfaces commerciales utiles sont additionnées pour déterminer l'atteinte du seuil de 70 000 m^2, y compris en cas de fermeture de certains mails clos ou d'organisation indépendante des accès et évacuations des bâtiments.

Par ailleurs, selon l'article 39 *EUS*, dans les départements où l'état d'urgence sanitaire est en vigueur, les établissements à vocation commerciale destinés à des expositions, des foires-expositions ou des salons ayant un caractère temporaire, relevant du type T, ne peuvent accueillir de public.

L'article 40 *EUS* dispose quant à lui que, lorsque l'état d'urgence sanitaire est en vigueur, l'accueil du public dans les restaurants et débits de boissons est limité aux terrasses extérieures et aux espaces de plein air, aux activités de livraison et de vente à emporter, au *room service* des restaurants d'hôtel et à la restauration collective sous contrat.

Enfin, l'article 41 *EUS* interdit, dans les territoires où l'état d'urgence sanitaire est en vigueur, aux auberges collectives, résidences de tourisme, villages résidentiels de tourisme, villages de vacances et maisons familiales de vacances ainsi qu'aux campings, d'accueillir du public, sauf pour les personnes qui y vivent un domicile régulier. En outre, les auberges collectives, résidences de tourisme, villages résidentiels de tourisme, villages de vacances et maisons familiales de vacances peuvent accueillir des personnes pour l'exécution de mesures de quarantaine et d'isolement mises en œuvre sur prescription médicale ou décidées par le préfet dans le cadre de la lutte contre l'épidémie de covid-19. Enfin, les établissements thermaux ne peuvent recevoir du public.

Établissements recevant du public – Règles particulières aux établissements et activités sportives. La réglementation les concernant est prévue aux articles 42 à 44 du décret.

Ainsi, dans les établissements sportifs autorisés à ouvrir, la distanciation physique entre personnes est fixée à deux mètres, sauf lorsque, par sa nature, l'activité ne le permet pas (art. 44). Le port du masque est obligatoire à l'intérieur de l'établissement, sauf pour la pratique sportive (art. 44).

Par ailleurs, les établissements sportifs couverts et les établissements de plein air ne peuvent en principe accueillir du public que s'ils respectent un certain nombre de conditions : une place assise pour les personnes accueillies ; dans les zones de circulation active du virus, une distance minimale laissée entre chaque personne ou groupe de moins de 10 personnes ayant réservé ensemble ; interdiction, sauf aménagement permettant le respect des mesures barrières, de l'accès aux espaces permettant les regroupements (art. 42).

Enfin, des mesures particulières sont prévues pour les territoires en état d'urgence sanitaire aux articles 42 *EUS* (impossibilité d'accueillir du public pour les établissements sportifs couverts et les établissements de plein air) et 43 *EUS* (fermeture, sous réserve de dérogations, des établissements d'activités physiques et sportives).

Espaces divers, culture et loisirs – Règles particulières. La réglementation les concernant est prévue aux articles 45 à 46 du décret.

L'article 45 interdit l'accueil du public dans les salles de danse, sur l'ensemble du territoire national. Relevons que, par trois ordonnances, le juge administratif a rejeté des recours contestant la fermeture des salles de danse et discothèques, prévue à l'article 45 du décret du 10 juillet 2020 (CE, ord., 20 juill. 2020, n° 441801 ; ord., 28 juill. 2020, n° 442039 ; ord., 13 juill. 2020, n° 441449).

Le même article prévoit pour certaines catégories d'établissements (salles de projection, salles de spectacles, salles de jeux, centres de vacances, etc.) que les usagers doivent être assis et qu'une distance équivalente à un siège doit être laissée entre chaque usager ou groupe d'usagers venus ensemble. A l'exclusion de la pratique d'activités artistiques, le port du masque est obligatoire dans tous ces établissements.

Dans les territoires en état d'urgence sanitaire, les établissements relevant de ces différentes catégories restent fermés (*EUS*, art. 45).

L'article 46 prévoit, quant à lui, que les parcs, jardins, espaces verts urbains, plages, plans d'eau et centres d'activités nautiques sont ouverts par l'autorité compétente, dans le respect des mesures barrières. Le préfet de département peut, après avis du maire, interdire cette ouverture si les conditions d'accueil du public ne permettent pas d'assurer le respect de ces mesures. Il peut également imposer le port du masque en fonction des circonstances locales. Enfin, les utilisateurs de ces lieux doivent être informés, par voie d'affichage, des mesures d'hygiène et de distanciation.

Établissements de culte – Règles particulières. La réglementation les concernant est prévue à l'article 47 du décret. Ces établissements peuvent recevoir du public, sous réserve de garantir le respect des mesures barrières. Toutefois, les personnes appartenant à un même foyer ou venant ensemble dans la limite de dix personnes ne sont pas tenues de respecter une distanciation physique d'un mètre entre elles dans ces établissements.

Le port du masque y est obligatoire pour les personnes de plus de 11 ans, à l'exception des rites qui nécessitent de l'enlever momentanément.

Le contrôle du respect de ces mesures est réalisé par le gestionnaire du lieu de culte, en particulier lors de l'entrée et de la sortie de l'édifice.

Lorsque les conditions de leur organisation ainsi que les contrôles mis en place ne sont pas de nature à garantir le respect de ces dispositions, le préfet de département peut, après mise en demeure restée sans suite, interdire l'accueil du public dans les établissements de culte.

4° Réquisitions

Réquisitions de biens, services ou personnes. Les règles en la matière sont prévues aux articles 48 et 49 du décret.

Ainsi, l'article 48 habilite le préfet à procéder à la réquisition de biens, services ou personnes pour faire face à la crise sanitaire, notamment à la réquisition de tout établissement de santé ou établissement médico-social si l'afflux de patients ou de victimes ou la situation sanitaire le justifie.

En outre, les aéronefs civils et les personnes nécessaires à leur fonctionnement peuvent être réquisitionnés, sur décision du ministre chargé de la santé, dans la mesure nécessaire à l'acheminement de produits de santé et d'équipements de protection individuelle nécessaires pour faire face à la crise sanitaire.

Le préfet peut également, si nécessaire, réquisitionner certains établissements pour répondre aux besoins d'hébergement ou d'entreposage résultant de la crise sanitaire, réquisitionner tous biens, services ou personnes nécessaires au transport de personnes vers des lieux d'hébergement adaptés aux besoins de mise en quarantaine ou de placement et maintien à l'isolement, ou encore réquisitionner tout bien, service ou personne nécessaire au fonctionnement des agences régionales de santé ainsi que des agences chargées, au niveau national, de la protection de la santé publique, notamment l'Agence nationale du médicament et des produits de santé et l'Agence nationale de santé publique.

Enfin, lorsque les laboratoires de biologie médicale ne sont pas en mesure d'effectuer l'examen de détection du génome du SARS-CoV-2 par RT-PCR inscrit à la nomenclature des actes de biologie médicale ou d'en réaliser en nombre suffisant pour faire face à la crise sanitaire, le préfet de département est habilité à ordonner, par des mesures générales ou individuelles, soit la réquisition des autres laboratoires autorisés à réaliser cet examen ainsi que les équipements et personnels nécessaires à leur fonctionnement, soit la réquisition des équipements et des personnels de ces mêmes laboratoires nécessaires au fonctionnement des laboratoires de biologie médicale qui réalisent cet examen.

L'article 49 permet, quant à lui, à l'État ou à l'Agence nationale de santé publique (Santé publique France) d'acheter certains médicaments afin de garantir leur disponibilité. La répartition des médicaments entre établissements de santé est assurée par le ministre chargé de la santé sur proposition de l'Agence nationale de sécurité du médicament et des produits de santé qui tient compte, pour chaque établissement, de l'état de ses stocks, du niveau d'activité, notamment en réanimation, ainsi que des propositions d'allocation des agences régionales de santé.

5° Reprise de la circulation du virus

Mesures destinées à faire face à une dégradation de la situation sanitaire. Ces mesures sont prévues par les articles 50 et 50 *EUS* du décret. En vertu de ces textes, le préfet est habilité à répondre à une dégradation de la situation sanitaire, soit en zone de circulation active du virus, soit dans les territoires en état d'urgence sanitaire, par divers biais : interdictions et restrictions des déplacements ; interdiction, réglementation et restrictions dans des structures recevant du public ; suspension d'activités.

a. Interdiction et restrictions des déplacements

Territoires sortis de l'état d'urgence sanitaire. L'article 50 prévoit que le préfet, d'une part, peut interdire, sauf pour certains motifs, les déplacements de personnes conduisant à la fois à sortir d'un périmètre défini par un rayon de 100 kilomètres de leur lieu de résidence et à sortir du département dans lequel ce dernier est situé, et d'autre part, est habilité à adopter des conditions de déplacement plus restrictives à l'intérieur d'un département lorsque les circonstances locales l'exigent.

Par exception, les déplacements au-delà du périmètre prévu peuvent être autorisés pour les motifs suivants :

– trajets entre le lieu de résidence et le ou les lieux d'exercice de l'activité professionnelle, et déplacements professionnels insusceptibles d'être différés ;

– trajets entre le lieu de résidence et l'établissement scolaire effectué par une personne qui y est scolarisée, ou qui accompagne une personne scolarisée et trajets nécessaires pour se rendre à des examens ou des concours ;

– déplacements pour consultation de santé et soins spécialisés ne pouvant être assurés à distance ou à proximité du domicile ;

– déplacements pour motif familial impérieux, pour l'assistance des personnes vulnérables, pour le répit et l'accompagnement des personnes handicapées, et pour la garde d'enfants ;

– déplacements résultant d'une obligation de présentation aux services de police ou de gendarmerie nationales ou à tout autre service ou professionnel, imposée par l'autorité de police administrative ou l'autorité judiciaire ;

– déplacements résultant d'une convocation émanant d'une juridiction administrative ou de l'autorité judiciaire ;

– déplacements aux seules fins de participer à des missions d'intérêt général sur demande de l'autorité administrative et dans les conditions qu'elle précise ;

– déplacements liés à un déménagement résultant d'un changement de domicile et déplacements indispensables à l'acquisition ou à la location d'un bien immobilier, insusceptibles d'être différés.

Le préfet peut prévoir que les personnes souhaitant bénéficier de l'une de ces exceptions se munissent, lors de leurs déplacements hors de leur domicile, d'un document leur permettant de justifier que le déplacement considéré entre dans le champ de l'une de ces exceptions.

Territoires où l'état d'urgence sanitaire est en vigueur. En vertu de l'article 50 *EUS*, dans les territoires où l'état d'urgence sanitaire est en vigueur, le préfet de département peut, lorsque l'évolution de la situation sanitaire le justifie et aux seules fins de lutter contre la propagation du virus, non seulement prendre les mesures mentionnées à l'article 50, mais encore interdire les déplacements de personnes hors de leur lieu de résidence à l'exception des déplacements pour les motifs suivants, en évitant tout regroupement de personnes :

– trajets entre le lieu de résidence et le ou les lieux d'exercice de l'activité professionnelle et déplacements professionnels insusceptibles d'être différés ;

– déplacements pour effectuer des achats de fournitures nécessaires à l'activité professionnelle et des achats de première nécessité dans des établissements dont les activités sont mentionnées à l'annexe 5 ;

– déplacements pour motifs de santé à l'exception des consultations et soins pouvant être assurés à distance et, sauf pour les patients atteints d'une affection de longue durée, de ceux qui peuvent être différés ;

– déplacements pour motif familial impérieux, pour l'assistance des personnes vulnérables et pour la garde d'enfants ;

– déplacements brefs, dans la limite d'une heure quotidienne et dans un rayon maximal d'un kilomètre autour du domicile, liés soit à l'activité physique individuelle des personnes, à l'exclusion de toute pratique sportive collective et de toute proximité avec d'autres personnes, soit à la promenade avec les seules personnes regroupées dans un même domicile, soit aux besoins des animaux de compagnie ;

– déplacements résultant d'une obligation de présentation aux services de police ou de gendarmerie nationales ou à tout autre service ou professionnel, imposée par l'autorité de police administrative ou l'autorité judiciaire ;

– déplacements résultant d'une convocation émanant d'une juridiction administrative ou de l'autorité judiciaire ;

– déplacements aux seules fins de participer à des missions d'intérêt général sur demande de l'autorité administrative et dans les conditions qu'elle précise ou pour se rendre à des examens ou des concours.

b. Interdiction, réglementation et restrictions dans des structures recevant du public

Accueil du public dans certains établissements. L'article 50 prévoit que le préfet peut interdire ou réglementer l'accueil du public dans certains établissements recevant du public, plus précisément les structures suivantes :

– établissements de type L : salles d'auditions, de conférences, de réunions, de spectacles ou à usage multiple, sauf pour les salles d'audience des juridictions ;

– établissements de type M : magasins de vente et centres commerciaux, sauf pour leurs activités de livraison et de retraits de commandes ;

– établissements de type N : restaurants et débits de boissons, sauf pour leurs activités de livraison et de vente à emporter, le *room service* des restaurants et bars d'hôtels, et la restauration collective sous contrat ;

– établissements de type P : salles de danse et salles de jeux ;

– établissements de type S : bibliothèques, centres de documentation ;

– établissements de type T : salles d'expositions ;

– établissements de type X : établissements sportifs couverts ;

– établissements de type Y : musées ;

– établissements de type CTS : chapiteaux, tentes et structures ;

– établissements de type PA : établissements de plein air ;

– établissements de type R : établissements d'éveil, d'enseignement, de formation, centres de vacances, centres de loisirs sans hébergement.

Ces établissements peuvent toutefois continuer à recevoir du public pour les activités figurant en annexe 5 du décret.

Interdiction des marchés. L'article 50 prévoit que le préfet peut interdire la tenue des marchés, couverts ou non, et quel qu'en soit l'objet. Toutefois, le préfet de département peut, après avis du maire, accorder une autorisation d'ouverture des marchés alimentaires qui répondent à un besoin d'approvisionnement de la population si les conditions de leur organisation ainsi que les contrôles mis en place sont propres à garantir le respect des dispositions des articles 1er et 3.

Établissements de culte. Le préfet peut interdire, réglementer ou restreindre les rassemblements ou réunions au sein des établissements de culte, à l'exception des cérémonies funéraires, par des mesures strictement proportionnées aux risques sanitaires encourus et appropriées aux circonstances de temps et de lieu (art. 50).

Établissements d'activités physiques ou sportives. Le préfet peut fermer les établissements dans lesquels sont pratiquées une ou des activités physiques ou sportives, mentionnés aux articles L. 322-1 et L. 322-2 du code du sport (art. 50).

Autres établissements recevant du public ou lieux publics. Le préfet peut interdire ou restreindre toute autre activité que celles précitées dans les établissements recevant du public ou dans les lieux publics participant particulièrement à la propagation du virus (art. 50).

c. Suspension d'activités

Principe. Selon l'article 50, le préfet peut suspendre les activités suivantes :

– 1° L'accueil des usagers des structures d'accueil des enfants de moins de 6 ans mentionnées aux articles L. 214-1 du code de l'action sociale et des familles, des structures d'accueil collectif des mineurs à l'occasion des vacances scolaires, congés professionnels ou des loisirs mentionnées à l'article L. 227-4 du même code et, lorsque des agréments ont été délivrés pour l'accueil de plus de dix enfants, l'accueil prévu dans des maisons d'assistants maternels mentionnées à l'article L. 424-1 du même code. En revanche, le préfet ne peut suspendre l'activité des structures attachées à des établissements de santé, sociaux ou médico-sociaux et de celles mentionnées au 4° de l'article R. 2324-17 du code de la santé publique, à savoir : les établissements d'accueil collectif, notamment les établissements dits « crèches collectives » et haltes-garderies », et les services assurant l'accueil familial non permanent d'enfants au domicile d'assistants maternels dits « services d'accueil familial » ou « crèches familiales » ; les établissements d'accueil collectif gérés par une association de parents qui participent à l'accueil, dits « crèches parentales » ; les établissements d'accueil collectif qui reçoivent exclusivement des enfants âgés de plus de deux ans non scolarisés ou scolarisés à temps partiel, dits « jardins d'enfants » ; les établissements d'accueil collectif dont la capacité est limitée à dix places, dits « micro-crèches » ;

– 2° L'accueil des usagers des établissements d'enseignement scolaire, ainsi que l'accueil des usagers des services d'hébergement, d'accueil et d'activités périscolaires qui y sont associés ;

– 3° L'accueil des usagers des activités de formation des établissements d'enseignement ;

– 4° La tenue des concours et examens nationaux de l'enseignement public et privé et des épreuves concourant au recrutement, à l'avancement et à la promotion des fonctionnaires et magistrats dans les établissements relevant des 1°, 2° et 3° ainsi qu'en tout autre lieu.

La suspension des activités mentionnées aux 2° et 3° intervient après avis de l'autorité académique.

Exceptions. Tout d'abord, un accueil reste assuré par les établissements et services mentionnés aux 1° et 2°, dans des conditions de nature à prévenir le risque de propagation du virus, pour les enfants de moins de seize ans des personnels indispensables à la gestion de la crise sanitaire et à la continuité de la vie de la Nation. Ensuite, les usagers et leurs représentants légaux peuvent être accueillis à titre individuel dans les établissements mentionnés aux 2° et 3°. Enfin, les prestations d'hébergement mentionnées au 2° sont en outre maintenues pour les usagers qui sont dans l'incapacité de rejoindre leur domicile.

III. ARRÊTÉ DU 10 JUILLET 2020 MODIFIÉ

Présentation. Un arrêté du 10 juillet 2020 modifié du ministre des Solidarités et de la Santé, pris sur le fondement de l'article L. 3131-1 et, pour les territoires encore en état d'urgence sanitaire, de l'article L. 3131-16, prescrit les mesures générales nécessaires pour faire face à l'épidémie de covid-19 dans les territoires sortis de l'état d'urgence sanitaire et dans ceux où il a été prorogé (*NOR : SSAZ2018110A*). Tout comme le décret n° 2020-860 du même jour, l'arrêté comporte des articles propres aux territoires où l'état d'urgence sanitaire est déclaré et les autres articles sont, sauf disposition contraire, applicables aussi bien sur ces territoires que sur ceux qui ne sont pas en état d'urgence sanitaire.

A. DISPOSITIONS CONCERNANT LES PHARMACIES ET DISTRIBUTEURS DE MATÉRIELS

1° Dispositions communes à tous les territoires, sous réserve de dispositions contraires pour les territoires en état d'urgence sanitaire

Solutions hydro-alcooliques et masques. Afin d'assurer la disponibilité des solutions hydro-alcooliques, indispensables à la lutte contre l'épidémie, l'article 2 de l'arrêté autorise les pharmacies et les services assurant la recherche ou la formation en pharmacie à en préparer, dans des conditions précisées en annexe.

En outre, l'article 3 de l'arrêté organise la distribution de masques issus des stocks nationaux par les pharmacies d'officine en direction de certains professionnels, des personnes infectées ou ayant été identifiées comme « cas contacts » ainsi que des personnes présentant un très haut risque médical de développer une forme grave de covid-19 du fait de leur état de santé.

Délivrance dérogatoire de médicaments par les pharmacies d'officine. L'article 4 autorise les pharmacies d'officine à délivrer des médicaments qui, en principe, sont uniquement délivrés par une pharmacie à usage intérieur, dans l'hypothèse où le patient est dans l'impossibilité de s'y déplacer.

En outre, l'article 32 dispose que, par dérogation à l'article L. 5121-12-1 du code de la santé publique, la spécialité pharmaceutique Rivotril® (médicament sédatif destiné à soulager les malades en détresse respiratoire) sous forme injectable peut faire l'objet d'une dispensation par les pharmacies d'officine en vue de la prise en charge des patients atteints ou susceptibles d'être atteints par le virus SARS-CoV-2 dont l'état clinique le justifie sur présentation d'une ordonnance médicale portant la mention « Prescription hors AMM dans le cadre du covid-19 ».

Délivrance dérogatoire de médicaments par les pharmacies à usage intérieur. L'article 32 de l'arrêté autorise la délivrance dérogatoire au public de paracétamol et de la spécialité Rivotril® sous forme injectable dans les pharmacies à usage intérieur pour les patients atteints ou susceptibles d'être atteints par la covid-19, à condition que leur état clinique le justifie.

Tests rapides d'orientation diagnostique (TROD). A titre exceptionnel et dans l'intérêt de la protection de la santé, sans préjudice des dispositions de l'article L. 6211-3 et de l'arrêté du 1er août 2016 susvisé, les médecins ou, sous leur responsabilité, un autre professionnel de santé d'une part et les pharmaciens d'officine d'autre part peuvent réaliser les tests rapides d'orientation diagnostique (TROD) sur sang capillaire de détection des anticorps dirigés contre le SARS-CoV-2, selon les recommandations de la Haute Autorité de santé (art. 26, IV).

Ces tests ne sont pas des examens de biologie médicale. En effet, d'après l'article L. 6211-3 du code de la santé publique, « ne constituent pas un examen de biologie médicale un test, un recueil et un traitement de signaux biologiques, à visée de dépistage, d'orientation diagnostique ou d'adaptation thérapeutique immédiate ». Ces tests sont effectués sous la responsabilité de ceux qui le réalisent, sans obligation de compte rendu de résultats. La traçabilité individuelle ou populationnelle n'est donc pas garantie.

Saisi en référé, le Conseil d'État, par une ordonnance du 28 juillet 2020 (CE, ord., 28 juill. 2020, n° 441995), a rejeté une requête contestant la possibilité ouverte aux médecins et pharmaciens par le IV de l'article 26 de l'arrêté du 10 juillet 2020 de réaliser des tests rapides d'orientation diagnostique.

Selon la Haute Autorité de santé (HAS, Place des TDR, TROD et autotests dans la stratégie de prise en charge de la maladie covid-19, Rapport d'évaluation, 14 mai 2020), les TROD présentent un intérêt potentiel, notamment pour certaines populations (personnes isolées en secteur rural, personnes en grande précarité et marginalisées, migrants), mais ils ne peuvent, en l'état actuel des connaissances, se substituer aux examens de biologie médicale réalisés dans les laboratoires de biologie médicale, qui restent les tests de référence.

Autotests. Rappelons que l'autotest est un test rapide de dépistage pour lequel le prélèvement, la lecture et l'interprétation des résultats sont réalisés par l'individu lui-même, dans un environnement domestique. Il n'y a pas de traçabilité des résultats obtenus par autotests. Ces derniers ne sont pas des examens de biologie médicale et sont vendus en officine après obtention du marquage CE octroyé par un organisme notifié.

La commercialisation d'autotests de détection d'anticorps dirigés contre le SARS-CoV-2 est interdite par l'article 27.

2° Dispositions spécifiques aux territoires en état d'urgence sanitaire

Dispositions facilitant la continuité des prises en charge. Les articles 5 à 11, dédiés uniquement aux territoires en état d'urgence sanitaire, prévoient des dispositions destinées à assurer la continuité des prises en charge des patients.

Tout d'abord, afin de ne pas créer de rupture dans les traitements, certains médicaments, produits et prestations spécifiques pourront être délivrés en dépit de l'expiration de l'ordonnance de prescription (*EUS*, art. 5 et 7). Cela concerne les personnes atteintes de pathologies chroniques, la délivrance de médicaments hypnotiques ou anxiolytiques, les traitements de substitution aux opiacés et la prise en charge des patients traités par des médicaments stupéfiants ou relevant du régime des stupéfiants. Les articles 5 et 7 établissent des modalités précises pour chacun de ces cas.

Ensuite, dans l'hypothèse d'une rupture avérée d'approvisionnement, la substitution d'un dispositif médical nécessaire à la continuité des soins est autorisée sous conditions (usage identique, spécifications techniques équivalentes, inscription sur la liste des produits et prestations prévues à cet effet, absence de dépenses supplémentaires pour le patient et l'assurance maladie et information préalable du patient) par l'article 8.

Par ailleurs, les pharmacies à usage intérieur sont autorisées à distribuer aux patients ayant reçu une transplantation rénale les spécialités à base de bélatacept (art. 9).

La continuité des soins justifie également l'instauration d'un dispositif de substitution pour les dispositifs d'oxygénation en cas de difficulté d'approvisionnement (art. 10).

Restrictions à la vente de certains médicaments. Des restrictions sont prévues à la vente de paracétamol sans ordonnance en vue d'éviter sa surconsommation, et la vente par internet de certaines spécialités antidouleur et anti-inflammatoire est interdite (art. 11).

B. DISPOSITIONS RELATIVES AUX PROFESSIONNELS DE SANTÉ

1° Dispositions communes à tous les territoires, sous réserve de dispositions contraires pour les territoires en état d'urgence sanitaire

Prescriptions hors AMM pour assurer la continuité des soins. L'article 12 de l'arrêté autorise la prescription hors AMM, par tout médecin, des spécialités pharmaceutiques à base de clonazepam, en cas de difficultés d'approvisionnement en midazolam (molécule indiquée en première intention pour assurer la sédation profonde et continue des patients en fin de vie). Cette prescription hors AMM exceptionnelle doit s'effectuer dans le respect des recommandations de la Haute Autorité de santé.

L'utilisation de l'ensemble des benzodiazépines (dont le clonazépam, bien qu'étant indiqué uniquement dans la prise en charge de l'épilepsie) comme alternative au midazolam dans la prise en charge des situations de sédations et d'anxiolyse permet d'épargner le midazolam, en forte tension d'approvisionnement.

Recours facilité à la télésanté. Afin d'assurer une prise en charge à domicile, l'article 17 de l'arrêté facilite le recours à la télémédecine (forme de pratique médicale à distance utilisant les technologies de l'information et de la communication) pour le traitement des cas suspectés ou reconnus de covid-19.

Ce même article précise également les conditions de valorisation et de prise en charge de certains actes par télésoin (soin à distance qui met en rapport un patient avec un pharmacien ou un auxiliaire médical dans l'exercice de leurs compétences), téléconsultation (permettant aux professionnels médicaux de réaliser une consultation à distance d'un patient) et télésurveillance (interprétation à distance par un médecin des données nécessaires au suivi d'un patient).

Réquisition des médecins de prévention et de contrôle. L'article 18 de l'arrêté autorise les médecins de prévention et de contrôle à délivrer des soins curatifs lorsqu'ils exercent dans le cadre d'une réquisition prononcée pour faire face à l'épidémie. Il s'agit de mobiliser l'ensemble des moyens humains disponibles en vue de prendre en charge les patients.

Prise en charge et cotation de certains actes. L'article 18 de l'arrêté autorise et organise la prise en charge de certains actes (notamment l'acte de prélèvement nasopharyngé et l'acte de prélèvement salivaire) par d'autres professions médicales et paramédicales telles que les infirmiers, ou encore par les étudiants en odontologie, en pharmacie et en maïeutique, les aides-soignants.

Tests rapides d'orientation diagnostique (TROD). A titre exceptionnel et dans l'intérêt de la protection de la santé, sans préjudice des dispositions de l'article L. 6211-3 et de l'arrêté du 1er août 2016 susvisé, les médecins ou, sous leur responsabilité, un autre professionnel de santé d'une part et, les pharmaciens d'officine d'autre part, peuvent réaliser les tests rapides d'orientation diagnostique (TROD) sur sang capillaire de détection des anticorps dirigés contre le SARS-CoV-2, selon les recommandations de la Haute Autorité de santé.

Ces tests ne sont pas des examens de biologie médicale. En effet, d'après l'article L. 6211-3 du code de la santé publique, « ne constituent pas un examen de biologie médicale un test, un recueil et un traitement de signaux biologiques, à visée de dépistage, d'orientation diagnostique ou d'adaptation thérapeutique immédiate ». Ces tests sont effectués sous la responsabilité de ceux qui les réalisent, sans obligation de compte rendu de résultats. La traçabilité individuelle ou populationnelle n'est donc pas garantie.

Saisi en référé, le Conseil d'État, par une ordonnance du 28 juillet 2020 (CE, ord., 28 juill. 2020, n° 441995), a rejeté une requête contestant la possibilité ouverte aux médecins et pharmaciens par le IV de l'article 26 de l'arrêté du 10 juillet 2020 de réaliser des tests rapides d'orientation diagnostique.

Selon la Haute Autorité de santé (HAS, Place des TDR, TROD et autotests dans la stratégie de prise en charge de la maladie covid-19, Rapp. d'évaluation, 14 mai 2020), les TROD présentent un intérêt potentiel, notamment pour certaines populations (personnes isolées en secteur rural, personnes en grande précarité et marginalisées, migrants), mais ils ne peuvent, en l'état actuel des connaissances, se substituer aux examens de biologie médicale réalisés dans les laboratoires de biologie médicale, qui restent les tests de référence.

Autorisation provisoire d'exercer dans les territoires ultramarins. En Guadeloupe, en Guyane, à la Martinique, à Mayotte, à Saint-Martin, à Saint-Barthélemy et à Saint-Pierre-et-Miquelon, le représentant de l'État territorialement compétent peut, sur proposition du directeur général de l'Agence régionale de santé, à titre provisoire et pour une durée ne pouvant excéder douze mois, autoriser un médecin, un chirurgien-dentiste, une sage-femme ou un pharmacien, ressortissant d'un pays autre que ceux mentionnés aux 2° des articles L. 4111-1 et L. 4221-1 du même code ou titulaire d'un diplôme de médecine, d'odontologie, de maïeutique ou de pharmacie, quel que soit le pays dans lequel ce diplôme a été obtenu, à exercer dans une structure de santé située dans son ressort territorial (art. 16-1).

Ces autorisations peuvent être accordées jusqu'au 1er décembre 2020, à l'exception du département de Mayotte où elles peuvent être accordées tant que le département relève des zones de circulation active du virus mentionnées à l'article 4 du décret du 10 juillet 2010, et au plus tard le 1er février 2021.

2° Dispositions spécifiques aux territoires en état d'urgence sanitaire

Soins infirmiers. Afin de ne pas créer de rupture dans les prises en charge, certains soins infirmiers, énumérés à l'article 6 *EUS*, pourront être délivrés en dépit de l'expiration de l'ordonnance de prescription.

C. DISPOSITIONS RELATIVES AUX ÉTABLISSEMENTS DE SANTÉ

1° Dispositions communes à tous les territoires, sous réserve de dispositions contraires pour les territoires en état d'urgence sanitaire

Prolongation des activités des stagiaires et praticiens. Pour le bon fonctionnement des établissements de santé, l'article 14 de l'arrêté prévoit que les conventions des stagiaires associés peuvent être prolongées par avenant et certains praticiens peuvent voir leurs fonctions prolongées en qualité de faisant fonction d'interne par décision du directeur d'établissement.

Prorogation de la durée de validité des autorisations sanitaires. Pour tous les établissements de santé, l'article 15 proroge de six mois la durée de validité de l'ensemble des autorisations d'activités de soins (listées à l'art. R. 6122-25) et d'équipements matériels lourds (listés à l'art. R. 6122-26) en cours de validité à la date d'entrée en vigueur de l'arrêté. Cette mesure permet d'alléger, dans un contexte de crise sanitaire, les charges administratives inhérentes au renouvellement de l'autorisation sanitaire qui pèsent, tant sur les établissements de santé, que sur les agences régionales de santé.

Mesures concernant l'hospitalisation à domicile. Eu égard à la situation sanitaire, l'article 21 de l'arrêté permet, lorsque l'urgence de la situation le justifie, de mettre en place une hospitalisation à domicile, sans prescription médicale préalable. Les conditions de la mise en œuvre de l'hospitalisation à domicile sont établies dans ce même article qui, pour mobiliser l'ensemble des ressources disponibles, organise également la coopération et l'appui entre les établissements de santé autorisés à assurer une activité d'hospitalisation à domicile, les établissements sociaux et médico-sociaux et les services de soins infirmiers à domicile.

2° Dispositions spécifiques aux territoires en état d'urgence sanitaire

Autorisation d'activité dérogatoire exceptionnelle. En vertu de l'article 13 de l'arrêté, afin d'éviter la saturation des capacités hospitalières, un établissement de santé peut être autorisé par le directeur général de l'Agence régionale de santé à exercer, avec effet immédiat mais pour une durée limitée susceptible d'être renouvelée, une activité de soin autre que celle au titre de laquelle il a été initialement autorisé. Les conditions de la délivrance de cette autorisation d'activité exceptionnelle sont celles prévues à l'article L. 6122-9-1 du code de la santé publique.

Il s'agit de sécuriser juridiquement les établissements de santé amenés à exercer une activité supplémentaire dans le cadre du plan blanc et de permettre une meilleure réactivité face à la catastrophe sanitaire.

Le formalisme présidant à la délivrance d'une telle autorisation est réduit à un strict minimum. Il n'est pas prévu la constitution d'un dossier par l'établissement de santé, ce qui, en tout état de cause, s'accommoderait mal avec la nécessité de répondre à une menace sanitaire grave et urgente. De plus, la commission spécialisée de la conférence régionale de la santé et de l'autonomie (CRSA) compétente pour le secteur sanitaire est simplement informée (CSP, art. R. 6122-31-1, al. 2, et D. 1432-38, dernier al.) de l'autorisation ainsi accordée. En revanche, le renouvellement de l'autorisation ne peut intervenir qu'après l'avis de cette même commission (CSP, art. R. 6122-31-1, al. 3). Cela semble logique : l'urgence justifie une simple information pour la délivrance de l'autorisation dérogatoire initiale, tandis que son renouvellement peut s'entourer du formalisme permettant de s'assurer, même si l'avis de la commission demeure un avis simple, que le prolongement de la durée de l'autorisation dérogatoire exceptionnelle est bien justifié.

Remboursement de certains frais exceptionnels. Dans les territoires où l'état d'urgence sanitaire est en vigueur, l'article 16 de l'arrêté prévoit le remboursement aux établissements de santé et à certains établissements sociaux et médico-sociaux des frais liés aux prestations exceptionnelles de transports et hôtelières au bénéfice des personnels des établissements, et des frais de transports faisant suite aux retours de patients covid-19 dans leur région d'origine après une évacuation sanitaire extrarégionale. Ce remboursement est réalisé par les caisses d'assurance maladie.

D. UTILISATION DES MOYENS DES ARMÉES

Transport des patients. Dans le but de permettre une meilleure prise en charge des personnes atteintes par le virus covid-19, et, à cette fin, d'assurer une répartition des malades sur l'ensemble des établissements de santé du territoire en lien avec les capacités d'accueil, l'article 19 de l'arrêté prévoit la possibilité de recourir aux moyens du ministère des Armées pour le transport des patients. Il autorise le personnel de santé prenant en charge les patients lors de ces transports à utiliser tout matériel, produit de santé et produit sanguin, et à réaliser tout acte et examen nécessaire pour mener à bien cette mission.

Prise en charge des patients. L'article 20 de l'arrêté permet la mise en œuvre sur le territoire ou dans les eaux territoriales françaises de structures médicales opérationnelles relevant du ministre de la Défense pour prendre en charge tout patient. Il autorise le personnel de santé intervenant au sein de ces structures à utiliser tout matériel, produit de santé et produit sanguin, et à réaliser tout acte et examen nécessaire pour mener à bien cette mission.

E. TESTS VIROLOGIQUES ET SÉROLOGIQUES

Réalisation de tests virologiques et sérologiques. Les articles 22 à 28 de l'arrêté sont destinés à faciliter la réalisation de tests virologiques et sérologiques pour détecter la covid-19.

Prélèvement d'échantillon biologique. L'article 22 habilite le préfet à autoriser que le prélèvement d'un échantillon biologique pour l'examen de biologie médicale de détection du SARS-CoV-2 par RT-PCR, d'une part, soit réalisé dans tout lieu présentant des garanties suffisantes de qualité et de sécurité sanitaire autre que ceux autorisés en droit commun, et, d'autre part, soit effectué à l'extérieur de la zone d'implantation du laboratoire de biologie médicale qui réalise la phase analytique de l'examen.

Renfort en structures et professionnels pour les laboratoires de biologie médicale. L'article 25 prévoit que, lorsque les laboratoires de biologie médicale ne sont pas en mesure, en premier lieu, d'effectuer l'examen de détection du SARS-CoV-2 ou d'en réaliser en nombre suffisant pour faire face à la crise sanitaire, et, en second lieu, de réaliser la phase pré-analytique de l'examen, d'autres laboratoires, sur autorisation préfectorale, ou d'autres professionnels peuvent intervenir en renfort. Les conditions de ce soutien sont détaillées à l'article 25.

Procédure spécifique d'évaluation de performance des tests. L'article 26 précise que l'évaluation des performances des dispositifs médicaux de diagnostic *in vitro* détectant les anticorps liés à la covid-19 – autrement dit des tests diagnostiques – fait l'objet de dispositions dérogatoires (détaillées dans ce même art.) aux procédures prévues aux article L. 5221-2 et L. 5221-3 du code de la santé publique. Cela se justifie par le caractère émergent et récent de la pandémie de covid-19, qui empêche d'avoir le recul nécessaire pour réaliser une évaluation complète des performances diagnostiques et de l'utilité clinique des tests.

Tests rapides d'orientation diagnostique (TROD). A titre exceptionnel et dans l'intérêt de la protection de la santé, sans préjudice des dispositions de l'article L. 6211-3 et de l'arrêté du 1er août 2016 susvisé, les médecins ou, sous leur responsabilité, un autre professionnel de santé d'une part et les pharmaciens d'officine d'autre part peuvent réaliser les tests rapides d'orientation diagnostique (TROD) sur sang capillaire de détection des anticorps dirigés contre le SARS-CoV-2, selon les recommandations de la Haute Autorité de santé (art. 26, IV).

Ces tests ne sont pas des examens de biologie médicale. En effet, d'après l'article L. 6211-3 du code de la santé publique, « ne constituent pas un examen de biologie médicale un test, un recueil et un traitement de signaux biologiques, à visée de dépistage, d'orientation diagnostique ou d'adaptation thérapeutique immédiate ». Ces tests sont effectués sous la responsabilité de ceux qui le réalisent, sans obligation de compte rendu de résultats. La traçabilité individuelle ou populationnelle n'est donc pas garantie.

Saisi en référé, le Conseil d'État, par une ordonnance du 28 juillet 2020 (CE, ord., n° 441995), a rejeté une requête contestant la possibilité ouverte aux médecins et pharmaciens par le IV de l'article 26 de l'arrêté du 10 juillet 2020 de réaliser des tests rapides d'orientation diagnostique.

Selon la Haute Autorité de santé (HAS, Place des TDR, TROD et autotests dans la stratégie de prise en charge de la maladie covid-19, Rapp. d'évaluation, 14 mai 2020), les TROD présentent un intérêt potentiel, notamment pour certaines populations (personnes isolées en secteur rural, personnes en grande précarité et marginalisées, migrants), mais ils ne peuvent, en l'état actuel des connaissances, se substituer aux examens de biologie médicale réalisés dans les laboratoires de biologie médicale, qui restent les tests de référence.

Autotests. Rappelons que l'autotest est un test rapide de dépistage pour lequel le prélèvement, la lecture et l'interprétation des résultats sont réalisés par l'individu lui-même, dans un environnement domestique. Il n'y a pas de traçabilité des résultats obtenus par autotests. Ces derniers ne sont pas des examens de biologie médicale et sont vendus en officine après obtention du marquage CE octroyé par un organisme notifié.

La commercialisation d'autotests de détection d'anticorps dirigés contre le SARS-CoV-2 est interdite par l'article 27.

Prise en charge des tests par l'assurance maladie. L'article 24 précise que tout assuré peut bénéficier à sa demande et sans prescription médicale d'un test de détection du génome du SARS-CoV-2 par amplification génique inscrit à la nomenclature des actes de biologie médicale pris en charge intégralement par l'assurance maladie obligatoire.

Ces dispositions sont également applicables aux personnes qui n'ont pas la qualité d'assurés sociaux.

Quant aux professionnels de santé ou leurs employés et aux personnels d'un établissement de santé, d'un établissement social ou médico-social, ils peuvent bénéficier, à leur demande et sans prescription médicale, sur présentation d'un justificatif attestant de l'une de ces qualités, dans le laboratoire de biologie médicale de leur choix, d'examens de recherche des anticorps dirigés contre ce virus intégralement pris en charge par l'assurance maladie.

F. DISPOSITIONS RELATIVES AUX MÉDICAMENTS

Lutte contre le manque de médicaments. L'article 33 permet au ministre chargé de la santé de faire acquérir par l'Agence nationale de santé publique (Santé publique France) ou par certains établissements de santé, les principes actifs entrant dans la composition de médicaments, et de tout matériel ou composant nécessaire à leur fabrication.

En outre, l'article 34 autorise l'importation par l'Agence nationale de santé publique (Santé publique France) de certains médicaments pour lesquels des difficultés d'approvisionnement sont rencontrées et qui sont indispensables pour soigner les patients atteints de la covid-19.

Ce même article permet également à l'Agence de répartir les stocks de ces médicaments auprès des structures suivantes :
- les établissements de santé ;
- les hôpitaux des armées ;
- l'Institution nationale des Invalides ;
- les services départementaux d'incendie et de secours ;
- le bataillon de marins-pompiers de Marseille ;
- la brigade de sapeurs-pompiers de Paris ;
- l'établissement de ravitaillement sanitaire du service de santé des armées, lorsqu'il approvisionne les moyens de transport et les structures médicales opérationnelles relevant du ministre de la Défense déployées dans le cadre de l'état d'urgence sanitaire.

G. DISPOSITIONS TOUCHANT LES PERSONNES

Mesures concernant le traitement des données à caractère personnel du système de santé. L'article 30 de l'arrêté permet à la plateforme des données de santé (« *Health data hub* ») et à la Caisse nationale d'assurance maladie de collecter un certain nombre de données à caractère personnel (énumérées dans ce même art.), dans l'unique but de faciliter l'utilisation des données de santé nécessaires à la gestion de la crise sanitaire et à l'amélioration des connaissances sur la covid-19. L'article 30 précise les conditions d'utilisation de ces données.

Dispositions relatives aux soins funéraires. L'article 31 de l'arrêté, eu égard au risque sanitaire que présente le corps de défunts atteints ou probablement atteints de la covid-19 au moment de leur décès, interdit les soins de conservation sur le corps de ces défunts et impose leur mise en bière immédiate.

Par ailleurs, la pratique de la toilette mortuaire est interdite pour ces défunts, à l'exclusion des soins réalisés *post mortem* par des professionnels de santé ou des thanatopracteurs. Les soins et la toilette qui ne sont pas interdits doivent être pratiqués dans des conditions sanitaires appropriées.

Mise en quarantaine et placement à l'isolement. L'article 35 de l'arrêté prévoit la prescription de mesures de mise en quarantaine ou de placement et maintien à l'isolement des personnes infectées ou susceptibles d'être infectées à la covid-19, dans les conditions prévues par les articles 24 à 26 du décret n° 2020-860 du 10 juillet 2020 (V. *supra*, II).

Dispositions relatives aux bénéficiaires de la complémentaire santé solidaire et de l'aide au paiement d'une complémentaire santé et aux bénéficiaires de l'aide médicale de l'État. Selon l'article 35-1 de l'arrêté, pour faire face à la menace sanitaire grave liée à l'épidémie de covid-19, et dans l'intérêt de la santé publique, l'État assure la distribution gratuite de masques de protection sanitaire aux bénéficiaires, à la date de publication de l'arrêté, de la complémentaire santé solidaire, de l'aide au paiement d'une complémentaire santé et de l'aide médicale de l'État.

Pour assurer cette distribution, l'État met en œuvre un traitement de données à caractère personnel dont le ministère chargé de la santé (direction générale de la santé) est responsable, les organismes en charge de la gestion de l'assurance maladie obligatoire et le groupe La Poste agissant pour son compte.

Sont traitées les données suivantes relatives aux bénéficiaires des aides mentionnées au premier alinéa : nom, prénom, nombre de personnes composant le foyer, adresse postale. Les organismes en charge de la gestion de l'assurance maladie obligatoire sont autorisés à transmettre ces données au groupe La Poste pour les finalités mentionnées à l'article 35-1.

Cette transmission est opérée de façon sécurisée. Les fichiers transmis font l'objet d'une destruction immédiate après utilisation. Un procès-verbal de destruction est envoyé au service compétent des organismes émetteurs. Le ministère chargé de la santé met en ligne sur son site internet les informations relatives au traitement de données et aux droits des personnes.

En application de l'article 56 de la loi du 6 janvier 1978, le droit d'opposition prévu à l'article 21 du règlement du 27 avril 2016 ne s'applique pas au présent traitement. Les droits d'accès, de rectification et à la limitation du traitement s'exercent auprès de la direction générale de la santé, dans les conditions prévues aux articles 15, 16 et 18 du même règlement.

H. GESTION DES DÉCHETS

Mesures concernant les déchets d'activités de soins à risques infectieux. Dans les territoires où l'état d'urgence sanitaire est en vigueur, l'article 29 de l'arrêté adapte les délais applicables à l'évacuation et à l'incinération ou au prétraitement par désinfection des déchets d'activités de soins à risques infectieux (V. cet art.). Il s'agit d'accélérer ces opérations, à la faveur du contexte épidémique de covid-19. ❑

1. Constitutionnalité des dispositions relatives aux déplacements et moyens de transport. V. • Cons. const. 9 juill. 2020, n° 2020-803 DC, § 16.

2. Constitutionnalité des dispositions relatives à la fermeture provisoire des établissements recevant du public. V. • Cons. const. 9 juill. 2020, n° 2020-803 DC, § 21.

3. Constitutionnalité des dispositions relatives aux rassemblements, réunions et activités sur la voie publique et dans les lieux ouverts au public. V. • Cons. const. 9 juill. 2020, n° 2020-803 DC, § 24. ♦ Le Conseil constitutionnel a précisé qu'à la lumière des travaux préparatoires la référence aux dispositions du CSI permet de considérer que le législateur n'a pas autorisé le Premier ministre à substituer un régime d'autorisation préalable au régime déclaratif qui s'applique à l'organisation des manifestations sur la voie publique. • Cons. const. 9 juill. 2020, n° 2020-803 DC, § 25.

4. Constitutionnalité du système répressif prévu à l'art. 1er de la L. du 9 juill. 2020. L'art. 1er VII de la L. du 9 juill. 2020 qui renvoie aux troisième à septième et aux deux derniers al. de l'art. L. 3131-36 CSP pour sanctionner la violation des mesures prises en application du régime transitoire est conforme à la Constitution, le législateur ayant déterminé les éléments constitutifs du délit que sont le nombre de fois où le manquement doit avoir été commis et la fréquence de celui-ci. • Cons. const. 9 juill. 2020, n° 2020-803 DC, § 31 à 33.

5. Consultation du comité de scientifiques (conseil scientifique). Le Conseil d'État a jugé, à l'occasion de la mise en œuvre de l'état d'urgence sanitaire, que, si le comité de scientifiques rend périodiquement des avis sur les mesures prises, il n'a pas à être systématiquement saisi de chacune des mesures prises. • CE, ord., 10 juill. 2020, n° 441316.

6. Office du juge administratif – référé-liberté fondamentale. Une demande faite au juge d'enjoindre à l'État de procéder au rachat de deux entreprises en difficulté, l'une fabriquant de la chloroquine, l'autre des bouteilles susceptibles de contenir l'oxygène nécessaire pour alimenter les appareils de réanimation, n'entre pas dans la catégorie de celles qu'il est dans les pouvoirs du juge des référés d'ordonner. • CE, ord., 26 août 2020, n° 443194.

7. Obligation générale de port du masque. Sur le refus du Conseil d'État de remettre en question l'obligation générale de port du masque imposée dans certains types d'établissements recevant du public par l'art. 27 du Décr. du 10 juill. 2020, V. • CE, ord., 21 juill. 2020, n° 441964 • CE, ord., 24 août 2020, n° 443073 • CE, ord., 4 sept. 2020, n° 443649 • CE, ord., 21 sept. 2020, n° 443915.

8. Obligation de port du masque : nature et périmètre des obligations pouvant être imposées sur la voie publique par les préfets territorialement compétents. Le Conseil d'État a précisé que : « Le caractère proportionné d'une mesure de police s'apprécie nécessairement en tenant compte de ses conséquences pour les personnes concernées et de son caractère approprié pour atteindre le but d'intérêt général poursuivi. Sa simplicité et sa lisibilité, nécessaires à sa bonne connaissance et à sa correcte application par les personnes auxquelles elle s'adresse, sont un élément de son effectivité qui doivent, à ce titre, être prises en considération ». • CE, ord., 6 sept. 2020, n° 443750 : *AJDA 2020. 1638* ; *D. 2020. 1725* • CE, ord., 6 sept. 2020, n° 443751 : *AJDA 2020. 1638* ; *AJCT 2020. 385* • CE, ord., 14 sept. 2020, n° 443904 : *AJDA 2020. 1687*. ♦ « Il en résulte que le préfet, lorsqu'il détermine les lieux dans lesquels il rend obligatoire le port du masque, est en droit de délimiter des zones suffisamment larges pour englober de façon cohérente les points du territoire caractérisés par une forte densité de personnes ou une difficulté à assurer le respect de la distance physique, de sorte que les personnes qui s'y rendent puissent avoir aisément connaissance de la règle applicable et ne soient pas incitées à enlever puis remettre leur masque à plusieurs reprises au cours d'une même sortie. Il peut, de même, définir les horaires d'application de cette règle de façon uniforme dans l'ensemble d'une même commune, voire d'un même département, en considération des risques encourus dans les différentes zones couvertes par la mesure qu'il adopte. Il doit, toutefois, tenir compte de la contrainte que représente, même si elle reste mesurée, le port d'un masque par les habitants des communes concernées, qui doivent également respecter cette obligation dans les transports en commun et, le plus souvent, dans leur établissement scolaire ou universitaire ou sur leur lieu de travail. » • CE, ord., 6 sept. 2020, n° 443750 : *préc.* • CE, ord., 6 sept. 2020, n° 443751 : *préc.* • CE, ord., 14 sept. 2020, n° 443904 : *préc.*

9. Refus de suspension de l'interdiction faite aux établissements de type P d'accueillir du public. Sur le refus du Conseil d'État de suspendre l'exécution de la disposition prévue à l'art. 45 du Décr. du 10 juill. 2020 imposant la fermeture des salles de danse et discothèques, malgré la gravité de l'atteinte portée aux libertés publiques, la mesure n'ayant pas été jugée disproportionnée au regard de l'objectif de protection de la santé publique, V. • CE, ord., 13 juill. 2020, n° 441449 • CE, ord., 20 juill. 2020, n° 441801 • CE, ord., 28 juill. 2020, n° 442039.

10. Interdiction préfectorale de circulation ou de stationnement de supporters prise sur le fondement de l'habilitation prévue à l'art. 29 du Décr. du 10 juill. 2020. Le Conseil d'État avalise un arrêté préfectoral interdisant, dans la perspective du match de football opposant Brest et Marseille, à toute personne se prévalant de la qualité de supporter du club de Marseille d'accéder au stade Francis-Le-Blé de Brest et de circuler ou de stationner sur la voie publique dans un certain périmètre. En raison du risque sanitaire lié au déplacement de milliers de personnes en provenance du département des Bouches-du-Rhône, classé en zone de circulation active du virus, et des difficultés particulières à faire respecter les règles de distanciation aux abords du stade, aucune mesure moins contraignante n'aurait permis de prévenir ce risque. • CE, ord., 28 août 2020, n° 443387.

11. Obligation de présenter le résultat d'un test virologique. Saisi de requêtes contestant l'obligation pour tout passager arrivant en France par voie aérienne depuis les États-Unis de présenter le résultat d'un examen de dépistage ne concluant pas à une contamination par la covid-19, prévue au dernier al. du II de l'art. 11 du Décr. du 10 juill. 2020, le Conseil d'État a prononcé un non-lieu à statuer sur l'essentiel des conclusions (les requérants ayant bénéficié de « laissez-passer sanitaires » délivrés par les consuls de France compétents conformément aux indications données par l'administration lors de l'audience publique, et ayant quitté les États-Unis le 17 août par des vols à destination du territoire métropolitain) et rejeté le surplus. • CE, ord., 18 août 2020, n° 442628 : *AJDA 2020. 1579* • CE, ord., 18 août 2020, n° 442581.

12. Réalisation de tests rapides d'orientation diagnostique par les médecins et pharmaciens. Sur le rejet d'une requête contestant la possibilité ouverte aux médecins et pharmaciens par le IV de l'art. 26 de l'Arr. du 10 juill. 2020 de réaliser des TROD sur sang capillaire de détection des anticorps dirigés contre le SARS-CoV-2, à titre exceptionnel et dans l'intérêt de la protection de la santé, selon les recommandations de la Haute Autorité de santé, V. • CE, ord., 28 juill. 2020, n° 441995.

Art. 2 **I. – L'état d'urgence sanitaire, déclaré par l'article 4 de la loi n° 2020-290 du 23 mars 2020 d'urgence pour faire face à l'épidémie de covid-19 et prorogé par l'article 1er de la loi n° 2020-546 du 11 mai 2020 prorogeant l'état d'urgence sanitaire et complétant ses dispositions, est prorogé jusqu'au 30 octobre 2020 inclus sur les seuls territoires de la Guyane et de Mayotte. Le 4° du I de l'article 1er de la présente loi est également applicable, jusqu'à cette date, aux déplacements par transport public aérien en provenance ou à destination de ces territoires.**

II. – Dans les circonscriptions territoriales autres que celles mentionnées au I du présent article, l'état d'urgence sanitaire peut être déclaré dans les conditions prévues au premier alinéa de l'article L. 3131-13 du code de la santé publique, lorsque l'évolution locale de la situation sanitaire met en péril la santé de la population.

III. - L'article 1er de la présente loi est applicable dans les territoires mentionnés aux I et II du présent article, lorsque l'état d'urgence sanitaire n'y est pas en cours d'application.

COMMENTAIRE

Prorogation de l'état d'urgence sanitaire. La loi n° 2020-856 du 9 juillet 2020 organisant la sortie de l'état d'urgence sanitaire acte la fin de sa mise en œuvre à compter du 11 juillet, à l'exception de Mayotte et de la Guyane, demeurant, en vertu de l'article 2 de ce texte, soumis à ce régime jusqu'au 30 octobre.

Toutefois, de manière anticipée, au mois de septembre, la Guyane et Mayotte ont pu, à leur tour, sortir de l'état d'urgence sanitaire en raison de l'amélioration de leur situation épidémiologique. Au vu de l'avis du comité de scientifiques, qui s'est déclaré favorable à cette évolution, le décret n° 2020-1143 du 16 septembre 2020 a acté la fin de l'état d'urgence sanitaire. Ainsi, le régime transitoire de sortie de l'état d'urgence sanitaire, déjà appliqué sur le reste du territoire, a pris le relais en Guyane et à Mayotte à partir du 18 septembre.

Possibilité de déclarer localement l'état d'urgence sanitaire. Le législateur réserve la possibilité, lorsque l'évolution locale de la situation sanitaire met en péril la santé de la population, de sortir du régime transitoire et de déclarer à nouveau l'état d'urgence sanitaire, dans les conditions prévues à l'article L. 3131-13, alinéa 1er, du code de la santé publique.

Concrètement, l'état d'urgence sanitaire est déclaré par décret en conseil des ministres pris sur le rapport du ministre chargé de la santé. Ce décret, qui doit être motivé, détermine la ou les circonscriptions territoriales à l'intérieur desquelles il entre en vigueur et reçoit application. Les données scientifiques disponibles sur la situation sanitaire qui ont motivé la décision sont rendues publiques.

Ainsi, trois régimes distincts peuvent cohabiter sur le territoire national :

– sur les territoires dans lesquels l'état d'urgence sanitaire n'est pas déclaré, sont appliqués le régime transitoire et, en complément, le dispositif des articles L. 3131-1 et suivants du code de la santé publique relatifs aux menaces sanitaires ;

– sur le ou les territoires dans lesquels l'état d'urgence sanitaire est déclaré, le régime prévu aux articles L. 3131-12 et suivants du code de la santé publique.

Pour contrebalancer la difficulté liée à la cohabitation de ces divers régimes, le pouvoir réglementaire a tenté de privilégier un vecteur commun à l'ensemble des dispositions législatives susceptibles de fonder l'intervention des autorités publiques, afin d'en améliorer la lisibilité : ainsi le décret n° 2020-860 du 10 juillet 2020 modifié prescrit-il les mesures générales pour faire face à l'épidémie de covid-19 non seulement dans les territoires sortis de l'état d'urgence sanitaire, mais encore dans ceux où il a été prorogé. Autrement dit, les mesures prises sur le fondement de l'article L. 3131-15 (état d'urgence sanitaire), de l'article 1er de la loi du 9 juillet 2020 ainsi que, s'agissant des quarantaines et mises à l'isolement et des réquisitions dans les territoires sortis de l'état d'urgence sanitaire, sur le fondement des articles L. 3131-1, L. 3131-8 et L. 3131-9 du code de la santé publique, sont définies par un même texte, le décret n° 2020-860 du 10 juillet 2020 modifié.

Dans ce texte, les articles spécifiques aux territoires où l'état d'urgence sanitaire est déclaré sont identifiés grâce au suffixe « *EUS* ». Concrètement, le décret comporte 61 articles, dont 10 exclusivement applicables dans les territoires où l'état d'urgence sanitaire est déclaré. Ainsi que le prévoit l'article préliminaire, sauf disposition contraire, les autres articles, touchant aussi bien les territoires sortis de l'état d'urgence sanitaire que ceux qui sont encore régis par ce régime d'exception, leur sont également applicables. ❑

Art. 3 Le troisième alinéa du I de l'article 11 de la loi n° 2020-546 du 11 mai 2020 prorogeant l'état d'urgence sanitaire et complétant ses dispositions est complété par deux phrases ainsi rédigées : "La durée de conservation de certaines données à caractère personnel peut être prolongée, pour la seule finalité de traitement mentionnée au 4° du II et dans la limite de la durée mentionnée au premier alinéa du présent I, par décret en Conseil d'État pris après avis publics du comité mentionné au VIII et de la Commission nationale de l'informatique et des libertés. Ce décret précise, pour les données collectées avant son entrée en vigueur, les modalités selon lesquelles les personnes concernées sont informées sans délai de cette prolongation."

V. L. n° 2020-549 du 11 mai 2020, art. 11 ss. art. L. 3131-20.

COMMENTAIRE

Présentation. L'article 3 de la loi n° 2020-856 du 9 juillet 2020 modifie l'article 11 de la loi du 11 mai 2020 sur les systèmes d'information mis en œuvre aux fins de lutter contre la propagation de l'épidémie de covid-19 dans le but de permettre une durée de conservation supérieure à trois mois de certaines données collectées aux fins de lutter contre l'épidémie de covid-19, dans la limite de la durée de mise en œuvre de ces systèmes d'information, fixée par le même article à six mois à compter de la fin de l'état d'urgence sanitaire.

Les modalités de cette prolongation, en particulier sa durée et les données concernées, ainsi que, pour les données collectées avant l'entrée en vigueur de la loi, les modalités selon lesquelles les personnes en sont informées, ont été fixées par décret en Conseil d'État pris après avis publics du comité de contrôle et de liaison covid-19 et de la Commission nationale de l'informatique et des libertés (Décr. n° 2020-1018 du 7 août 2020 qui modifie le Décr. n° 2020-551 du 12 mai 2020).

Système informatique de surveillance de la pandémie de covid-19. L'article 11 de la loi n° 2020-546 du 11 mai 2020 prévoit, pour une durée maximale de six mois à compter de la fin de l'état d'urgence sanitaire (une prorogation de cette durée étant possible si elle est autorisée par le législateur), un système informatique de surveillance de la pandémie de covid-19. Ces dispositions ne sont pas codifiées dans le code de la santé publique.

Ainsi, par dérogation à l'article L. 1110-4 du code de la santé publique (qui pose le droit de toute personne au respect de sa vie privée et au secret des informations la concernant), aux seules fins de lutter contre la propagation de l'épidémie de covid-19 et pour la durée strictement nécessaire à cet objectif ou, au plus, pour une durée de six mois à compter de la fin de l'état d'urgence sanitaire, des données à caractère personnel concernant la santé relatives aux personnes atteintes par ce virus et aux personnes ayant été en contact avec elles peuvent être traitées et partagées, le cas échéant sans le consentement des personnes intéressées, dans le cadre d'un système d'information créé par décret en Conseil d'État et mis en œuvre par le ministre chargé de la santé. Il s'agit donc de permettre le recensement des cas confirmés à destination d'un dispositif de *tracing* et de mettre en œuvre le *tracing* lui-même. A ce titre, le décret n° 2020-551 du 12 mai 2020 prévoit deux systèmes d'information : le traitement « Contact Covid » et le traitement « SI-DEP » (service intégré de dépistage et de prévention).

Le traitement « Contact Covid » a pour finalités :

– l'identification des personnes infectées, par la prescription et la réalisation des examens de biologie ou d'imagerie médicale pertinents ainsi que par la collecte de leurs résultats, y compris non positifs, ou par la transmission des éléments probants de diagnostic clinique susceptibles de caractériser l'infection ;

– l'identification des personnes présentant un risque d'infection, par la collecte des informations relatives aux contacts des personnes infectées et, le cas échéant, par la réalisation d'enquêtes sanitaires, en présence notamment de cas groupés ;

– l'orientation des personnes infectées, et des personnes susceptibles de l'être, en fonction de leur situation, vers des prescriptions médicales d'isolement prophylactiques, ainsi que le suivi médical et l'accompagnement de ces personnes pendant et après la fin de ces mesures ;

– de permettre la surveillance épidémiologique et la recherche sur le virus et les moyens de lutter contre sa propagation.

Le traitement « SI-DEP » a, quant à lui, pour finalités de centraliser les résultats d'examens de dépistage de la covid-19 afin de les mettre à disposition des organismes chargés de déterminer les personnes ayant été en contact avec des personnes infectées, de réaliser des enquêtes sanitaires en présence de cas groupés pour rompre les chaînes de contamination, d'orienter, de suivre et d'accompagner les personnes concernées, et de faciliter le suivi épidémiologique aux niveaux national et local et la recherche sur le virus, de même que les moyens de lutter contre sa propagation.

Les données à caractère personnel collectées par ces systèmes d'information à ces fins ne peuvent être conservées à l'issue d'une durée de trois mois après leur collecte. Les personnes concernées bénéficient des droits d'accès, d'information, d'opposition et de rectification. Ces données n'alimentent pas l'application StopCovid disponible depuis le mois de juin 2020.

La liste des données collectées est établie par le décret n° 2020-551 du 12 mai 2020 modifié (art. 2 et 9).

Le champ des personnes autorisées à accéder à ces données est très large, comprenant notamment le service de santé des armées, les communautés professionnelles territoriales de santé, les établissements de santé, sociaux et médico-sociaux, les maisons ou centres de santé, les services de santé au travail, les médecins, les pharmaciens, les laboratoires d'analyse et les services d'imagerie médicale (pour la liste intégrale, V. L. n° 2020-546 du 11 mai 2020, art. 11, III). A cet égard, le Conseil constitutionnel a admis que, si le champ des personnes susceptibles d'avoir accès à ces données à caractère personnel, sans le consentement de l'intéressé, est particulièrement étendu, cette extension est rendue nécessaire par la masse des démarches à entreprendre pour organiser la collecte des informations nécessaires à la lutte contre le développement de l'épidémie (Cons. const. 11 mai 2020, n° 2020-800 DC, § 69). Il a, en revanche, censuré l'inclusion dans ce champ, pour le partage des données, des organismes qui assurent l'accompagnement social des intéressés, jugeant qu'il y avait méconnaissance du droit au respect de la vie privée : s'agissant d'un accompagnement social, qui ne relève donc pas directement de la lutte contre l'épidémie, rien ne justifie que la communication des données à caractère personnel traitées dans le système d'information ne soit pas subordonnée au recueil du consentement des intéressés (même décis., § 70).

Un comité de contrôle et de liaison covid-19, chargé d'associer la société civile et le Parlement aux opérations de lutte contre la propagation de l'épidémie par suivi des contacts ainsi qu'au déploiement des systèmes d'information prévus à cet effet, est institué par la loi du 11 mai 2020 (art. 11, VIII). Sa composition, qui inclut deux députés et deux sénateurs désignés par les présidents de leurs assemblées respectives, et la mise en œuvre de ses missions sont fixées par décret (V. Décr. n° 2020-572 du 15 mai 2020, *JO 16 mai*). En outre, le législateur a prévu que le Gouvernement doit adresser au Parlement un rapport détaillé de l'application de ces mesures tous les trois mois.

Constitutionnalité sous réserves de l'article 11 de la loi n° 2020-546 du 11 mai 2020. Dans sa décision n° 2020-800 DC du 11 mai 2020, le Conseil constitutionnel a déclaré conformes à la Constitution les paragraphes I, II, III et V, sous les réserves énoncées aux paragraphes 67, 73 et 74 de la décision ainsi rédigée :

« 67. Pour ce qui concerne la dernière finalité, relative à la surveillance épidémiologique et la recherche contre le virus, il est prévu que les nom et prénoms des intéressés, leur numéro d'inscription au répertoire national d'identification des personnes physiques et leur adresse soient supprimés. Sauf à méconnaître le droit au respect de la vie privée, cette exigence de suppression doit également s'étendre aux coordonnées de contact téléphonique ou électronique des intéressés ;

« 73. (...) il appartiendra au pouvoir réglementaire de définir des modalités de collecte, de traitement et de partage des informations assurant leur stricte confidentialité et, notamment, l'habilitation spécifique des agents chargés, au sein de chaque organisme, de participer à la mise en œuvre du système d'information ainsi que la traçabilité des accès à ce système d'information ;

« 74. (...) le paragraphe V de l'article 11 autorise les organismes précités à recourir, pour l'exercice de leur mission dans le cadre du dispositif examiné, à des organismes sous-traitants précisés par décret en Conseil d'État. Toutefois, d'une part, ces sous-traitants agissent pour leur compte et sous leur responsabilité. D'autre part, pour respecter le droit au respect de la vie privée, ce recours aux sous-traitants doit s'effectuer en conformité avec les exigences de nécessité et de confidentialité mentionnées aux paragraphes 71 à 73. » ❑

1. Champ des personnes autorisées à accéder aux données à caractère personnel des traitements « Contact Covid » et « SI-DEP ». Si le champ des personnes susceptibles d'avoir accès à ces données à caractère personnel, sans le consentement de l'intéressé, est particulièrement étendu, cette extension est rendue nécessaire par la masse des démarches à entreprendre pour organiser la collecte des informations nécessaires à la lutte contre le développement de l'épidémie. • Cons. const. 11 mai 2020, Décis. n° 2020-800 DC, § 69. ♦ En revanche, l'inclusion dans ce champ des organismes qui assurent l'accompagnement social des intéressés est inconstitutionnelle en ce qu'elle méconnaît le droit au respect de la vie privée, dans la mesure où, s'agissant d'un accompagnement social qui ne relève donc pas directement de la lutte contre l'épidémie, rien ne justifie que la communication des données à caractère personnel traitées dans le système d'information ne soit pas subordonnée au recueil du consentement des intéressés. • Même décis., § 70.

2. Constitutionnalité sous réserve des paragraphes I, II, III et V de l'art. 11 de la L. n° 2020-546 du 11 mai 2020. V. • Cons. const. 11 mai 2020, n° 2020-800 DC, § 67, 73 et 74.

TABLE DE CONCORDANCE

CHAPITRE PREMIER

MENACES SANITAIRES

ARTICLES L.	ARTICLES R.	ARTICLES L.	ARTICLES R.
L. 3131-1		L. 3131-8	R. 3131-11, R. 3131-12, R. 3131-16, R. 3131-17
L. 3131-2		L. 3131-9	R. 3131-4, R. 3131-5, R. 3131-6, R. 3131-7, R. 3131-8, R. 3131-9, R. 3131-16
L. 3131-3		L. 3131-9-1	R. 3131-10-1, R. 3131-10-2
L. 3131-4	R. 3131-1, R. 3131-2, R. 3131-3, R. 3131-3-1, R. 3131-3-2, R. 3131-3-3, R. 3131-3-4, R. 3131-3-5	L. 3131-10	
L. 3131-5		L. 3131-10-1	
L. 3131-6		L. 3131-11	R. 3131-10, R.* 3131-15, R. 3131-16, R. 3131-17
L. 3131-7	R. 3131-13, R. 3131-14, R.* 3131-15, R. 3131-16, R. 3131-17		

CHAPITRE PREMIER *BIS*

ÉTAT D'URGENCE SANITAIRE

ARTICLES L.	ARTICLES R.	ARTICLES L.	ARTICLES R.
L. 3131-12			R. 3131-22,
L. 3131-13			R. 3131-23,
L. 3131-14			R. 3131-24,
L. 3131-15			R. 3131-25
L. 3131-16		L. 3131-18	
L. 3131-17	R.* 3131-18,	L. 3131-19	
	R. 3131-19,	L. 3131-20	
	R. 3131-20,		
	R. 3131-21,		

CHAPITRE VI

DISPOSITIONS PÉNALES

ARTICLES L.	ARTICLES R.		
L. 3136-1..................	X		
L. 3136-2..................	X		

PEFC 10-31-1895

720744 - (I) - OSB - A 80g - JOU - HCH
Achevé d'imprimer en octobre 2020 sur les presses de l'Imprimerie CHIRAT
42540 Saint-Just-la-Pendue
Dépôt légal : novembre 2020 - N° 202020.0189

Imprimé en France